应用型高校产教融合系列教材

城市轨道交通系列

铁道工程BIM 课程设计指导书

路宏遥 ◎ 主编

石嵘　马腾　蔡向辉 ◎ 副主编

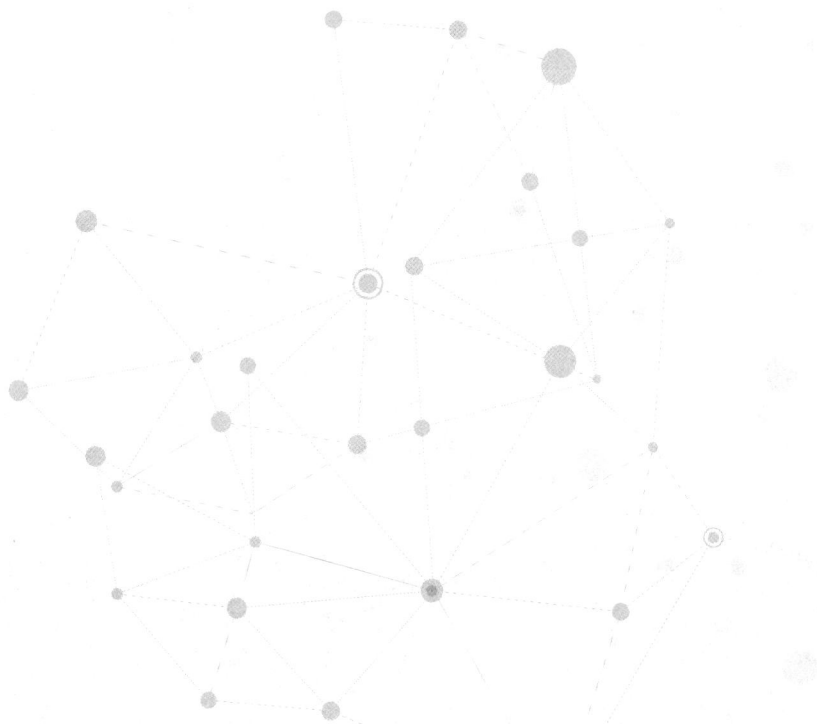

清華大学出版社

北京

内容简介

本书是产教融合系列教材之一。全书旨在介绍铁道工程 BIM 技术的理论知识和应用实践,为读者提供系统、全面、实用的课程设计指导。全书共分 12 章,包括对铁道工程 BIM 技术应用的必要性、应用原则、软件工具、标准与协同平台、实施与方案,以及多专业协调和发展趋势等方面内容的全面讨论。每章内容都经过精心编写,旨在向读者传达最新的技术与管理理念,同时提供实际案例和应用场景以帮助读者加深理解与进行实践应用。通过本书的学习,读者可以了解铁道工程 BIM 技术的原理、方法和应用,掌握相关的软件工具和技术标准,提高铁道工程的设计、施工和管理水平。

本书可作为高等院校铁道工程、智能建造、工程管理等专业的教材,结合产教融合案例也可供轨道交通维修保障和运维管理部门的相关技术与管理人员作为参考书使用。

图书在版编目(CIP)数据

铁道工程 BIM 课程设计指导书 / 路宏遥主编. -- 北京:清华大学出版社,2025.6.
(应用型高校产教融合系列教材). -- ISBN 978-7-302-69525-7

Ⅰ. U2-39

中国国家版本馆 CIP 数据核字第 2025Q27L21 号

责任编辑:冯 昕 龚文方
封面设计:何凤霞
责任校对:赵丽敏
责任印制:刘海龙

出版发行:清华大学出版社
   网 址:https://www.tup.com.cn,https://www.wqxuetang.com
   地 址:北京清华大学学研大厦 A 座   邮 编:100084
   社 总 机:010-83470000   邮 购:010-62786544
   投稿与读者服务:010-62776969,c-service@tup.tsinghua.edu.cn
   质量反馈:010-62772015,zhiliang@tup.tsinghua.edu.cn
印 装 者:小森印刷(天津)有限公司
经 销:全国新华书店
开 本:185mm×260mm 印 张:11.5   字 数:279 千字
版 次:2025 年 7 月第 1 版   印 次:2025 年 7 月第 1 次印刷
定 价:42.00 元

产品编号:105580-01

应用型高校产教融合系列教材

总编委会

主　　任：李　江

副 主 任：夏春明

秘 书 长：饶品华

学校委员（按姓氏笔画排序）：

　　　王　迪　　王国强　　王金果　　方　宇　　刘志钢　　李媛媛

　　　何法江　　辛斌杰　　陈　浩　　金晓怡　　胡　斌　　顾　艺

　　　高　曙

企业委员（按姓氏笔画排序）：

　　　马文臣　　勾　天　　冯建光　　刘　郴　　李长乐　　张　鑫

　　　张红兵　　张凌翔　　范海翔　　尚存良　　姜小峰　　洪立春

　　　高艳辉　　黄　敏　　普丽娜

　　教材是知识传播的主要载体、教学的根本依据、人才培养的重要基石。《国务院办公厅关于深化产教融合的若干意见》明确提出,要深化"引企入教"改革,支持引导企业深度参与职业学校、高等学校教育教学改革,多种方式参与学校专业规划、教材开发、教学设计、课程设置、实习实训,促进企业需求融入人才培养环节。随着科技的飞速发展和产业结构的不断升级,高等教育与产业界的紧密结合已成为培养创新型人才、推动社会进步的重要途径。产教融合不仅是教育与产业协同发展的必然趋势,更是提高教育质量、促进学生就业、服务经济社会发展的有效手段。

　　上海工程技术大学是教育部"卓越工程师教育培养计划"首批试点高校、全国地方高校新工科建设牵头单位、上海市"高水平地方应用型高校"试点建设单位,具有40多年的产学合作教育经验。学校坚持依托现代产业办学、服务经济社会发展的办学宗旨,以现代产业发展需求为导向,学科群、专业群对接产业链和技术链,以产学研战略联盟为平台,与行业、企业共同构建了协同办学、协同育人、协同创新的"三协同"模式。

　　在实施"卓越工程师教育培养计划"期间,学校自2010年开始陆续出版了一系列卓越工程师教育培养计划配套教材,为培养出具备卓越能力的工程师作出了贡献。时隔10多年,为贯彻国家有关战略要求,落实《国务院办公厅关于深化产教融合的若干意见》,结合《现代产业学院建设指南(试行)》《上海工程技术大学合作教育新方案实施意见》文件精神,进一步编写了这套强调科学性、先进性、原创性、适用性的高质量应用型高校产教融合系列教材,深入推动产教融合实践与探索,加强校企合作,引导行业企业深度参与教材编写,提升人才培养的适应性,旨在培养学生的创新思维和实践能力,为学生提供更加贴近实际、更具前瞻性的学习材料,使他们在学习过程中能够更好地适应未来职业发展的需要。

　　在教材编写过程中,始终坚持以习近平新时代中国特色社会主义思想为指导,全面贯彻党的教育方针,落实立德树人根本任务,质量为先,立足于合作教育的传承与创新,突出产教融合、校企合作特色,校企双元开发,注重理论与实践、案例等相结合,以真实生产项目、典型工作任务、案例等为载体,构建项目化、任务式、模块化、基于实际生产工作过程的教材体系,力求通过与企业的紧密合作,紧跟产业发展趋势和行业人才需求,将行业、产业、企业发展的新技术、新工艺、新规范纳入教材,使教材既具有理论深度,能够反映未来技术发展,又具有实践指导意义,使学生能够在学习过程中与行业需求保持同步。

　　系列教材注重培养学生的创新能力和实践能力。通过设置丰富的实践案例和实验项目,引导学生将所学知识应用于实际问题的解决中。相信通过这样的学习方式,学生将更加具备竞争力,成为推动经济社会发展的有生力量。

　　本套应用型高校产教融合系列教材的出版,既是学校教育教学改革成果的集中展示,也是对未来产教融合教育发展的积极探索。教材的特色和价值不仅体现在内容的全面性和前沿性上,更体现在其对于产教融合教育模式的深入探索和实践上。期待系列教材能够为高等教育改革和创新人才培养贡献力量,为广大学生和教育工作者提供一个全新的教学平台,共同推动产教融合教育的发展和创新,更好地赋能新质生产力发展。

中国工程院院士、中国工程院原常务副院长

2024 年 5 月

前　言

近年来,随着科技的不断发展,建筑信息模型(BIM)技术已经成为了建筑、土木工程等领域的重要工具。在铁道工程领域,BIM技术的应用也越来越广泛,为了满足铁道工程专业的教学需求,《铁道工程BIM课程设计指导书》应运而生。

本书旨在介绍铁道工程BIM技术的理论知识和应用实践,为读者提供系统、全面、实用的课程设计指导。全书共分12章,包括对铁道工程BIM技术应用的必要性、应用原则、软件工具、标准与协同平台、实施与方案,以及多专业协调和发展趋势等方面内容的全面讨论。每章内容都经过精心编写,旨在向读者传达最新的技术与管理理念,同时提供实际案例和应用场景以帮助读者加深理解与进行实践应用。通过本书的学习,读者可以了解铁道工程BIM技术的原理、方法和应用,掌握相关的软件工具和技术标准,提高铁道工程的设计、施工和管理水平。同时,本书结合了产教融合案例,也可供轨道交通维修保障和运维管理部门的相关技术与管理人员作为参考书使用。本书力求以系统性强且又简明扼要的方式,介绍铁道工程BIM应用特点、技术原理和产业应用,以帮助读者建立全面的知识框架。

本书由上海工程技术大学路宏遥担任主编并统稿,上海工程技术大学石嵘,中铁第一勘察设计院集团有限公司马腾、蔡向辉担任副主编参与部分章节的撰写并提供案例支持,上海工程技术大学何越磊担任主审。此外,上海工程技术大学研究生万伟明、连茜椰、张超、曹志强、何晨等参与了本产教融合教材中平台搭建与建模等工作,胡倩倩、王颖、吴文涛、董欣怡等参与了编写和排版等工作。

本书在编写过程中,得到了上海工程技术大学城市轨道交通学院领导的大力支持,在此表示衷心感谢。除所列主要参考文献外,还参考了大量的相关文献与资料,在此谨向相关文献的作者表示衷心的感谢与敬意。

同时,随着铁道工程数字化应用技术和管理水平的不断发展,行业标准和规范也在不断更新。因此,本书中的一些数据和参考资料可能会随着时间而有所变化,读者在使用时应以现行规范为准,并及时获取最新信息。由于编者的水平有限,难免会出现不妥之处。因此,我们诚挚地邀请读者批评指正,以帮助我们不断改进并提升本书的质量和实用性。读者的意见和建议对我们来说非常宝贵,感谢大家的支持与理解!

编　者

2025年4月于上海

目录

CONTENTS

第11章　BIM技术在多专业协调中的应用案例 / 136

第12章　BIM+三维激光扫描技术在铁道工程中的应用案例 / 152

I

铁道工程BIM应用基础理论

第1章 铁道工程BIM应用的必要性及价值

1.1 BIM 基本理论

1.1.1 BIM 概述

BIM(building information model)即建筑信息模型,是以三维数字技术为基础,集成了各种相关信息的工程数据模型,可以为设计、施工和运维提供协调且内部保持一致的项目全生命周期信息化过程管理。BIM 的出现和发展离不开 CAD 技术,BIM 是 CAD 技术的一部分,是二维到三维形式发展的必然过程,是集成工程项目各种信息、支持项目全生命周期管理的强大工具之一。

BIM 的含义总结为以下三点。

(1) BIM 是以三维数字技术为基础,集成建筑工程项目各种相关信息的工程数据模型,是对工程项目设施实体与功能特性的数字化表达。

(2) BIM 是一个完善的信息模型,能够连接建筑项目全生命周期不同阶段的数据、过程和资源,是对工程对象的完整描述,提供可自动计算、查询、组合、拆分的实时工程数据,建设项目各参与方均可使用。

(3) BIM 具有单一工程数据源,可解决分布式、异构工程数据之间的一致性和全局共享问题,支持建设项目全生命周期中动态的工程信息创建、管理和共享,是项目实施的共享数据平台。

BIM 于 20 世纪 70 年代首次由美国佐治亚理工学院的 Chuck Eastman 提出,他将工程项目的所有信息纳入一个三维的数字化模型中,这个模型不是静态的,而是随着工程项目全生命周期的不断发展而逐步演进的。前期方案详细设计、施工图设计、建造和运营维护等各个阶段的信息都可不断集成到模型中,因此 BIM 就是真实建筑物在计算机中的数字化记录。

现代大型工程项目一般具有投资规模大、建设周期长、参建单位众多、项目功能要求高及全生命周期信息量大等特点,建设项目设计及工程管理工作极具复杂性,传统的信息沟通和管理方式已远远不能满足要求。BIM 通过三维的共同工作平台以及三维的信息传递方式,可以为实现设计、施工一体化提供良好的技术平台和解决思路,为建设工程领域目前存在的协调性差、整体性不强等问题提供解决方法。

1.1.2 BIM 软件简介

随着计算机软件、硬件水平的不断发展,BIM 软件及其技术作为当下最热门的项目信息技术,广泛应用于建设项目的各个阶段。BIM 作为工程领域的新技术,几乎涵盖了不同应用方向、专业的任何阶段。

BIM 软件严格来讲应该是软件群,该软件群主要由建模软件、结构分析软件、造价管理软件、碰撞及进度模拟软件、可视化软件等组成。这类软件不仅是简单的设计工具,更是一种协同的、综合的方法,通过整合各种数据和信息,提升了工程项目的协作和效率。作为一种三维数字化新技术,BIM 软件设计模式包含多个板块,如图 1-1 所示。

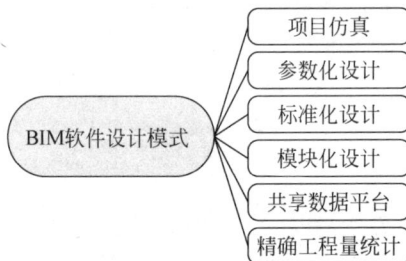

图 1-1　BIM 软件设计模式

BIM 软件是以建模软件为核心,融合其他软件进行施工信息交互,为建设方、施工方、监理方提供一个综合性的管理平台。现阶段市场上应用频率最高的 BIM 核心建模软件有4 种,它们的具体分类如图 1-2 所示。

Autodesk	Bentley	Nemetschek Graphisoft	Gery Technology Dassault
Revit Architecture	Bentley Architecture	ArchiCAD	Digital Project
Revit Structural	Bentley Structural	ALLPLAN	CATIA
Revit MEP	Bentley Building Mechanical Systems	Vectorworks	

图 1-2　BIM 核心建模软件具体分类

其中,Autodesk 公司的 Revit 系列软件主要面向基础设施领域的一体化综合施工设计,Bentley 公司的软件主要面向石油化工、电力医药等工业设计领域,Gery Technology Dassault 公司的 CATIA 系列软件则是高端机械设计制造领域的代表。

BIM 工作必备软件汇总见表 1-1。目前,应用最广泛的是 Autodesk 公司的 Revit 系列软件。以大型铁路车站综合体站房为例,从表 1-1 可知,在 BIM 建模时,对于建筑、结构和机电等模型,通常选择 Autodesk Revit 作为工具软件;对于铁路线路的沿线三维地形,采用 Autodesk Civil 3D 作为工具软件;需要对数据进行整合与查看时,则采用 Autodesk Navisworks 作为相应的工具软件。

表 1-1　BIM 工作必备软件汇总

应 用 类 型	软 件 名 称	数 据 格 式	适 用 项 目
模型创建	Autodesk Revit	*.rvt	用于创建站房等建筑物的建筑、结构、机电等相关专业模型,也用来创建桥梁、隧道、钢筋等土木模型
	Autodesk Civil 3D	*.sdf	用于建立铁路线路的沿线三维地形
	Rhino	*.igs	用于创建车站异形幕墙、异形钢结构模型等构件
	Tekla	*.DBI	用于创建钢结构深化加工详图
模型浏览	Autodesk Navisworks	*.nwd	用于轻量化整合浏览多种 BIM 成果,生成 4D 施工模拟以及多专业碰撞检查
	Lumion 3D	*.dae	用于实时渲染 BIM 场景,在场景中添加人、树、植被等配景,丰富模型表达
	3DS MAX	*.max	用于渲染展示 BIM 场景,输出电影级效果的漫游动画

除上述软件以外,BIM 技术还有许多周边软件与其接口,从而实现更加多样和强大的功能,BIM 软件产品如表 1-2 所示。

表 1-2　BIM 软件产品

序号	BIM 软件类型	主要软件产品（可以联合工作）
1	BIM 核心建模软件	Revit Architecture/Structural/MEP, Bentley Architecture/Structural/Mechanical, ArchiCAD
2	BIM 方案设计软件	Onuma, Affinity
3	与 BIM 接口的几何造型软件	Rhino, SketchUp, FormZ
4	可持续分析软件	Ecotect, IES, Green Building Studio, PKPM
5	机电分析软件	Trane Trace, Design Master, IES Virtual Environment
6	结构分析软件	ETABS, STAAD, Robot, PKPM
7	可视化软件	3DS MAX, Lightscape, AccuRender, Artlantis
8	模型检查软件	Solibri
9	深化设计软件	Tekla Structures(Xsteel),探索者
10	模型综合碰撞检查软件	Navisworks, Projectwise Navigator, Solibri
11	造价管理软件	Innovaya, Solibri, 鲁班
12	运维管理软件	ArchiBUS, Navisworks

BIM 软件之间存在紧密的联系,通过开放的标准和互操作性,它们能够实现数据的相互共享和交流。这种联系使得不同阶段和专业领域的设计、施工和管理团队能够协同合作,共享同一模型的数据和信息。通过统一的 BIM 平台,工程项目的各个参与者能够实现更加紧密的集成,从而提高沟通效率、降低误差,并促进项目全生命周期内的信息一致性。这种

相互之间的联系使得 BIM 软件成为推动建筑项目从设计到运维全过程的协同化和高效化的关键工具。部分软件之间的联系如图 1-3 所示。

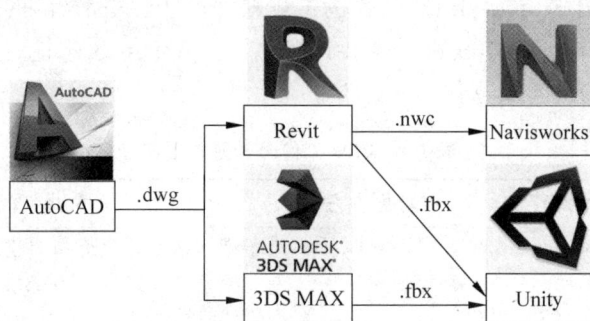

图 1-3　部分软件之间的联系

1.1.3　BIM 的主要特征

从基本定义可以看出,BIM 不是 CAD 等设计绘图软件或者出图工具的升级,而是信息技术与工程项目全生命周期的深度融合。BIM 将大大提高工程项目的集成化程度和交付能力。真正的 BIM 具备以下 8 个特征。

1. 可视化

对于传统施工模式,施工人员通常是通过纸质施工图纸完成现场施工任务,对图纸信息的理解完全取决于施工人员的经验和能力,在这样的信息媒介下,很容易造成设计人员与施工人员的理解偏差,给项目施工带来一定的问题。而 BIM 的出现则为项目参与人员提供了一种可视化的解决思路,通过将各个建筑信息模型化、可视化,使单一的图绘线条以包含真实参数信息的三维实体方式呈现在施工人员的眼前,从而更加完整、清晰地实现设计人员与施工人员之间的信息传递,避免施工偏差的产生。

同时,通过对整个施工过程的可视化模拟,各施工环节之间、某一环节的不同施工步骤之间、不同建筑构件和相同建筑构件之间的连接性、互动性和反馈性被打通,使得整体施工过程更加清晰明了,如铁路车站内、外部结构的可视化模型图如图 1-4 所示。

(a)　　　　　　　　　　　　　(b)

图 1-4　铁路车站可视化模型图
(a) 铁路站台内部结构模型图;(b) 铁路站台外部结构模型图

2. 一体化

基于 BIM 可进行设计、施工、运维,实现贯穿工程项目全生命周期的一体化管理。BIM 的技术核心是一个由计算机三维模型所形成的数据库,该数据库不仅包含了建筑的设计信息,而且可以存储从设计到建成使用,甚至到使用周期终结的全过程信息,如图 1-5 所示。

(1) 设计阶段。以 BIM 为核心,将整个设计整合到一个共享的 BIM 中,促进设计与施工的一体化。

(2) 施工阶段。BIM 可以同步提供施工过程中的建筑质量、进度和成本等信息。利用 BIM 可以实现整个施工周期的可视化模拟与可视化管理。

(3) 运维管理阶段。提高收益和成本管理水平,为用户提供极大的透明度和便利。

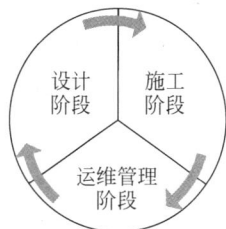

图 1-5　全生命周期管理

3. 参数化

参数化建模是指通过参数而不是数字建立和分析模型,简单地改变模型中的参数值就能建立和分析新的模型;BIM 中图元以构件的形式出现,这些构件之间的不同通过参数的调整反映,参数保存了图元作为数字化建筑构件的所有信息。BIM 参数化建模可以概括为"参数化图元"和"参数化修改引擎"两部分。"参数化图元"即 BIM 软件中图元以构件的形式出现,构件之间的差异可以通过参数的调整进行表达,参数保存了图元的所有信息;"参数化修改引擎"即用户对构件参数进行改动后,与构件关联部分的数据会自动同步发生改变,如图 1-6 所示。

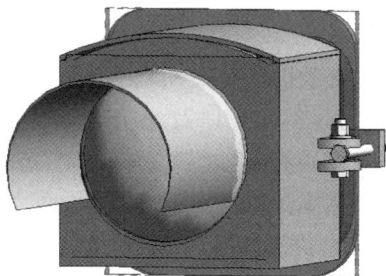

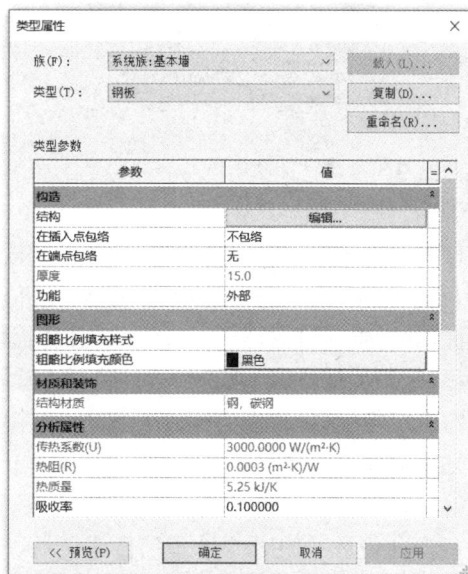

图 1-6　数据自动同步发生改变

4. 仿真性

在整个项目全生命周期内,利用 BIM 可以实现对不同阶段、不同需求的仿真模拟,从而更好地对整个项目施工过程进行指导。在设计阶段,利用 BIM 可以对建筑物的采光状态、日照时间、能耗状态和热量传导等情况进行仿真模拟并得出分析结果,从而找出薄弱环节和设计缺陷,做出相应的设计变更。在施工阶段,施工组织的完整过程模拟可以利用 BIM 实现,图 1-7 所示为仿真效果展示图,在对施工组织进行模拟演示的过程中,施工人员可以提前发现施工过程中可能出现的纰漏和安全隐患,然后根据问题对之前设计的施工方案进行优化,从而大幅提高施工效率。在后期运维过程中,采用新型 BIM 可以实现对一些紧急情况的模拟,比如地震逃生、消防演练等,并对后期安全疏散方案的设计进行技术指导。

(1)建筑性能分析仿真。在设计阶段,将基于 BIM 的虚拟建筑模型导入相关性能分析软件即可得到相应分析结果。性能分析主要包括能耗分析、光照分析、设备分析和绿色分析等。

(2)施工仿真。在施工阶段,基于 BIM 可进行施工方案模拟、工程量自动计算和施工组织设计优化等仿真。

(3)运维仿真。采用 BIM 实现对建筑物设备的搜索、定位和信息查询等功能。

图 1-7　仿真效果展示图

5. 优化性

项目的实施实质上是一个不断优化的过程,合理优化的前提是要有准确的信息,利用 BIM 不仅可以准确提供项目实施过程中三维信息模型的几何信息以及施工材料等物理信息,而且能够随着项目的推进和改进,动态地提供模型变化后的实际信息。对于复杂程度较高的工程,采用传统技术手段时,项目参与人员往往能够掌握的信息十分有限。为更好地完成项目的既定指标,必须借助相关的技术手段来协助解决,而 BIM 及其配套的各种优化工具则为复杂的建设项目提供了丰富、有效的优化手段。

BIM 及其配套的各种优化工具为复杂项目的优化提供了可能,各个专业都可以利用 BIM 进行深化设计。BIM 与地理信息系统(geographic information system,GIS)技术结合可以使用户更加直观地了解工程项目的整体情况,BIM 与 VR/AR 技术结合(如图 1-8 所示)可以使用户沉浸式模拟复杂技术工艺,BIM 与物联网(internet of things,IoT)技术结合可以使用户在电子终端实时查看项目实施动态,实现智慧化管理。

6. 协调性

项目的完成是一个复杂的系统工程,良好的项目实施往往需要多个部门、多个专业之间的协调与配合。然而,由于专业背景的差异和交流不及时,在整个项目实施过程中可能会出现一定的专业碰撞问题,若前期未能及时发现此类碰撞问题,则往往要等到问题出现之后才能解决,不仅严重影响项目实施进度,而且会造成一定的工程损失,耗时耗力。因此,为解决此类问题,可以利用 BIM 协同平台中的专业软件在施工前期针对各专业之间不同类型的潜

图 1-8　BIM 结合 AR 技术

在碰撞问题进行碰撞检测，并生成碰撞报告，以便及时地发现问题，避免返工和不必要的损失。图 1-9 所示为 BIM 协同平台的构成体系。

7. 可出图性

BIM 的出图与日常多见的建筑设计院所出的建筑设计图纸及一般构件加工的图纸不同。它通过对建筑物进行可视化展示、协调、模拟、优化，不仅能够进行建筑平面图、立面图及三维详图的输出（图 1-10），同时还可以出具碰撞报告、管线空间布局图和构件加工图等，从而更加直观地指导项目建设。

图 1-9　BIM 协同平台的构成体系

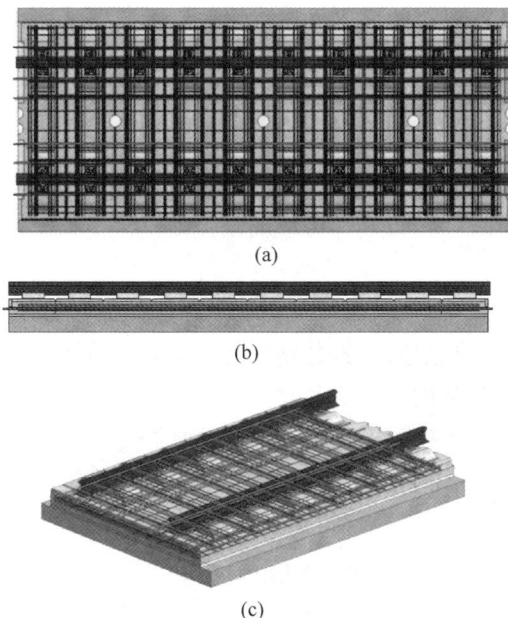

(a)

(b)

(c)

图 1-10　CRTS Ⅱ 型轨道板 BIM 出图

（a）平面图；（b）立面图；（c）三维详图

8. 信息完备性

利用 BIM 可对工程对象及完整的工程信息进行描述,为项目参与方提供详尽完善的数据平台。除了对工程对象进行 3D 几何信息和拓扑关系的描述外,还包括完整的工程信息描述,如对象名称、结构类型、建筑材料、工程性能等。BIM 信息完备性在传感器方面体现在以下几点。

(1) 传感器类型:BIM 中需要明确传感器的类型,例如温度传感器、应变传感器、倾角传感器、裂缝计等,以确保模型中包含了所有必要的传感器信息,传感器和模型的对应图如图 1-11 所示。

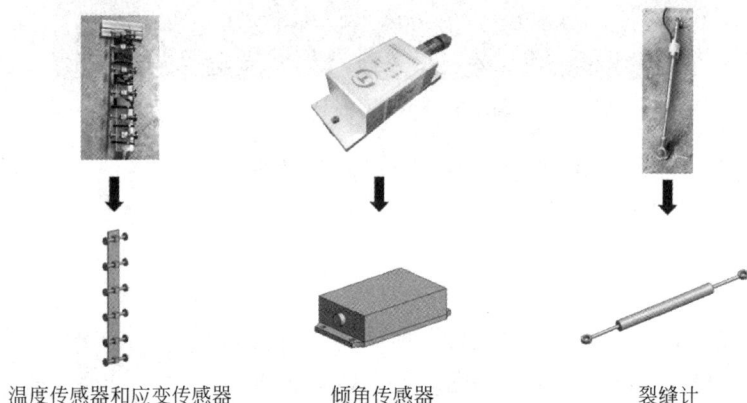

温度传感器和应变传感器　　　　倾角传感器　　　　　　裂缝计

图 1-11　传感器和模型的对应图

(2) 传感器位置:BIM 中需要准确地标注传感器的位置,以确保传感器能够正确地监测其所在区域的数据。

(3) 传感器参数:BIM 中需要包含传感器的参数信息,例如灵敏度、精度、测量范围等,以确保传感器能够正确地捕捉到所需的数据。

(4) 传感器连接:BIM 中需要包含传感器与其他设备的连接信息,例如传感器与数据采集器、控制器等的连接方式和接口类型。

(5) 数据采集和处理:BIM 中需要考虑传感器数据的采集和处理方式,例如数据的采集频率、存储方式和处理算法等,以确保传感器数据能够被正确地处理和分析。

1.1.4　BIM 的发展趋势

随着城市建设的发展,绿色建筑、智慧城市是工程建设高效节能发展的必然趋势,建筑工业化则是实现这一必然趋势的有效途径之一。随着对 BIM 研究和应用的不断深入,BIM 的发展必将给工程建设领域带来新的革命,工程项目的分工将进一步细化,并能够实现三维环境下的协同设计、管理和运维,有力推动城市智能化的进程。

未来虚拟现实技术的高水平发展,将实现建筑工程全生命周期的可视化管理。随着通信技术和计算机技术的不断发展,建筑业的效率势必不断提高,BIM 预计将有以下四大发展趋势。

(1) 移动终端的应用。随着互联网和移动终端的普及,移动终端的应用正成为关键焦点。BIM 软件逐渐实现了在移动设备上的高效运行,使得项目团队能够随时随地协同工

作,提高项目的响应速度和决策效率。

（2）无线传感器的普及。无线传感器的普及是 BIM 发展的重要方向之一,通过在建筑和基础设施中广泛应用无线传感器技术,BIM 能够实时获取建筑物的各项数据,从而实现更精准的监测和管理。这不仅有助于提高建筑物的效能,还为智慧城市和可持续发展提供了强大支持。

（3）数字化、云计算的应用。将 BIM 与云计算相结合,可以实现对大规模数据的高效处理和存储,为项目参与者提供更广泛的数据访问和协作平台,促进全生命周期范围内的项目协同。

（4）扁平化协同模式。扁平化协同模式要求建设完善的 BIM 实施方案,必须通过制定协同工作流程,可以将原设计师、工程师、承包商和业主的协同变成扁平化的管理风格,实现成果共享、各方参与,使 BIM 可以在项目全生命周期内实现总价值的最大化。扁平化的协同模式有助于提高项目的创新性和适应性,使得 BIM 在建筑领域持续发展。

1.2 铁道工程概论

1.2.1 铁路历史和发展

早期铁路的发展经历了从木轨到钢轨、从人力推车到畜力车再到火车的阶段。早在古希腊和古罗马时代,人们就已经开始修建轨道,利用人力或者马拉着车辆沿着轨道运输物品。16 世纪末,利用两条平行木条作为轨道行驶的车辆再次被用在采矿业中运输煤炭,之后经过多年的改进完善出现了铁质轨道。19 世纪初伴随着第一次工业革命,以英国为代表的一些国家在科学技术、政治经济等方面进步显著,1804 年英国人特里维西克试制了第一台行驶于轨道上的蒸汽机车,其载货能力相比马车提升极大;1825 年英国人斯蒂芬森主持修建了从斯托克顿到达林顿的现代意义上的第一条铁路,长度约 27km,其通行能力比泥结石道路强大得多,由此形成了"火车铁路"这种现代陆路运输方式,铁路的发展历程如图 1-12 所示。

铁路的发展很快传播到欧洲大陆和美国。欧洲的法国、德国和奥地利等国家也开始建设铁路,德国的铁路系统在 19 世纪中叶迅速发展,成为当时欧洲最大的铁路网络之一。美国的铁路建设则从 19 世纪中叶开始,随着西部开拓的推进,铁路系统不断扩展,为美国的经济发展作出了巨大贡献,如图 1-13 所示。

20 世纪以后,随着汽车和飞机的发展,铁路运输逐渐失去了一部分市场份额。然而,铁路仍然是许多国家的重要交通方式之一。在发展中国家,铁路建设仍然是促进经济增长和改善人民生活的重要手段。

近年来,随着科技的进步,铁路技术也在不断创新和发展。高速铁路的兴起使得铁路运输更加快速和便捷。磁悬浮列车、超级高铁等新技术也在不断研发中,为未来铁路的发展带来了更多可能性。总的来说,铁路的历史和发展是人类社会发展的重要组成部分,它不仅改变了人们的出行方式,也对经济、社会和文化产生了深远影响,体现了人类工程技术和交通方式的不断进步。

图 1-12　铁路的发展历程

(a) 16—17 世纪欧洲木制轨道；(b) 铁质轨道和车轮；(c) 首台蒸汽机车正视图和侧视图；
(d) 世界首条现代铁路通车

图 1-13　美国铁路系统发展

(a) 首条地铁施工图；(b) 有轨电车

1.2.2　铁路运输的重要性

　　铁路运输是指由各种牵引动力来牵引车辆在固定轨道上运送旅客和货物的运输方式。与公路运输和航空运输相比,铁路运输有能力较大、成本较低、受天气条件影响小、能量效率比高、环境污染小、安全性能好等优点。对于幅员辽阔的大陆国家,铁路运输在中长距离运输和大宗货物运输中具有明显优势,是陆地交通运输的主力。

　　铁路运输在货物运输方面扮演着重要角色,尤其是在大宗货物的陆地长途运输中。由于具有大运输能力和低碳排放的特点,铁路运输被广泛应用于运送原材料、煤炭、石油、粮食等大宗货物,同时铁路运输对于降低交通拥堵、减少环境污染、提高物流效率以及促进经济增长都具有重要作用。此外,铁路运输还在城市通勤和国际旅行中发挥着不可替代的作用,为人们提供了安全、便捷的出行方式。铁路运输作为一种传统而又不可或缺的运输方式,在

现代交通体系中仍然具有重要性,它在经济、社会和环境层面的影响展现出以下多方面的重要作用。

(1)经济贡献。铁路运输在促进国家经济发展方面发挥着重要作用。首先,铁路网络连接了各个城市和地区,形成了高效的物流体系,降低了运输成本,提高了货物运输的效率。其次,铁路运输为大量商品和原材料的流动提供了可靠的手段,支持了各类产业的发展。最后,铁路建设和运维过程中创造的就业机会也为经济增长作出了贡献。

(2)社会连通性。铁路运输在社会连通性方面发挥着至关重要的作用。通过连接城市和乡村,使得人们能够更便捷地出行,促进了地区之间的交流与合作。特别是在发展中国家,铁路运输不仅拉近了城乡距离,还改善了农村地区的交通条件,促进了农产品的流通和市场发展。

(3)环境可持续性。相较于其他运输方式,铁路运输在环境可持续性方面具有明显优势。由于采用电力或液化天然气等清洁能源,铁路运输的碳排放较低,对环境的影响相对较小。此外,铁路运输通常能够以更高的能效进行货物和人员的运输,有助于减少对能源资源的过度依赖,从而促进可持续发展。

(4)安全性和稳定性。铁路运输以其高度的安全性和运营稳定性而著称。相比于公路运输,铁路系统更少受到交通拥堵和天气的影响,降低了事故风险。同时,铁路运输的自动化和监控系统有助于提高运输过程的安全性,确保旅客和货物的安全运输。

铁路运输在经济、社会和环境效益上都扮演着不可替代的角色。它在现代交通网络中的地位将继续得到重视,并在未来的发展中将发挥更为重要的作用。

1.2.3 铁道工程的组成部分

铁道工程是由轨道、路基、桥梁、隧道构成的异质结构体,将这些结构体连成有机整体的是线路。大型桥梁和隧道工程已形成专门的学科领域,铁道工程学科则重点研究铁路线路、轨道、路基的设计理论、方法和技术,并研究与桥梁、隧道等基础工程的接口关系。

铁道工程包括以下多个关键组成部分,以确保铁路系统的正常运行和安全性。

1. 钢轨

钢轨是轨道的主要部件,其功用在于引导机车车辆的车轮前进,承受车轮的巨大压力,并将所承受的荷载传布于轨枕、道床及路基。同时,钢轨必须为车轮提供连续、平顺和阻力最小的滚动表面。在电气化铁道或自动闭塞区段,钢轨还可兼作轨道电路之用。

为了充分发挥上述功能,钢轨应当满足下列要求:①具有足够的刚度,以抵抗由动荷载引起的弹性挠曲变形;②具有一定的韧性,以防止在动荷载作用下发生折断或损坏;③具有足够的硬度,以防止车轮压陷或磨耗太快;④其顶面应具有一定的粗糙度,以实现机车的黏着牵引力与制动力;⑤制造容易、造价合理、经久耐用。

目前,钢轨的类型以每米钢轨的质量(kg/m)表示。我国铁路钢轨的类型主要有43kg/m、50kg/m、60kg/m、75kg/m。我国铁路干线与高速铁路主要采用60kg/m钢轨,站线采用50kg/m钢轨,大秦线等重载铁路采用75kg/m钢轨,地铁或城市轨道多数采用50~60kg/m钢轨。

钢轨断面形状为工字形,由轨头、轨腰、轨底三大部分组成,钢轨的断面示意图如图 1-14 所示。

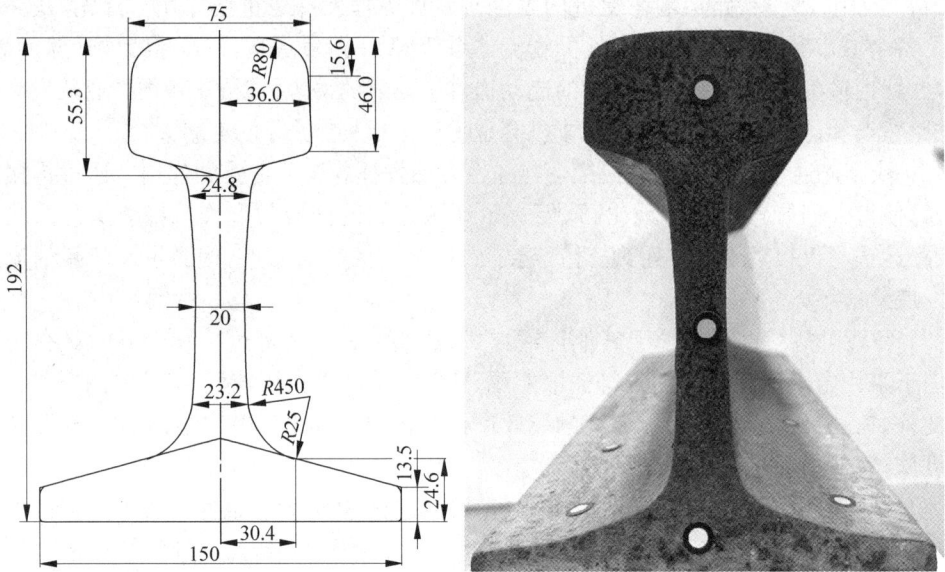

图 1-14　钢轨断面示意图

我国钢轨的标准长度有 12.5m、25m、50m 及 100m 四种。另外,还有用于曲线轨道的六种标准缩短轨,它们的内股分别比 12.5m 标准轨缩短 40mm、80mm、120mm;比 25m 标准轨缩短 40mm、80mm、160mm。无缝线路轨道应采用 50kg/m 及以上的焊接长钢轨,优先选用 100m 钢轨焊接。

2. 轨枕

轨枕是轨道结构的重要部件,一般横向铺设在钢轨下的道床上,承受来自钢轨的各向压力,并将压力弹性地传布于道床,同时,有效地保持轨道的几何形位,特别是轨距和轨向。轨枕应具有必要的坚固性、弹性和耐久性,并能固定钢轨,有抵抗纵向和横向位移的能力。

轨枕常用种类有木岔枕、木桥枕、混凝土普通轨枕、混凝土岔枕、混凝土桥枕。部分轨枕类型如图 1-15 所示。

轨枕依其构造及铺设方法分为横向轨枕、纵向轨枕及短枕等。横向轨枕与钢轨垂直间隔铺设,是最常用的轨枕;纵向轨枕一般仅用于特殊需要的地段;短枕是在左右两股钢轨下分开铺设的轨枕,常用于混凝土道床。轨枕按其使用目的分为一般区间的普通轨枕、道岔上的岔枕、桥梁上的桥枕。轨枕按其材质主要分为木枕、混凝土枕和钢枕。在我国主要干线上,除部分小半径曲线线路存在木枕外,绝大部分线路已铺设混凝土轨枕。

3. 联结零件

钢轨与轨枕间的联结是通过中间联结零件实现的,中间联结零件包括扣件和钢轨接头。钢轨接头是轨道线路的重要组成部分,也是轨道线路薄弱环节之一,由两根定长钢轨用夹板等零件联结成连续的轨线,两轨端间设置 8~10mm 的轨缝,供钢轨热胀冷缩。扣件必须具有足够的强度、耐久性和一定的弹性,能长期有效地保持钢轨与轨枕的可靠联结,阻止钢轨

(a)

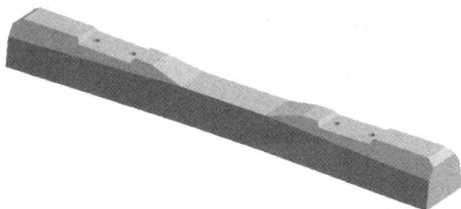

(b)

图 1-15　轨枕类型

（a）木枕与钢筋混凝土枕；（b）混凝土枕

相对轨枕移动,并能在动力作用下充分发挥缓冲减振性能,延缓轨道残余变形积累。此外,扣件还应构造简单,便于安装、拆卸和养护维修,此处以 WJ-8 型扣件为例。

WJ-8 型扣件由螺旋道钉、平垫圈、弹条、绝缘轨距块、轨距挡板、轨下垫板、铁垫板、铁垫板下弹性垫板和预埋套管等组成,为满足高低调整需要,还包括轨下微调垫板和铁垫板下调高垫板,如图 1-16 所示,其主要结构特征如下:

（1）铁垫板上设挡肩,挡肩与钢轨之间设有绝缘块;

（2）通过螺旋道钉与轨枕/轨道板中预埋的套管配合紧固弹条;

（3）铁垫板与混凝土挡肩间设置轨距挡板,通过更换轨距挡板实现钢轨左右位置的调整。可垫入调高垫板调整钢轨高低。

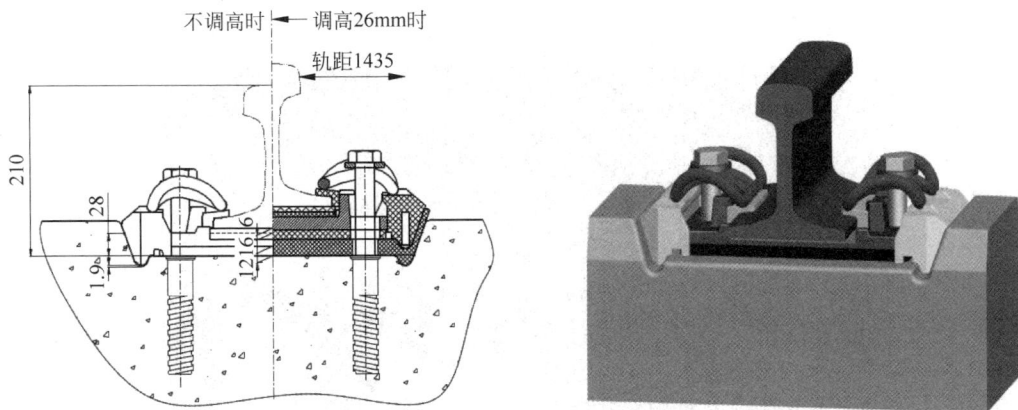

图 1-16　WJ-8 型扣件

4. 有砟道床

在有砟轨道上,道床是轨枕的基础,在其上以规定的间隔布置一定数量的轨枕,用以增加轨道的弹性和纵、横向移动的阻力,并便于排水和校正轨道的平面和纵断面,有砟道床如图 1-17 所示。有砟碎石道床通常指轨枕下面、路基面上铺设的石砟(道砟)垫层。有砟道床的主要作用是支承轨枕,把来自轨枕上部的巨大荷载均匀地分布在路基面上,从而大大减少路基的变形。道砟是直径 20～70mm 的小块状花岗岩,块与块之间存在空隙和摩擦力,使得轨道具有一定的弹性,这种弹性不仅能吸收机车车辆的冲击和振动,使列车运行比较平稳,而且大大改善了机车车辆和钢轨、轨枕等部件的工作条件,延长了使用寿命。道床依靠本身和轨枕间的摩擦起到固定轨枕的位置、阻止轨枕纵向或横向移动的作用。同时,由于道砟块之间存在空隙,使得地表水能够顺畅地通过道床排走,使路基表面不会长期积水,所以道砟还有排水作用。

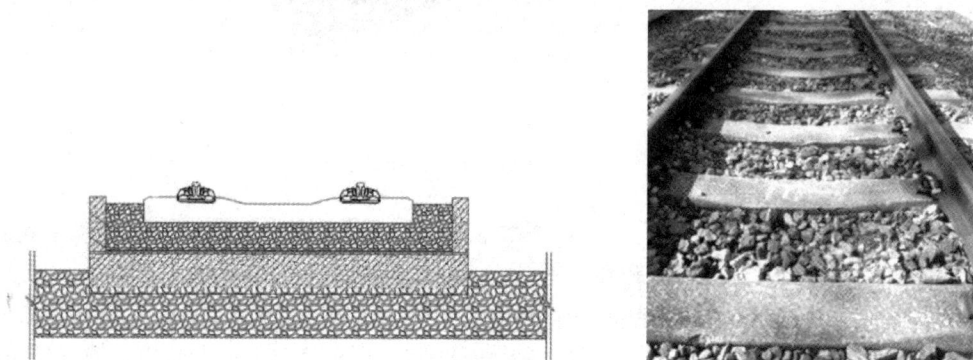

图 1-17　有砟道床

5. 无砟轨道

为适应高速度、高密度的运营要求,在高速铁路等采用了以混凝土代替散体道砟的轨道结构,即无砟轨道,如图 1-18 所示。相比于有砟轨道,无砟轨道具有高平顺、高稳定和少维修的优点,主要结构形式包括现浇整体式无砟轨道、板式轨道、有枕式无砟轨道等。

图 1-18　无砟轨道

上述各种组成部分共同构成了一个复杂的铁路系统,需要合理设计、施工和维护,以满足不断增长的铁路运输需求,同时保障旅客和货物的运输安全。

1.2.4　铁道工程的特点

"交通强国,铁路先行",铁路在国家交通发展中占据着核心地位。随着中国铁路建设的高速发展,铁路覆盖的网络进一步扩大。铁路车站作为车辆调度、乘客集散的重要场所,是铁路运输中的重要环节,保证车站的高质量建设、高效率运维,高水平的资料管理必不可少。铁路车站工程的体量巨大,涵盖了建筑、结构、暖通、给排水、信号等专业,在设计、施工、运维、改扩建等过程中产生了大量错综复杂的工程资料,且铁路车站工程具有的多专业协调、多部门管理、多环节决策等特点,加剧了铁路车站工程资料的复杂程度。资料缺失、信息断层、管理脱节、应用标准不统一等问题在该类工程中尤为突出,各专业间相互制约,无法对资料进行统一合理的调配。目前对数字化信息管理研究尚不够深入,导致资料调取的效率和质量较低,这给资料的管理带来了巨大的挑战。传统管理方式中使用的二维平面图纸、单一的管理模式和缺乏交互的信息化手段等,使得铁路车站工程的全生命周期各阶段之间的信息传递不顺畅、信息沟通时效性差,无法顺应现代化铁路车站工程资料管理的工作需求,因此需要应用新技术和新方式来提升铁路车站工程的管理水平。

目前,BIM 在铁道工程建设中的广泛应用可以显著提高技术水平和信息管理能力,这也是铁道工程建设信息化的核心和方向,BIM 具有巨大的发展潜力和应用价值。BIM 设计是 BIM 的关键组成部分,对推动整个 BIM 生命周期至关重要。在铁道工程建设项目的设计阶段,研究基于 BIM 的协同设计工作流程以及构件复用问题,在促进 BIM 的应用中扮演了关键角色。通过这项研究,提出了一种基于 BIM 的协同设计流程,同时开发了 BIM 构件库方案。这些措施大大提高了 BIM 的修改和维护效率,使其应用更加便捷。更重要的是,实现了设计资源的共享和充分利用,为建立 BIM 设计协同管理和正向设计体系打下了坚实的基础。总之,BIM 在铁道工程建设中的应用不仅提高了铁道工程建设的技术水平,还加强了信息管理能力。通过研究和实施基于 BIM 的协同设计流程和构件库方案,可以更好地利用 BIM、提高效率、促进资源共享,为铁道工程建设的信息化和协同管理提供了有力支持。

然而,目前在铁道工程中实施 BIM 也存在一些问题,这些问题阻碍了 BIM 在铁道工程领域的进一步推广。例如,许多铁路项目在引入 BIM 时缺乏明确的目标。因此,需要明确工程管理方面的要求,例如,提高设计效率、优化施工过程、提升项目质量等,以便在 BIM 实施过程中确定具体的指标和评估方法;在实施 BIM 技术后,有些项目难以看到实际的改善效果。为了解决这些问题,需要明确目标并制定可衡量的指标,确保项目团队能够评估 BIM 技术的效果;规章制度不健全也是一个问题,BIM 技术在铁道工程中的推广需要健全的规章制度作为支撑,需要建立相关标准和流程,明确 BIM 技术的应用要求和规范,为各个项目提供统一的指导和标准。通过采取以上策略,可以有效解决 BIM 工程化实施中存在的问题,确保 BIM 技术在铁道工程中的价值得到充分发挥。

1.3 铁道工程 BIM 应用的优势与价值

BIM 不仅将纸质工程资料信息化和模型化,而且有效结合项目参与者的行为模型,实现项目从开始到完全结束的全生命周期内的模型和信息操控,从根本上改变了传统的项目施工建造和运维管理的工作形式,实现了项目在全生命周期内的效率提升和风险降低。

通过 BIM 软件平台对设计的建筑物进行虚拟模拟和数字化信息展示,可将施工图纸、施工组织、施工场景、施工工艺流程等内容可视化,更快、更好地完善信息共享目标,明确细致的管理方式使得项目建设效率得到提高,从而缩短项目完成周期,BIM 给工程建设带来的转变如图 1-19 所示。

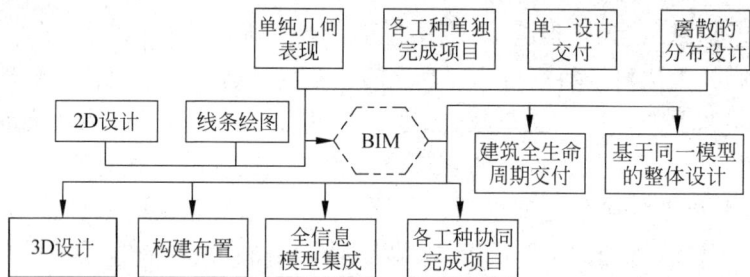

图 1-19　BIM 给工程建设带来的转变

在我国大力推进信息化发展水平以及重点关注企业管理的形势下,BIM 技术凭借集成化的管理优势为项目管理发展提供了一个崭新方向。图 1-20 所示为基于 BIM 的集成化管理示意图。

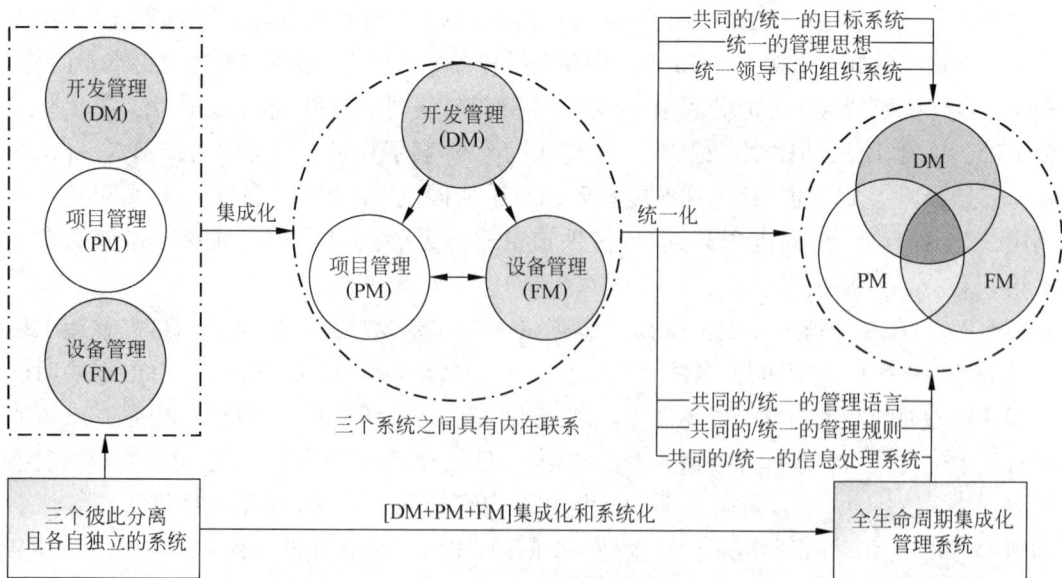

图 1-20　基于 BIM 的集成化管理示意图

传统的项目管理模式多为 EPC 模式,建设单位指派代表对项目过程整体负责,监理单位的监理工程师监督施工质量与施工安全,同时设计单位设计项目施工图,并交付施工单位(分包)进行项目建设,由承包单位(总包)和供应商采购项目材料并管理材料的使用、分配。项目中各方相互独立,各方的信息整合和交流一般都比较匮乏滞后。

在引入 BIM 技术之后,可以对一个建设项目的组织、建设、管理等多方面进行系统优化,实现建设项目信息的高效融合,从根本上消除信息大量丢失及信息沟通不畅的短板,理想的建设工程信息积累变化如图 1-21 所示。

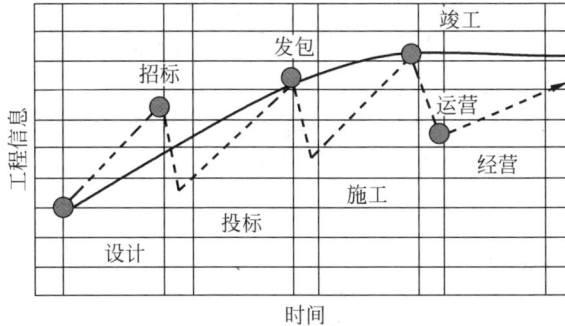

——引入 BIM 的信息保留;— — —传统模式的信息保留。

图 1-21　理想的建设工程信息积累变化示意图

由于 BIM 中包含了大量的工程信息,可以为项目参与方提供一个综合性的数据共享平台,使得各方信息互联互通,沟通更加便捷、高效,管理方式得到极大改善,引进 BIM 技术后工作形式的转换如图 1-22 所示。

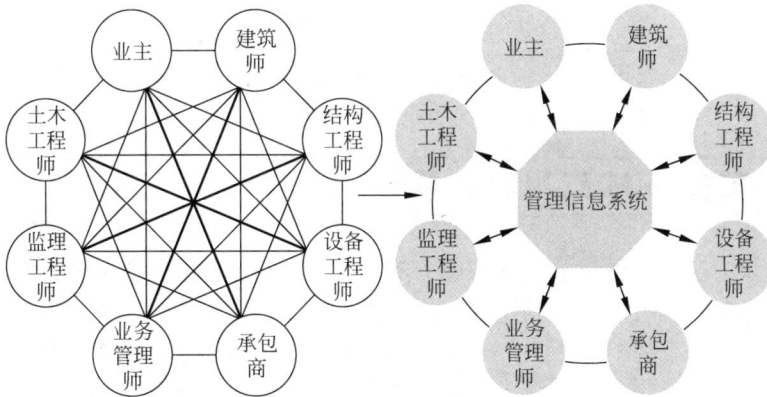

图 1-22　引进 BIM 技术后工作形式的转换

铁路建设项目一般都具有规模庞大、主体单位众多的特点。同时,各参与主体对数据信息的应用需求也各不相同,且类型庞杂、数量繁多。利用 BIM 技术可以实现高效的信息管理、共享数据信息、提高数据利用率,解决不同主体对数据的特殊需求。

基于 BIM 的管理模式实质上就是信息创建、信息管理和信息共享。以数据为中心的 BIM 是将数据置于项目管理的核心位置,通过有效的技术措施确保 BIM 数据的唯一性。各设计师、决策层及项目的上下游基于统一的 BIM 数据进行协同和决策,基于 BIM 数据直观、数字化的特点,达到提升沟通、交底及决策的有效性和准确性的目的,大大提升项目的透明性,并为决策层提前提供充分的数字化依据,减少项目返工和浪费。目前,BIM技术主要通过以下特点来提升项目的管理水平。

(1) BIM主要是通过相关技术软件来完成对信息的创建工作,数据高度信息化,项目中包括单一构件在内,均以数据化的形式存储在数据库中,同时利用BIM技术将所有设计文件和项目模型数据化存入数据库中,实现模型内容的参数化和关联化管理。

(2) 传统铁路建设过程中,各个专业之间的工作相互独立,各参与方缺少有效沟通,信息传递性差。利用BIM技术可将整个工程项目的过程、专业、关键指标、组织、项目等信息进行分类管理并独立保存,例如,计算工程量、管线设计、施工现场监督、施工工具管理等。

(3) 针对项目数据信息共享问题,BIM提供了一个信息共享平台,将不同阶段的项目通过数据化形式展示,共享项目参数数据,随着项目的进行对数据进行同步更新,确保数据传递的准确、快捷。各参与方之间的信息共享网络如图1-23所示。

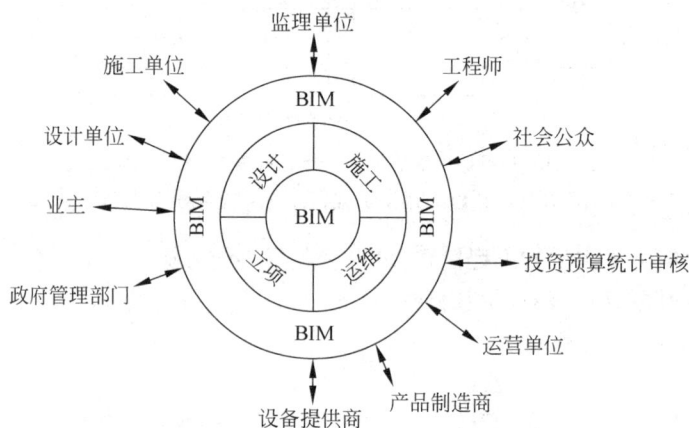

图 1-23　各参与方之间的信息共享网络

1.4　铁道工程 BIM 应用的必要性

铁道工程作为基础交通设施的重要组成部分,在设计、建设和运维中面临着独特的挑战。为了更好地应对这些挑战,BIM技术的应用成为提高铁道系统效能和安全性的关键因素。本节将探讨铁道工程中采用BIM的必要性及其在承受荷载、结构特点及安全性方面的重要作用。

1. 承受荷载

铁道工程在承受荷载方面存在独特的复杂性,列车的运行速度、列车类型和不同轨道几何形状都会引起不同类型的动荷载,对铁路结构提出更高的要求。高速列车的轮轨关系属于典型的接触力学的研究范畴,是制约高速列车最高运行速度、影响动力学性能的主要因素。轮轨作用力直接关系到高速列车的运行安全、轮轨磨耗、乘坐舒适度、车线维修费用等,并且也是评价转向架及机车车辆整车性能的重要参数。机车车辆的运动和轮轨作用力具有动态性、多向性,受力相较传统工程中所涉及的更为复杂。以下是铁道工程独特受力特点的详细描述。

（1）动荷载的复杂性：铁道工程承受列车的动态荷载包括列车的重力、加速度、制动力、曲线横向力等。这些动态荷载是不断变化的，而且与列车的速度、质量、轮轨交互作用等因素密切相关。相比之下，静态荷载在许多其他结构工程中更为普遍，而铁道工程需要考虑动荷载对结构的瞬时和累积影响。

（2）轮轨交互作用：铁道工程中存在列车车轮与轨道之间的复杂交互作用，包括动荷载引起的轨道变形、车轮和轨道的磨损、轨道的水平和垂直弯曲等。轮轨交互作用对铁路结构的磨损、疲劳和变形有重要影响，需要在设计和维护中考虑。

（3）长跨度和高速度：铁道桥梁和隧道等结构通常具有较大的跨度，同时列车在铁路系统中以相对高的速度运行，这导致了结构的振动和动力响应，需要在设计中考虑结构的稳定性和动态特性。

（4）热膨胀和收缩：钢轨和其他结构材料在温度变化下会发生热膨胀和收缩，这种热变形会影响轨道的几何形状，需要在设计中考虑，以确保列车能够平稳运行。

（5）施工和运维阶段的变化：铁道工程在施工和运维阶段会经历不同的受力条件，施工阶段需要考虑临时支撑和荷载，而运维阶段则需要考虑长期的荷载和疲劳效应。

铁道工程在受力上具有动态、复杂和多变的特性，要求工程师在设计、建造和维护中考虑这些独特的工程条件，以确保铁路系统安全、稳定和高效运行。利用 BIM 技术可以对独特的受力进行精准模拟和分析，通过数字化建模可以模拟动态受力情况，能够更准确地预测结构的动态响应。同时应用 BIM 技术可实现实时监测并分析轨道与结构的几何一致性，有助于提高铁路系统的可靠性。此外，BIM 技术在设计、施工和维护阶段的全生命周期管理中提供了一致的数字平台，促进了各个阶段信息的集成和共享，从而实现更高效的工程规划和协同工作。综合而言，在处理铁道工程独特的受力特点方面，BIM 技术为工程师提供了强大的工具，可以更全面、更精确地理解和管理复杂的受力环境。

2. 结构特点

铁道工程整个体系具有独特的结构特点，涵盖了轨道、道床、车辆、信号系统等多个组成部分。系统的设计和建设需要综合考虑列车运行、乘客安全、结构稳定性以及环境因素等多个方面。同时，铁道工程包括有砟轨道工程和无砟轨道工程，两者在结构特点上存在显著差异，包括轨道的道床结构、固定方式等。从铁道本身的结构形式来说，我国大部分普通列车使用的是有砟轨道，而高速列车大多使用的是无砟轨道。

有砟轨道是由道砟组成的道床，可以方便地进行线路的方向、高低的调整，且对减振降噪有一定作用，所以在大多数地段使用，它的施工和养护比较方便，技术非常成熟，被世界各国铁路广泛采用。但是由于组成道床的道砟强度问题和路基的地质问题，有砟轨道线路有很多的道床病害，比较典型的就是道床翻浆。

无砟轨道是把线路的道床部分用混凝土进行整体浇筑，由于混凝土的抗压强度比较高，在路基稳定的地段适用性好，铺设速度快，相较有砟轨道更具平顺性和稳定性。它的线路方向和高低的调整范围很小，一般在 15mm 左右，施工结束后的后期养护工作较少。但是无砟轨道施工要求较高，且因本身为分层体系，各层结构具有不同的受力、防水、承受温度荷载等特性，开裂、翘板、翻浆等各类问题也时有发生，一旦发生线路路基病害，后期整治工程复杂且成本高，而且路基不稳定的地区还需对地基先进行处理，或是采用整体道床，在后期的病害整治工程量及成本投入较大。

由于铁道工程结构构造复杂,而且内部设备构件具有隐蔽性,如图 1-24 所示转辙机的复杂性和隐蔽性,因此铁道工程的养护维修是一项十分繁杂的工程。目前在铁道工程设备的运维中主要存在以下问题。

(1)检修人员专业性要求:铁道工程结构设备的检修操作要求比较严格,同时结构设备构造庞杂,特殊故障处理难度较大,因此对检修人员的专业技能有较高的要求。

(2)隐蔽性养护维修项目的检测:结构设备内部有很多隐蔽性养护维修项目,对这些项目的检测结果难以直接展现,因此在定期巡检过程中常常会忽略对这些项目的检测。

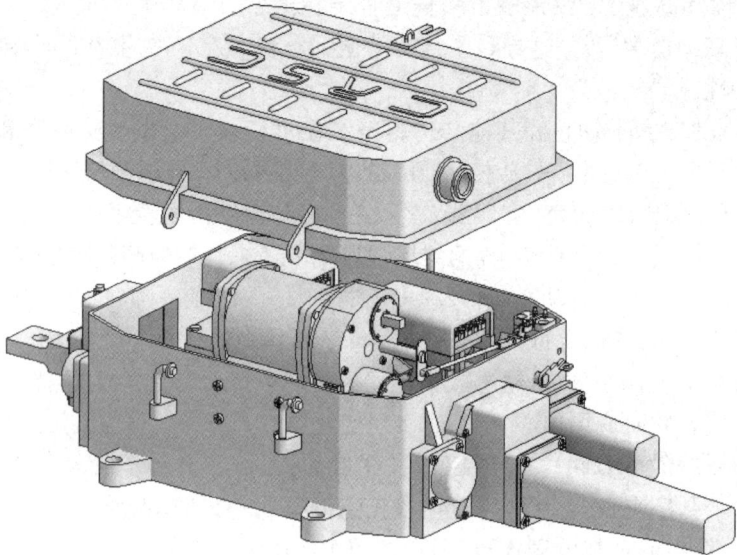

图 1-24 转辙机的复杂性和隐蔽性

对于有砟轨道,使用 BIM 技术可以提供精确的三维模型并考虑砟石的特点,从而有助于优化道床的设计,确保其承载能力和排水性能达到最佳状态。同时,利用 BIM 技术还能够在轨道和道床之间建立精准的连接,确保轨道的稳定性和准确度。

对于无砟轨道,利用 BIM 技术能够优化混凝土道床的设计,考虑横梁的布局和轨道的安装,确保整体结构的稳定性。在复杂性和隐蔽性工程中引入 BIM 技术,使用 Revit 软件可建立结构设备的精细化模型,通过模型准确模拟巡检维修过程,实现可视化操作。通过 BIM 技术,工程团队可以在设计和建设的早期阶段发现潜在问题,提高工程的效率和质量,同时降低维护成本。这种综合的、全过程的信息模型能够为有砟和无砟结构的铁道工程提供全面的可视化和分析,为铁道工程的可持续发展提供有力支持。

3. 安全性

铁道工程的安全性是需要重点关注的对象,无砟轨道结构是为解决高速条件下有砟轨道残余变形累积快、养护维修工作量大等问题而出现的,最初的设计理念是"少维修",高整体性、高平顺性和高稳定性是无砟轨道结构的主要特点。其中,轨道几何形位的正确与否,对机车车辆的安全运行、乘客旅行的舒适度、设备的使用寿命和养护费用起着决定性的作用。轨道几何形位的超限是引起机车车辆掉道、爬轨以及倾覆的直接因素。几何形位因素直接影响机车车辆的横向及竖向加速度,并产生相应的惯性力,在高速铁路和快速铁路中随着运行速度的提高,影响特别显著。

高速铁路无砟轨道开通运营后,随着时间的推移,在列车荷载、外部环境、线下基础结构变化等因素共同作用下,一些潜在结构问题逐渐发展成结构损伤及病害,如轨道板龟裂、砂浆层离缝、轨道板上拱、线形偏移等。铁道工程在安全性方面主要考虑以下几点,以轨道板表面裂缝、掉块(图 1-25)为例。

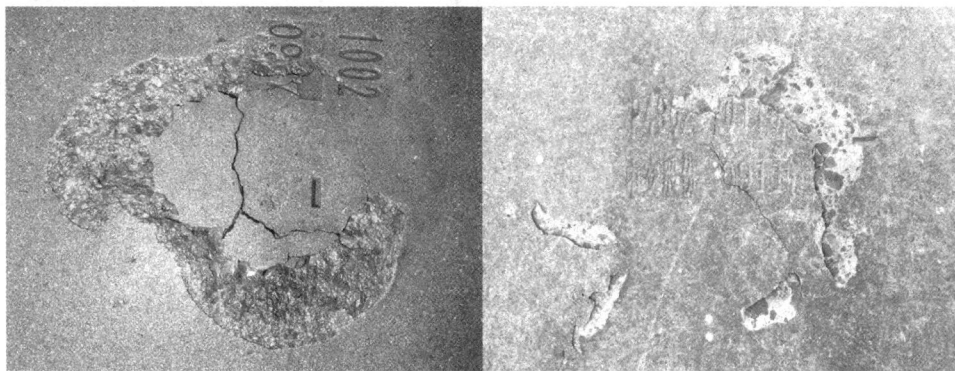

图 1-25 无砟轨道板表面裂缝、掉块

1)轨道板表面裂缝、掉块的危害

(1)影响轨道整体性能:表面裂缝、掉块会降低轨道板的整体服务状态和性能,导致行车安全问题,增加维护成本,影响列车正常运行。

(2)引发底座相关病害:裂缝、掉块向底座与覆盖层接缝处发展可能引起底座相关病害,影响轨道板的结构耐久性,导致整体结构的弱化和不稳定性。

(3)危害列车和车体:裂缝、掉块在列车经过时在风的作用下可能卷起、击打车体,导致列车运行时出现噪声、振动,同时对列车外观和结构造成不良影响,甚至可能损坏车体。

2)轨道板表面裂缝、掉块的原因分析

(1)严寒地区冻胀:地区气温极低时,水分进入裂缝后,温度变化引起水的冻胀,导致裂缝扩大,表面剥离。

(2)缝隙水的存在:表面裂缝后,雨水或其他水源渗入缝隙,随着环境温度的变化,在冰水形式变迁过程中,裂缝内的水会冻胀,增加裂缝内的压力,导致表面的裂缝和掉块。

(3)自然侵蚀和风化劣化:轨道板表面会受到自然侵蚀和风化的影响,特别是在恶劣天气条件下,这使得表面逐渐失去原有的强度和抗风化能力,从而容易发生裂缝和掉块。

(4)列车循环荷载:车辆的运行荷载对轨道板施加周期性压力,尤其是在表面已经受损的情况下,循环荷载可能加速裂缝和掉块的形成。

因此,需加强预制轨道板全生命周期各环节标准化作业及检验要求,严格落实淘汰制度,做到全过程有效保护、保障正常服役,同时深化信息化体系搭建,实现存在问题可追踪、可查找。

同时,由于铁路运输的性质,轨道维修节点通常安排在夜间的天窗期,这对维修作业提出了很高的要求。应用BIM技术可以模拟轨道几何细微形变对列车运行的影响,以最大限度地提高平顺性。此外,夜间进行的维修工作,如轨道更换和设备维护,需要在短时间内高效准确地完成维修工作,BIM技术则能够提供详细的施工计划,通过虚拟现实技术,模拟夜间施工的各个方面,从而优化施工方案,提高施工效率。

综上可见,无论是从承受荷载、结构特点还是工程的安全性方面,铁道工程的建设与管理乃至检测和维护都具有十分复杂的特性,建设全过程所包含信息量十分庞杂,施工管理的难度极大,传统的建设管理方式显然已经难以满足现有需求,采用先进的技术手段提高管理效率势在必行。BIM 具有的可视化特点可以帮助工程师和设计师更好地理解和可视化隐蔽性工程的结构和布局,从而减少设计错误和施工问题,生成高质量的可视化效果图和动画,还可以帮助工程师向相关方面展示隐蔽性工程的设计和施工方案,提高沟通效率。

铁路工务系统在无砟轨道养护维修及管理方面,经历了探索、实践、不断总结的过程,由此积累了丰富的养护维修案例与思考总结。这中间,涉及一些新技术、新设备、新材料和新工艺的研发与应用,对后续设备病害的整治维修具有重要的参考借鉴价值,同时也是新形势、新背景下无砟轨道养护维修阶段性成果的展示。

BIM 技术的使用,不仅可以实现项目全生命周期内的信息持续更新和协同管理,使庞大的工程信息汇集在一起,确保不同参与方之间互联互通,信息传递准确、高效且便捷,还能够有效地缩短项目建设周期,对快捷施工、降低成本、提升工程质量也有显著作用。在我国铁路行业信息化水平飞速发展以及现代化铁路建设需求日益旺盛的当下,BIM 对于提高设计质量、施工效率和项目管理水平,是一种非常有优势的工具和方法。

1.5 铁道工程中 BIM 技术的应用价值

我国铁路交通是国民经济的发展命脉,也是社会基础设施建设的重要保障。复杂的地质条件、大规模的土地征用、环境保护和生态保护、复杂的工况、高标准的技术及安全要求、施工周期长、设备要求高、管理难度高及经费需求大等都是铁道工程所具有的特点和难点。针对此类现代化项目建设所要求的数据交换、集成统筹及信息化建设管理,主要依靠人力协作与组织沟通的传统施工建设模式已无法适配。因此,在铁道工程中引入 BIM 技术实现设计、建设、运维全生命周期数字化精细建设管理,对提高工程项目建设效率、降低项目建设成本、保障项目建设安全、提升项目建设质量具有显著成效,铁道工程中 BIM 技术的应用价值如图 1-26 所示。鉴于 BIM 技术具有可视性、高兼容、数据共享等特点,在铁

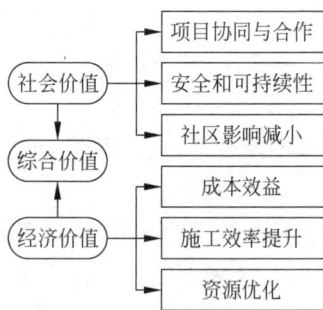

图 1-26 铁道工程中 BIM 技术的应用价值

道工程中以 BIM 技术为首,结合新型信息手段,实现建维一体化全生命周期管理的智慧建造模式或将成为未来建筑行业转型升级的新途径,该举措对于打破当下传统建设格局,推动智慧建造发展具有积极的价值和意义。

1. 社会价值

(1) 项目协同与合作。铁道工程中 BIM 技术的应用促进了各相关方之间的紧密合作和信息共享,通过实时的数据交流,项目参与者能够更好地协同工作,减少误解和冲突,提高整体项目质量。

(2) 安全和可持续性。BIM 技术在铁道工程中的应用有助于更好地管理和预防安全风

险,通过模拟和分析,可以在设计阶段发现并解决潜在的安全问题,提高铁道工程的可持续性,降低事故发生的可能性。

(3)保障绿色施工。BIM 的三维可视化和模拟功能有助于评估铁道工程对周边社区的影响,通过提前识别可能的问题,可以采取措施减小施工、运维对周边社区的负面影响,提高项目在社会中的可接受性。

2. 经济价值

(1)成本效益。铁道工程中 BIM 技术的应用有助于更好地管理项目成本,通过准确的量化和模拟,可以在设计和施工阶段识别成本问题,及时调整设计和施工计划,避免额外的开支。

(2)施工效率提升。BIM 技术在施工过程中的应用可以提高工作效率,通过精确的模型和实时的数据,施工团队能够更好地协调工作、减少浪费、提高施工速度,从而缩短项目周期。

(3)资源优化。通过 BIM 技术的应用,可以更好地优化资源的利用,包括人力、物资和设备。这有助于提高资源使用效率、减少浪费,从而对项目整体产生积极影响。

3. 综合价值

BIM 技术的问世打破了传统施工的壁垒,通过 BIM 技术的设计优化、模拟施工、运维管理等功能,可实现对项目全生命周期的监控管理。现阶段,BIM 技术应用在高铁项目中轨道、桥梁、隧道、构件等的建设中成效显著。

在设计阶段,应用 BIM 技术建立可视化的三维模型给深化设计和促进各专业间的协同作业带来了极大的便利。在施工阶段,BIM 技术提供的进度控制和模拟施工,对于类似难度大、危险高、情况复杂的项目可提供指导意见;对关键施工节点也可进行重点把控,从而保障工程项目的顺利推进。在运维阶段,BIM 技术的运维管控在项目建成后运用较少,初步局限于设备维修保养阶段,因此项目运维服务需进一步加强。

铁道工程中 BIM 技术的应用不仅带来了社会和经济层面的价值,更重要的是将这两个方面有机地结合起来,在成本节约、施工效率提升、资源利用效率提高、建设质量和安全提升、环境保护、公共安全等多方面体现了益处,对于促进铁道行业的可持续发展和社会进步具有重要意义。随着 BIM 技术在各大型轨道项目中的普及使用,包括站台、站房、桥梁、隧道以及众多接口和维护等建设,可以更好地管理项目、提高效率、降低风险。铁道工程中 BIM 技术的应用为整个社会创造了可持续、高效、安全的铁道交通系统,为未来城市轨道交通的可持续发展作出了积极贡献。

1.6 总结

随着铁道工程规模和复杂性的增加,传统的设计和管理方法已难以满足现代工程的需求。本章节探讨的 BIM 技术通过整合多维信息,增强了设计、施工与运维管理之间的协同,显著提高了信息传递效率和准确性。这种集成化的工作方式不仅能够减少设计阶段的错误和返工,还能优化资源配置,降低施工成本。

同时,BIM 技术在整个工程项目全生命周期内提供了实时监控与管理能力,通过可视化的动态模型,项目相关人员能够更直观地进行决策,确保各项设计和施工方案的可行性,推动绿色建筑和环境保护的实现。BIM 技术的应用为铁道工程提供了更为高效、精准和可持续的管理解决方案,促进了行业的创新与发展。

第2章 铁道工程BIM应用现状及问题分析

2.1 BIM 技术国内外应用现状

BIM 技术作为我国建筑行业一种前沿的技术，从二维平面图转变到动态多维图，BIM 技术在项目不同阶段中均占据着优势地位，全方位发挥 BIM 技术促进了我国建筑业的发展，进而实现向信息化时代的转变。

BIM 技术的概念最早在 1974 年美国佐治亚理工大学 Chuck Eastman 教授的一篇文章中初见雏形，他在文章中指出：建筑设计应通过交互定义三维元素（如结构构件或空间单元）实现，同时所有图纸（平面图、剖面图、轴测图、透视图等）均需源自同一元素数据库，以确保设计变更时信息自动同步更新，并利用集成数据库实现量化分析、冲突检测与工程管理。与此同时，欧洲学者提出了建筑产品模型（building product model，BPM）和产品信息模型（product information model，PIM）两个概念，并将之统一起来融合成为 BIM。后来随着 Autodesk 等软件公司的推广宣传以及相关研究人员的努力，BIM 技术的基本概念得到了逐步的丰富与完善，BIM 技术发展简史关键节点如图 2-1 所示。

1. BIM 技术在国外的发展现状

BIM 的理念起源于国外，BIM 技术在国外的发展现状表现为多方面的创新和应用。首先，为解决装配式钢结构建筑存在的问题，研究者提出了一系列措施，包括降低成本、提高效率、减少工作量，并强调了在装配式钢结构建筑中应用 BIM 技术的重要性。这种以 BIM 为基础进行装配式钢结构建筑的研究设计，提供了相应的建筑设计实例应用。此外，将 BIM 技术与区块链相结合，搭建了面向区块链设计协作的保密思想框架（CFM）。该框架创新性地开发了访问控制模型，以防止未经授权访问敏感的 BIM 数据，并提出了新的设计策略以便在区块链网络内部进行设计协调，实验证明了 CFM 的可行性和性能。研究还调查了建筑环境评估中 BIM 与生命周期评价（life cycle assessment，LCA）框架的集成潜在实施，结果表明 BIM 和 LCA 应用仍有待进一步研究。

在建筑与健康关系方面，研究了应用 BIM 测量建筑健康指标（BHI）的可行性，以找到将 BIM 的使用与建筑设计相关的健康指标相结合的最佳策略。其他研究也涉及 BIM 在建筑节能、数据集成、桥梁工程、校园建筑改造等方面的应用。通过不同的创新方法，包括与

图 2-1 中各节点文字：

"BIM之父"——美国佐治亚理工大学
Chuck Eastman教授提出了建筑描述系统(building description system)

1974年
伊士曼将"建筑描述系统"发展为"建筑产品模型"

建筑产品模型可以在建筑的全生命周期中，
提供丰富而完整的建筑产品信息

Intergraph公司发布了建模核心的3D CAD软件Solid Edge

20世纪80年代
—20世纪90年代
Autodesk公司发布了第一个
全功能的3D建模软件Mechanical Desktop

进入Cad BIM市场

BIM技术
发展简史
关键节点

21世纪
Autodesk公司收购3D建模软件公司Revit Technology

成立第一个使用BIM的建筑信息模型公司

21世纪以后
中国第一个BIM研究中心在华中科技大学成立

中国出版第一本著作《BIM总论》

收购了SketchUp、多种BIM/PM/CAFM相关软件

人才逐渐增加，国内建筑BIM软件兴起，
逐渐形成中国式BIM，国外BIM发展较成熟

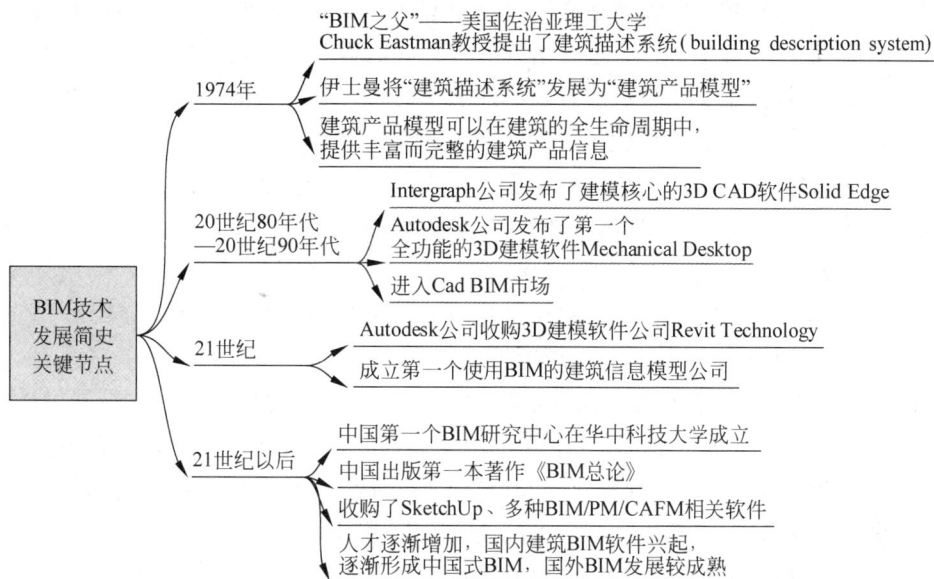

图 2-1　BIM 技术发展简史关键节点

GIS、VR、AR 等技术的创新融合使用，研究者致力于提高 BIM 在各个领域的效益和应用水平。总体而言，这些研究为 BIM 技术的进一步发展和实际应用提供了有益的启示。

近 10 年来，各国 BIM 技术在其政府引导下逐步发展，德国、法国、日本、韩国等国家陆续出台铁路行业 BIM 技术推进规划，为 BIM 技术发展指明了方向和目标。德国于 2016 年出台"铁路数字化战略"(铁路 4.0)，以提升乘客满意度为目标，深入生产、运营、维修养护、客户交互等铁路系统各环节，全面支撑德国铁路 4.0 计划。法国国营铁路集团于 2015 年推出"数字化法铁"项目，计划依靠工业互联网技术将列车、路网、站房三大区域用网络连接起来，未来为客户建立一个绿色可持续、便捷智能的铁路系统。JR 东日本铁路公司制订了《技术创新中长期规划》，从安全、营销、运营、能源 4 个方面提出开展基于 BIM、物联网、大数据、人工智能等技术的"运输革命"。韩国铁路制定了面向 2030 年的铁路 BIM 技术发展路线图，以铁路基础设施为核心，将 BIM 技术发展划分为转化、双轨、整合、精益和智能 5 个阶段。

2. BIM 技术在国内的发展现状

2013 年，我国铁路 BIM 技术研究总体规划出台，陆续设立数据平台、全生命周期关键技术及路基、桥梁、隧道、客站、四电、建设管理应用、BIM 轻量化、图形引擎等 40 余项科研课题，针对关键技术、实施策略、规章制度等一系列相关问题展开研究，并取得了良好成效。自此，我国 BIM 技术开始应用于铁道工程并逐渐发展，且在国内已经展现出多方面的应用和潜力。国内学者通过不同的方法探索如何将 BIM 技术与其他领域相结合，以提高工程管理效率并推进建筑行业的可持续发展。

BIM 技术的可视化在国内建筑市场发挥着积极作用，为提升 BIM 技术并促进我国建筑业的可持续发展提供了重要支持，我国已经在建筑结构和场地环境分析、结构可视化及优化建筑设计等方面探索了 BIM 技术在建筑节能设计中的应用，从不同领域对 BIM 技术进行了深入探索。

BIM技术与GIS技术的结合,利用微服务构建的BIM与管理业务相融合,通过GIS的三维可视化,实现了项目全过程管理。这种整合不仅提高了工程项目的质量和安全性,还缩短了项目周期,有效控制了项目进度。以地铁项目为例,展示了将GIS与BIM技术结合的设计系统的合理性,保证了铁路轨道交通运输管理的有效性。BIM技术与3D打印技术融合,可以获取有效的建筑信息并更好地管理建筑项目。这种整合不仅在设计、生产、建设、维护等方面提高了装配式建筑工程的管理效率,也为全面控制项目成本提供了有效手段。工程项目中运用BIM技术进行项目成本控制研究,有效优化了设计,提高了效率,节约了项目成本。将BIM技术与云技术和物联网技术相结合,构建桥梁全生命周期的BIM信息管理平台,有效降低了项目安全风险,并实现了精确管理。

铁路各设计院、施工单位、铁路局相继开展BIM技术应用推广,建立以数据为核心、数据流为主线,以BIM+GIS、云计算为主要技术特征,以协同设计、建设、施工管理平台为载体,将新理念、新技术与建造过程深度融合,形成了数字孪生铁路资产的新建造模式。组织开展了以京张高铁、京雄城际铁路为代表的铁路BIM应用试点项目,主要研究了BIM技术在铁路设计行业、桥隧工程、铁路客站、协同平台等方面的应用,打破了传统设计信息壁垒,路基、桥梁、隧道、轨道、站房、客服等各专业开展的施工仿真模拟、工厂化预配、工艺工序动态优化、绿色施工等BIM技术应用成效显著。

我国长期以来注重科技创新与转型升级,逐步出台了一系列政策与指导意见,鼓励各级政府、企事业单位积极推进BIM技术的研究与应用,从而推动工程建设行业向数字化、智能化转型。中国铁路BIM技术标准体系涵盖了BIM建模、数据管理、协作与集成等关键领域,旨在实现建设全生命周期的信息共享与协同,通过统一的协作平台,实现施工过程的有序进行,提高施工效率,减少潜在风险。

总体而言,国内外这些研究显示出了BIM技术在国内外建筑行业的多样化应用,涉及领域广泛,从建筑节能到项目成本控制,再到全生命周期管理,有着巨大的潜力,BIM技术在全生命周期管理中的应用分类如表2-1所示。这些研究为探索数据之间的协作管理提供了基础,为建筑行业的信息化和可持续发展提供了有效的支持。

表 2-1　BIM技术在全生命周期管理中的应用分类

规　　划	设　　计	施　　工	运　　维
现状建模	设计方案论证	3D协调	记录模型
成本预算	设计建模	场地使用规划	维护加护
阶段规划	能量分析	施工系统设计	建筑系统分析
规划文本编制	结构分析	数字化加工	资产管理
场地分析	设备分析	三维控制和规划	空间管理/溯源
……	绿色设计	……	……
	规范验证		
	……		

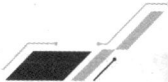

2.2 BIM 应用的现存问题与难点

BIM 自 2001 年引入我国以来,便引起了专家、学者、高校以及政府机构的重视,各个方面对此都开展了研究。在建筑行业的数字化转型中,BIM 被认为是一项革命性的技术,为项目管理、设计和施工提供了更高效的方式。虽然 BIM 的潜力巨大,但其应用仍然面临着一系列挑战与难点,包括软件互操作性不足、行业标准缺失、人才培训和合作文化的转变,因此 BIM 的广泛应用并非一帆风顺。这一领域还涉及工程信息的隐私性和安全性等重要问题,需要全行业通力合作来解决。因此,深入了解 BIM 应用的现存问题与难点对于促进它的可持续发展以及为建筑行业带来真正的变革至关重要。

1. 铁路 BIM 基础研究支撑不足

各相关单位在铁路 BIM 标准的实际使用中对标准的理解不同,要求深度不同,执行难易程度也有较大差别,现有铁路 BIM 标准难以落地;BIM 技术尚不能实现全流程设计和交付,软件设计效率不高且成本高昂;基于国外 BIM 平台的建模软件仅具有商业化通用功能,难以满足真实设计的需求,同时软件自主化不足,有"卡脖子"风险,存在数据安全隐患;缺乏统一的建模、交付标准及标准化构件库,建立、交付的模型不统一。

2. 铁路 BIM 全生命周期应用不足

目前,未形成项目应用级 BIM 正向设计能力;BIM 技术在施工阶段的应用不够深入,缺乏相关的 BIM 应用发展规划,导致 BIM 应用推广缓慢;铁路相关设备管理维护缺乏科学计划性,资产运营缺少统筹管理;在设计阶段向施工阶段、施工阶段向运维阶段成果交付的过程中,相关流程制度不够成熟完善,交付成果无法满足应用需求。

3. 铁路 BIM 发展机制驱动不足

现阶段铁路数字工程缺乏规范的审核手段,无法保证交付的数字资产质量及交付资产的效力;缺乏引入第三方外部机构的审核评价机制;缺乏相关的 BIM 收费规则,目前部分铁路行业收费依旧需要借助地铁、公路等行业收费规则,导致铁路 BIM 相关合同难签订、难控制;缺乏 BIM 咨询试点项目部署计划,缺少优质、优价、有序的铁路全过程 BIM 工程咨询服务,BIM 在工程项目中的应用力度不够;使用 BIM 技术难以实现投入与收益相适应;各单位 BIM 从业人员晋升通道不够明晰,缺少相应的 BIM 人才培养计划,相关从业人员职业规划不清晰。

4. 铁路 BIM 智能化发展不足

BIM 技术与 5G、AI、区块链、云计算、装配式等技术的融合已开展初步探索,相关发展体系还不够成熟;数字孪生在铁路复杂工程项目领域中的应用前景广阔,是未来重要发展趋势,目前铁路行业对于数字孪生的相关应用较少;铁路智能建造方面已初步应用 BIM 技术,然而应用深度远远不够,在智能运维等方面尚未开展深入应用。

5. BIM 技术协同配合深度不够

铁道工程全生命周期的管理中需要多专业多部门的协同与配合,由于该类工程的特殊性,需要满足多种标准的要求。多标准的融合使得铁道工程的资料管理"众口难调"。其次,该类工程受到项目策划、项目设计、项目施工、铁路线运维等多环节决策的影响,需要信息在各阶段传递流畅且专业间协同无障碍。目前在数字化信息管理层面的研究还处于初级阶段,这无疑给铁道工程资料的管理带来了巨大的挑战。

现有的铁道工程在信息化过程中存在接口标准不统一、多源异构数据融合不足、全生命周期资料管理体系不完善等问题,无法满足铁道工程资料高标准管理的要求。BIM 的标准化和统一化仍然面临挑战,不同软件和平台之间的兼容性问题仍然存在,这给 BIM 的应用带来了一定的难度。

BIM 应用的深度和广度不够,BIM 与新技术融合能力有限等问题。针对 BIM 结合多种可视化技术的研究不是很深入,难以实现铁道工程在全生命周期管理中的可视化、智能化;现阶段针对 BIM 进行铁道工程资料管理的研究也尚不成熟,资料与模型的关联方式单一,无法通过多维度、多方式进行铁道工程资料的智慧管理。

BIM 软件种类繁多且具有相当的专业性,操作需要进行前期培训,具有一定技术储备的专业人才方可进行操作和管理,而目前行业内专业 BIM 人才的培养和培训还需要进一步加强。BIM 技术的应用需要投入大量的资金和人力资源,对于一些中小型企业来说,成本是一个不小的挑战。

尽管 BIM 技术在建筑与工程领域的应用过程中面临着一系列的现存问题与难点,但通过了解 BIM 技术在铁道工程中的具体应用,不仅能够窥见技术创新的方向,还能更为全面地认知 BIM 技术在特定领域的挑战与局限。因此,在深入研究 BIM 技术应用的现有问题时,通过对铁道工程中 BIM 技术的实际案例进行分析,能更好地理解 BIM 技术在该领域的实际运用与面临的挑战,为进一步探讨解决方案奠定基础。

2.3　BIM 技术在铁道工程中的应用思路

铁道工程中 BIM 技术的应用是一项庞大的系统工程,一般可分为四个阶段,即规划阶段、设计阶段、施工阶段和运维阶段,各阶段紧密相扣,前一阶段是后一阶段的基础,数据信息传递贯穿全生命周期。BIM 在各个阶段都有着十分重要的应用价值,具体应用流程如图 2-2 所示。

在规划阶段,BIM 咨询单位进行前期调研和收集资料,结合 GIS 进行场地数据分析、运量分析、方案论证分析和工程量统计等工作,与设计单位共同制定 BIM 的整体策划和实施方案,并提交建设单位进行审核。待审核完成后,咨询单位确定项目标准,包括交付标准、建模标准等。

在设计阶段,设计单位完成 BIM 设计并提交咨询单位进行审查,同时基于 BIM 完成可视化展示、参数化设计、性能分析、工程量统计等工作。

在施工阶段,咨询单位一般在施工阶段就确定一套 BIM 标准,随后施工单位按照该标准进行深化设计,考虑施工进度以及成本要素,基于 BIM 完成施工模拟、进度管理、质量管理、数据分析等工作。在此过程中,咨询单位需要提交模型审查报告,监理单位结合 BIM 完成施工模型审查工作,指导施工单位提交竣工模型。

在运维阶段,咨询单位基于运维模型交付标准在竣工模型的基础上完成信息维护,并提交给运营单位和建设单位审核,运营单位通过集成异构数据,完成 BIM 信息全过程的集成和传递,并充分利用 BIM 进行运维管理、安全管理、运营收支管理、技术资料管理、培训管理等。

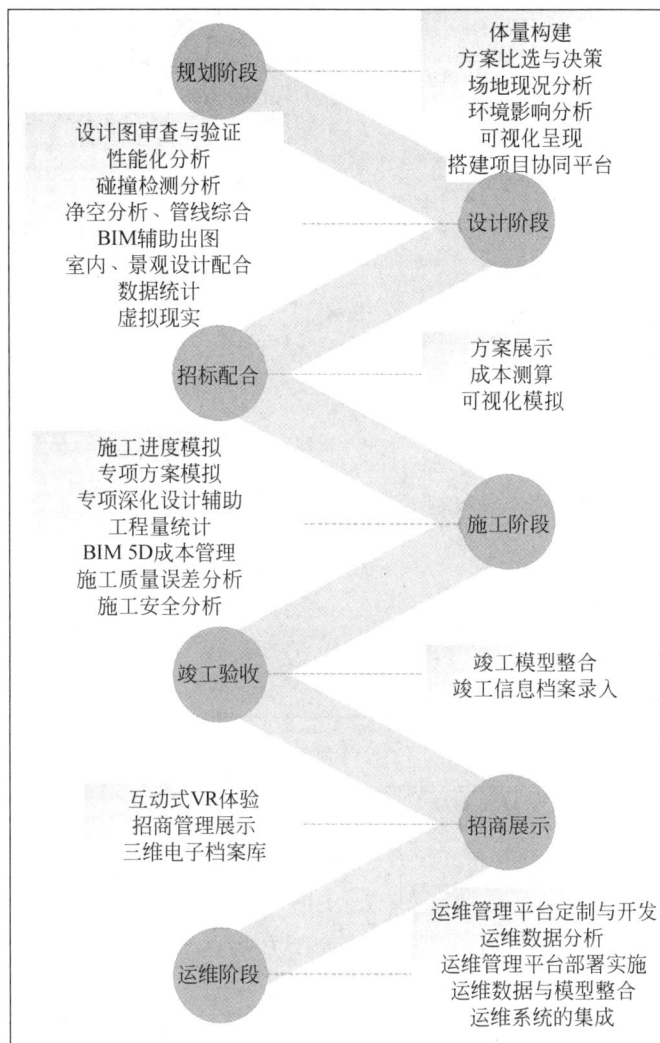

图 2-2　铁道工程 BIM 全生命周期应用流程

随着 BIM 的发展,工程界对 BIM 的认知越来越深入。BIM 并不是一种软件也不是一项信息化技术,而是一种全新的工作和管理模式,是在工程技术、流程、组织结构、管理模式等方面进行系统性的改革,服务于工程的勘察、设计、施工、运维阶段,实现全生命周期管理。在此基础上,BIM 展现出六大特征,包括可视化、参数化、一体化、仿真性、协调性和优化性,如图 2-3 所示。

以京张高铁为例,京张高铁涵盖建造、装备、运营多个业务领域,由多个子系统和多项新技术构成,提出了"顶层设计、平台先行;模数驱动、轴面协同"的建设理念,取得了多项重大技术突破,高铁智能化服务总体架构如图 2-4 所示。

1) 在京张智能高铁体系和管理方面

(1) 基于分层分类原则,构建了"平台＋应用"的技术体系架构;

(2) 提出了"以全生命周期管理为主轴线、以全业务要素为基本面、模数驱动、轴面协同"的建设管理方法。

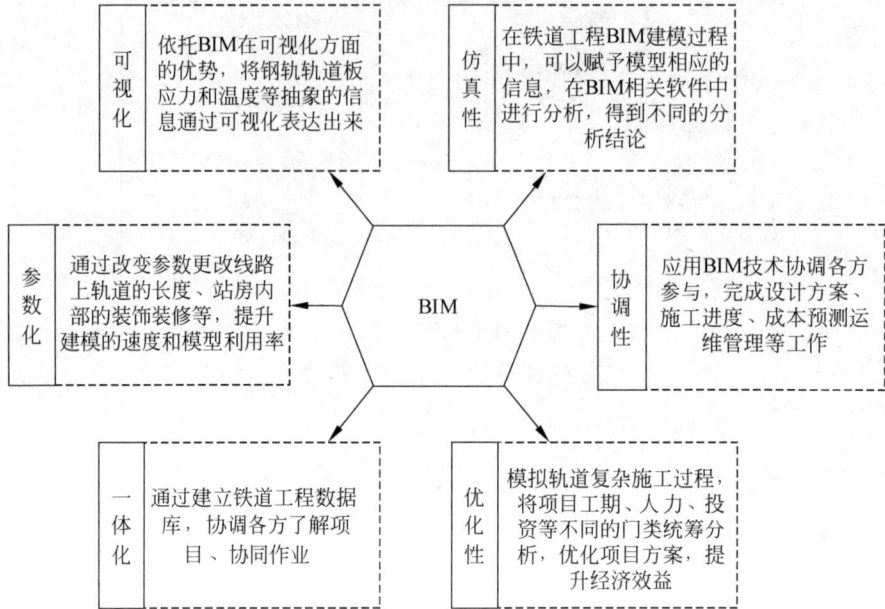

图 2-3　BIM 的特征

图 2-4　高铁智能化服务总体架构

2) 在智能建造技术方面

(1) 构造了基于 BIM 的全专业、全线统一环境的协同设计平台,实现了多专业协同设计和数据无损传递;

(2) 建成双块式轨枕场,实现了轨枕制造全工序自动化、全过程数据集成化,为数字化制造提供了支撑;

（3）突破了路基、桥梁、隧道、客站等智能化施工成套技术；

（4）研发了基于 BIM＋GIS 的高铁工程管理平台。

3）在智能装备技术方面

（1）研制了智能动车组系统，实现智能行车、智能运维、智能服务和安全监测；

（2）首次实现 350km/h 高速动车组自动驾驶；

（3）建成智能牵引供电系统，实现了智能运维；

（4）构建了智能安全监测与应急处置系统。

4）在智能运营技术方面

（1）构建了覆盖全行程的智能票务服务和智能客站系统；

（2）研制出基于 BIM＋GIS 融合的基础设施综合运维系统；

（3）建成高铁智能调度集中系统。

铁道工程领域的 BIM 技术应用目前已取得显著进展，涵盖了设计、施工和运维各个阶段。在设计阶段，通过 BIM 技术的三维建模和可视化提高了设计质量和效率；在施工阶段，协同设计与施工管理减少了误差和冲突，提升了施工效率；在运维阶段，在设施管理与维护方面，BIM 技术的应用有望提升设施的可靠性和可用性。然而，BIM 技术仍面临着标准与规范不完善、人才培养不足、数据集成与共享难等挑战。为解决这些问题，可推进 BIM 标准完善、加强人才培养、建立规范的数据交流标准，并通过深化数字化设计与施工技术、推动全生命周期 BIM 应用以及加强与物联网、大数据技术的集成等应用思路，推动铁道工程 BIM 技术的应用和发展更加深入。

2.4 总结

近年来，随着信息技术的迅速发展，BIM 在铁道工程设计、施工和运维中的应用逐渐普及，许多工程项目通过 BIM 技术实现了设计优化、施工协调和资源管理的提升，显著提高了工程效率和安全性。然而，BIM 的推广仍面临诸多挑战。

由于行业内对 BIM 技术的认知和接受程度存在差异，一些传统的观念仍然制约着 BIM 的有效应用。同时，统一的标准和规范的缺乏也使得在不同项目和参与方之间进行 BIM 数据交换和协作时存在障碍，从而导致了"信息孤岛"现象的出现。此外，专业人才的匮乏也是限制 BIM 技术推广的重要因素，这导致许多项目无法充分利用 BIM 的便利优势，进而影响了项目管理的效率。

尽管存在这些问题，BIM 在铁道工程中的应用仍然具有广阔前景。通过加强行业培训、建立标准化流程和推动技术创新，可以有效克服这些挑战，从而实现 BIM 在铁道工程中的全面价值。

第 3 章 轨道结构三维可视化建模方法

BIM 是以建筑工程项目的各项相关信息数据作为模型的基础,进行建筑模型的建立,通过数字信息仿真模拟建筑物所具有的真实信息。可视化的方法不单指以图形、图像、动画等借助二维模型或传统三维模型的形式将模型在屏幕上显示,而是指模型可以实现分析功能,甚至是空间分析的功能,达到用户和模型间的交互处理。

BIM 技术的应用实现了将二维图纸向三维模型的飞跃,同时它也在建模过程中加入了建筑信息中的其他重要元素,使问题的处理与困难的解决方法得到进一步的优化与提升。可视化建模通过立体化的视觉展示,能够全面地呈现轨道薄弱环节的结构,优化设计方案并简化复杂的结构理解。BIM 技术的应用为轨道薄弱环节的三维建模提供了强大的工具,不仅使信息更加全面,而且使整个工程的建设更加高效和可控。

3.1 BIM 建模可视化的优势

BIM 的应用,可将建设项目的预期结果在数字环境下提前实现,使设计的信息、意图显式化,从而使设计意图和理念能在实施前被项目建设全生命周期中各参与方深刻地理解和评价,使设计中的创意、建筑规范、设计要求、时间、成本限制等都能在 BIM 概念下得到清晰、迅速地表达,从而保证建成后的工程实体能发挥其设计功能。城市轨道交通工程更能体现 BIM 应用的价值。

1. 在前期规划阶段的应用价值

在城市轨道交通建设的前期,需要经历从预可行性研究到可行性研究的逐步细化的论证过程,从而落实城市交通规划和城市整体规划。在规划阶段,城市轨道交通线网规划涉及城市的自然条件、经济条件、社会因素等宏观因素,单线的规划既要落实线网规划,同时需要结合整体的线路及线路周围的人口、用地、出行需求等进行调整。城市交通规划和城市整体规划均会涉及政府多个部门,必须建立在大量翔实可靠的资料分析的基础上,才能有效地进行决策。利用城市模型的信息,如土地、人口密度、出行需求等因素可以更为准确地进行线网规划,并随着城市模型中信息的变化对线网规划进行修编。在单线可行性研究中利用线路周边的地质情况、人口密度、出行需求、道路情况等进一步优化线路,设定车站及出入口位置,确定交通衔接方案。

2. 在设计阶段的应用价值

目前,在设计阶段应用 BIM 技术最有价值,相对来讲应用也最成熟。城市轨道交通工程包括车站工程、区间、车辆段和控制中心四种类型。四种类型的工程虽然功能用途不尽相同,但都具有空间复杂、涉及专业众多的特点。对于工程本身来讲,通过 BIM 的搭建将工程还原,一是可以解决空间紧张、各种系统管线的排布问题,保证设计的精准性,全面落实建设中的技术标准;二是利用构件的属性信息进行模拟分析,进一步进行设计优化;三是利用BIM 便于协同交流的特性,提早吸取建设、运维的建议对设计方案进行调整。对于设计企业来讲,通过应用 BIM 技术可以固化构件资源库、设计流程和标准,同时利用 BIM 技术的协同性可以提高设计效率和设计质量。

3. 在施工阶段的应用价值

城市轨道交通工程施工具有建设周期长、涉及专业多、参与方多、施工分序明显、协调工作量大、不可预见因素多等特点。对于工程本身来讲,专业施工准备阶段通过 BIM 进行交底,可以大大缩减各参与方对于工程设计意图理解的时间,大大增强项目施工的可预见性,在施工初期及早发现问题并解决问题。对于复杂空间通过 BIM 进行施工工序排布,可以避免现场发生拆、改、移,从而减少施工费用和时间。在施工阶段,根据完成的实际情况不断调整和更新模型,各方可以进行直观的施工管理,并根据现场的情况及时做出决策和调整,最终生成竣工模型。对于施工企业来讲,可以利用 BIM 与时间、成本相结合,进行直观的施工管理。通过施工模型和工程进度链接对工程进度的方案进行更有效的分析和交流;还可以将预算过程中创建的信息分解到工序中,制订采购计划,科学地控制成本与进度。

4. 在运维阶段的应用价值

在竣工模型的基础上,通过信息的抽取和利用建立运营模型和工程资料管理系统,从而实现工程资料快速查询、资产管理、维修管理等功能。在运维阶段可以基于 BIM 及时加载有关列车运行、维修、财务等集成信息并通过信息进行运营成本分析,给运营企业提供全方位的决策支持。运营中积累的信息也可为将来新建项目提供知识管理平台。

3.2 轨道结构三维建模流程

3.2.1 道岔结构三维建模流程

列车由一条轨道转向进入另一条轨道需要借助的设备即为道岔,道岔作为轨道的一个薄弱环节,一般在车站、车场线等场所广泛使用。道岔在轨道交通线路中占据重要作用,是铁路系统中至关重要的组成部分,其设计和维护对于铁路交通的安全和高效运行至关重要。传统的二维设计方式难以全面、准确地表达道岔结构的复杂性,而引入三维建模技术则为解决这一难题提供了新的途径。

三维建模技术通过在虚拟环境中创建道岔的立体模型,能够更全面地呈现结构的细节和相互关系,这不仅有助于培训和养护维修过程中深入理解道岔的复杂几何形状,还为设计、分析和优化提供了更为强大的工具。

通过本节的学习,我们将通过详细的案例分析和操作示范了解如何运用先进的三维建模技术,准确地呈现和分析道岔的结构特点,以及三维建模的原理、方法和实际应用,展示这一技术在提高设计效率、降低成本、增强工程质量方面的显著优势,从而在实际工程中更好地应对复杂的设计和维护需求。

1. 道岔结构特点

轨道三大薄弱环节包括道岔、曲线、接头,道岔作为铁路线路上的重要组成部分,用于实现列车的换线操作。它具有复杂的结构和机械部件,需要进行精确的设计和安装;此外,道岔还有稳定性和耐久性的要求,需要能够承受列车的压力和运行时的振动,同时保持良好的运行状态。因此,铁路道岔的结构特点决定了它在铁路运输系统中的重要性和使用要求,此处以客运专线 18 号道岔为例。

1)道岔主要技术参数

客运专线 18 号道岔是在充分借鉴国外高速道岔结构的基础上结合国内的实际需求研发的具有自主知识产权的轨道结构。

(1)道岔基本尺寸:道岔全长为 69m,其中道岔前长为 31.729m,道岔后长为 37.271m;导曲线采用半圆曲线线形,曲线半径为 1100m;轨距均为 1435mm。

(2)容许通过速度:直向通过速度为 250km/h,侧向过岔速度为 80km/h。

(3)尖轨处设计:客运专线 18 号道岔采用了我国特有的相离式平面线形设计,在尖轨尖端附近为了改善机车车辆逆向进岔和顺向出岔的运行条件,R1100m 导曲线起点与基本轨相离 12mm,并在 26mm 断面处斜切;尖轨尖端距离基本轨前端距离为 1955mm,客运专线 18 号道岔主要结构如图 3-1 所示。

(a)

(b)

(c)

(d)

图 3-1　客运专线 18 号道岔主要结构

(a)间隔铁;(b)藏尖;(c)限位器;(d)转辙

2) 道岔的主要结构组成与技术要求

客运专线 18 号道岔在结构组成上主要包括钢轨构件、转辙器构件、辙叉结构、扣件系统、转换设备等,各结构的特点如图 3-2 所示。

道岔主要结构	钢轨构件	(1)道岔的基本轨、导轨等均采用国内60kg/m的钢轨; (2)尖轨和心轨使用60D40钢轨制造; (3)侧线均设置护轨,采用33kg/m的护轨用槽型钢制造
	转辙器构件	(1)道岔尖轨尖端采用藏尖结构,藏尖深度均为3mm; (2)在尖轨跟端传力的结构大致分为三类
	辙叉结构	(1)心轨采用60D40钢轨组合结构,在心轨前端采用水平藏尖结构; (2)在翼轨与心轨之间设置两个大的间隔铁,间隔铁通过胶结与钢轨连接; (3)侧线设置护轨
	扣件系统	(1)钢轨和弹性铁垫板联结采用Ⅱ型弹条结构; (2)铁垫板与岔枕的联结采用ϕ30岔枕螺栓及带缓冲套、缓冲调距块结构; (3)设置橡胶垫板; (4)在辙后、叉前等安装支距扣板的位置安装轨撑
	转换设备	(1)道岔采用多机多点转换方式; (2)转换设备主要包括转辙机、外锁闭装置、密贴检查器、安装装置等; (3)转辙机按三点牵引设计

图 3-2　道岔主要结构特点

(1) 钢轨构件:客运专线 18 号道岔的基本轨、导轨等均采用国内 60kg/m 的钢轨进行制造;尖轨和心轨使用 60D40 钢轨制造,其优点在于钢轨高度较小,横向刚度较小,对于扳动力的减小有一定的优势;侧线均设置护轨,采用 33kg/m 的护轨用槽型钢制造。

(2) 转辙器构件:道岔尖轨尖端采用藏尖结构;在尖轨跟端传力的结构大致分为设置间隔铁、设置限位器和不设置传力结构只用扣件固定三类。设置间隔铁的结构较为牢固,对于保持尖轨的方向优势较为明显,此时基本轨所受到的附加力较前者明显增大,设置间隔铁结构如图 3-3 所示。对于限位器而言,其传力较明确,基本轨受到的附加力有限,尖轨处的位移较大,限位器受力对尖轨的方向有所影响,设置限位器结构如图 3-4 所示。对于尖轨跟端只用扣件固定的结构,其尖轨位移较大,难以控制,国内使用较少。

图 3-3　尖轨跟端的间隔铁结构

图 3-4　尖轨跟端的限位器结构

（3）辙叉结构：客运专线 18 号道岔的心轨前端采用水平藏尖结构，如图 3-5 所示；翼轨跟端结构是翼轨与心轨或岔跟尖轨的连接方式，客运专线系列高速道岔采用间隔铁连接，在翼轨与心轨之间设置两个大的间隔铁，间隔铁通过胶结与钢轨联结；客运专线 18 号道岔侧线设置护轨，护轨垫板内侧采用弹性夹扣压基本轨。

（4）扣件系统：扣件系统是联结钢轨和轨道板的重要零件，对于客运专线 18 号道岔，采用Ⅱ型弹条结构联结钢轨和弹性铁垫板；采用 ϕ30 岔枕螺栓及带缓冲套、缓冲调距块的结构联结铁垫板与岔枕，如图 3-6 所示；扣件铁垫板均采用硫化处理，轨下设置 5mm 厚橡胶垫板；在辙后、叉前等安装支距扣板的位置及可动心轨辙叉位置安装轨撑，同时为了增加翼轨的稳定性，在翼轨外侧设置轨撑。

图 3-5　道岔的水平藏尖结构

图 3-6　铁垫板与岔枕联结

（5）转换设备：客运专线 18 号道岔采用多机多点转换方式，如图 3-7 所示；转换设备主要包括转辙机、外锁闭装置、密贴检查器、安装装置等，道岔尖轨的牵引点均采用钩形外锁闭，主要由连接杆、销轴、限位夹板、锁闭铁、锁闭杆及连接紧固件等组成；转辙机按三点牵引设计，牵引点间距分别为 4.8m 和 3.6m。

图 3-7　转辙器部位转换设备

2. 道岔结构建模实际操作

道岔分为三种基本形式，即线路的连接、交叉、连接与交叉的组合。线路连接最常见的方式是通过各种形式的单式道岔及复式道岔进行连接，线路的交叉有垂直交叉和菱形交叉，连接与交叉的组合有交分道岔和交叉渡线等。

高速铁路基础设施、设备的结构较为复杂,例如客运专线 18 号道岔尖轨处零部件较多且多为隐蔽性构件,这无疑给建模提出了更高要求。相比于其他建模技术,BIM 建模的主要优势在于对三维模型的信息传递、管理与应用,数字化模型不仅包含对象主体的几何特性,同时包含了属性、专业、状态特性,可将集成化的信息应用于构件的设计、施工,进而指导后期维护作业,最终形成一套完善的、有层次的信息模型库。以 18 号道岔尖轨处模型为例介绍几何参数化建模的流程。

1) 资料准备

首先,查找与 18 号道岔相关的 CAD 图纸,仔细分析尖轨处滑床板安装所涉及的结构部件,主要包括钢轨、弹性铁垫板、轨下橡胶垫、滑床板、扣件系统等。

2) 创建构件族

在专门的族文件中创建构件族。

(1) 打开 Revit 软件并创建新项目:在族类别下选择"新建"选项卡,并点选"公制常规模型"文件,对文件名进行命名后,单击"打开"按钮完成新项目创建,如图 3-8 所示。

图 3-8　新项目创建

(2) 项目启动和导入 CAD 图纸:在导航栏选择"插入"选项卡,并单击"链接 CAD"按钮,选择本地 18 号道岔 CAD 文件,如图 3-9 所示。

(3) 在项目中创建一个新的 Revit 族,这个族将包含尖轨处的建模,如图 3-10 所示。

(4) 导入 18 号道岔的 CAD 图纸,确保图纸的比例和准确性。通常,道岔的 CAD 图纸包括轨道、轨道附件和相关的构件。将 CAD 图纸导入族文件中,如图 3-11 所示,并建立轴网和高程。通过轴网和高程控制,生成三维模型。

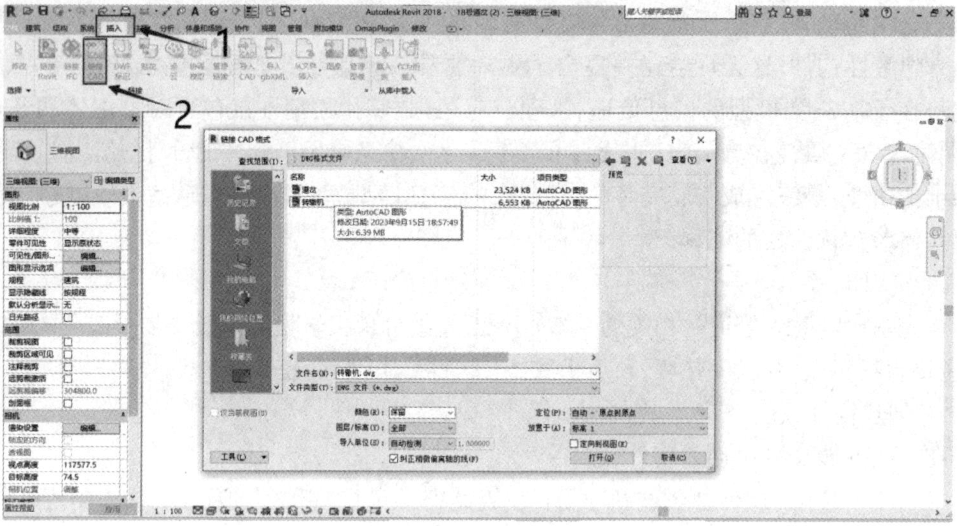

图 3-9　导入 CAD 文件

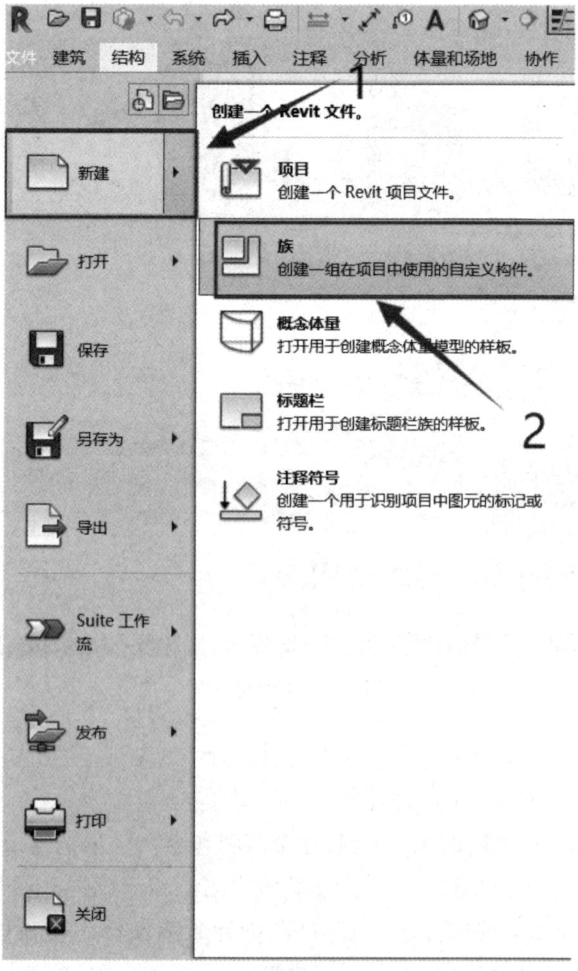

图 3-10　新建 Revit 族

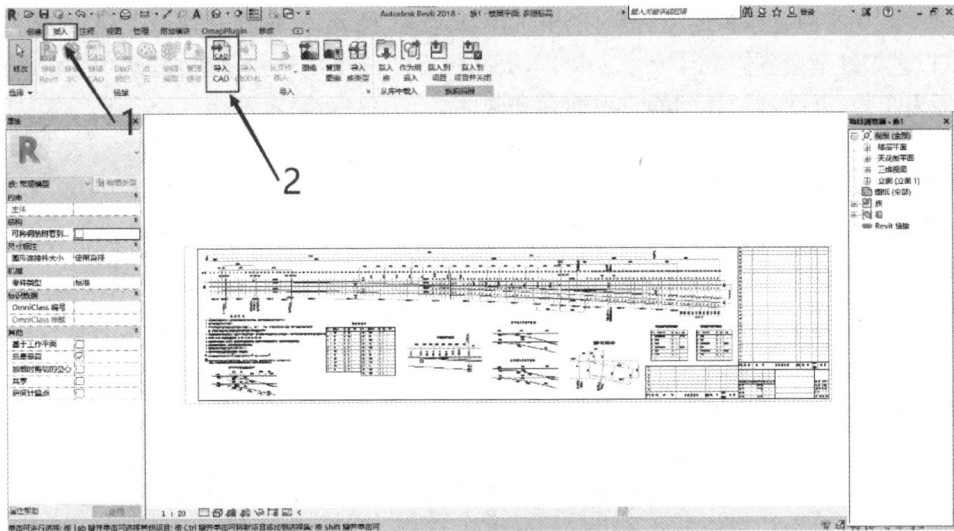

图 3-11　族文件中导入 CAD 图纸

（5）在创建模型的过程中，需要将结构部件的关键信息添加为参数，这是几何参数化建模的核心。参数可以包括钢轨的长、宽、高，弹性铁垫板的板厚、材料等信息。将这些参数添加到族类型中，以便在后续建模过程中进行灵活的调整和修改。参数可根据需要分组归类，如标识数据、模型属性、常规等。

3）模型拼接与整合

根据高速铁路的设计要求，建立不同构件的三维模型，并将它们整合为一个族库。这个族库中包含了各个构件的参数化模型。然后，将族库中的构件族载入项目文件中，进行模型拼接。这是将各个构件组合在一起形成完整的道岔尖轨处模型的过程。同时，还可以编辑模型实例属性，将模型实例属性信息加以整合，以便后续的数据管理和分析。最终，通过以上步骤，建立以参数为驱动的 18 号道岔尖轨处的 BIM，其渲染效果如图 3-12 所示。

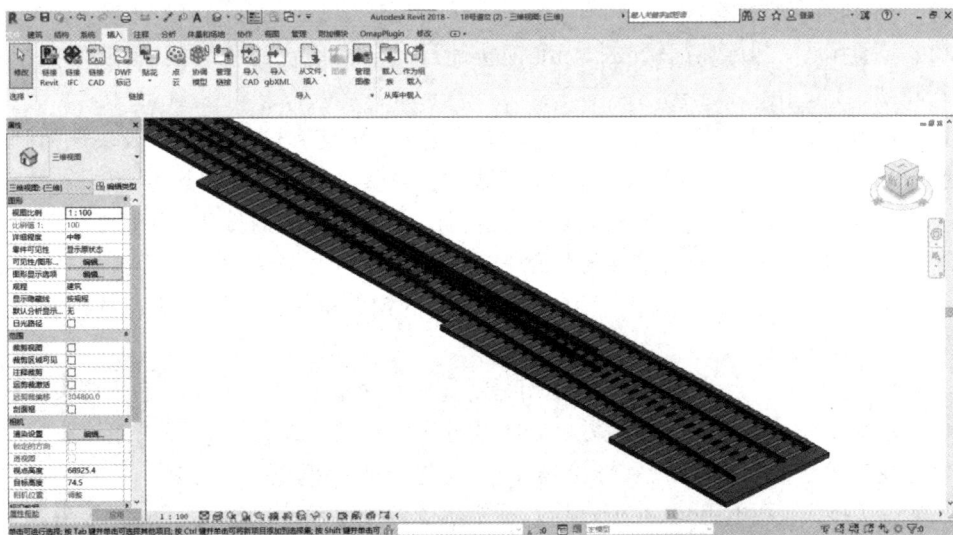

图 3-12　18 号道岔模型渲染效果

通过几何参数化建模的流程,可以更加灵活地进行模型的创建和修改。通过参数的调整,可以轻松地适应不同设计要求和变化,提高模型的可重用性和适应性,减少了设计过程中的重复工作,并提高了模型的一致性和准确性。

3.2.2　钢轨接头三维建模流程

钢轨接头作为铁路系统中的关键组件,直接影响着轨道的稳定性和行车安全,为了更好地理解和优化铁路轨道的设计,需要深入研究钢轨接头在轨道交通中的重要作用。本节将探讨钢轨接头的种类、病害及如何有效地进行三维建模,从而掌握钢轨接头的关键特性及其在整个轨道系统中的作用。

1. 钢轨接头种类及介绍

钢轨接头种类繁多、性能完备,按照接头联结的用途及工作性能分为以下几种类型:普通接头、异型接头、导电接头、绝缘接头、焊接接头以及伸缩接头等。普通接头是接头中最常见的一种,由两根定长钢轨通过夹板等部件联结成不间断的轨道,两根钢轨之间需存在 8~10mm 的间隔作为轨缝,来适应热胀冷缩引起的变形。钢轨接头详细分类如下。

1) 按轨枕支承形式分类

(1) 悬空式:即钢轨接头悬于两根轨枕之间。我国铁路钢轨均采用这种接头形式,它受力条件好、结构简单、便于维修。

(2) 承垫式:即钢轨接头放在轨枕之上。这种形式的接头刚度大,捣固困难,只在特殊情况下使用。

2) 按两股钢轨接头相互位置分类

(1) 相对式:即两股钢轨的接头左右相对。它的优点是列车运行比较平稳,两股钢轨受力均匀,我国铁路广泛采用悬空相对式钢轨接头。

(2) 相错式:即两股钢轨接头左、右错开,但相错不能小于 3m。这种形式使列车冲击次数增加一倍,而且冲击偏心会增大列车摇摆,易造成三角坑等病害。

3) 按钢轨接头性能分类

(1) 普通接头:即标准钢轨或非标准钢轨铺设时两根钢轨的联结接头,使用夹板和螺栓进行联结。

(2) 异型接头:即不同类型钢轨相互联结的接头。为使不同钢轨顶面及头部内侧相吻合,使用相应的异型夹板和异型垫板联结,正线钢轨异型接头必须使用异型钢轨。

(3) 导电接头:供传导轨道电流或作为牵引电流回路之用的接头,用于自动闭塞区段及电力牵引地段。轨间传导联结装置用两根直径 5mm 的镀锌铁丝,插于两轨端轨腰的圆孔内组成塞钉式,或用一条断面面积 $100mm^2$ 左右的钢丝索焊接于钢轨头部的钢套中组成焊接式。

(4) 绝缘接头:在自动闭塞区段上,相邻闭塞分区两端钢轨接头处设绝缘接头,以保证轨道电路不能从一个闭塞分区传到另一个闭塞分区。一般绝缘接头是用尼龙轨头片、尼龙夹板和尼龙螺栓套把钢轨、夹板和螺栓隔开,阻止电流通过,起到绝缘作用。

(5) 焊接接头:用电阻焊、小型气压焊或铝热焊的方法将钢轨焊接形成的接头,多用于无缝线路。

（6）冻结接头：用提高摩擦阻力的方法实现的冻结接头。其特点是不改变现行接头的结构，不使用胶黏剂，也不使用附加机械零件，接头阻力大，足以在大多数地区的铁路轨道上冻结钢轨接头。

（7）伸缩接头（即温度调节器）：用于联结轨端伸缩量很大的普通轨道或温度跨度大于100m的明桥面活动端轨道的钢轨接头。伸缩接头按构造平面形式的不同，可分为斜线型、折线型及曲线型三种。

2. 钢轨接头病害与预防

钢轨接头作为铁路系统的要素之一，在运输网络中肩负不可忽视的作用。然而，由于轨缝的存在，当列车通过时会产生周期性的撞击，从而对接头处轨道和道床造成损坏，例如：钢轨剥落、接头轨缝过大、道床下沉等各种病害问题，都会直接威胁轨道的安全性和运行稳定性。

1) 钢轨及联结零件病害的原因

（1）由于轧钢质量不好，出厂时钢轨内部就存在核伤。

（2）接头养护不良，加重车轮冲击。

（3）在车轮冲击力作用下，端部顶面受到很大的压力，产生塑性变形。

（4）捣固不良和线路爬行。

（5）曲线超高设置不正确，造成钢轨磨损。

（6）线路上铺设的钢轨，轨底坡不合适，钢轨顶面容易发生磨损。

（7）换轨时设置轨缝过大和接头错牙，形成先天性的轨面不平顺。

（8）垫板和扣件养护不良。

2) 预防钢轨及接头联结零件病害的方法

（1）加强钢轨和夹板的养护工作。

① 加强钢轨的检查，发现重伤钢轨和夹板时应及时更换。

② 及时矫直硬弯钢轨。

③ 及时焊补轨面擦伤。

④ 经常注意拧紧扣件，整修防爬设备，锁定钢轨，防止爬行，不使轨缝拉大。

（2）加强接头养护。

① 加强接头捣固，保持道床丰满，并加以夯实。

② 经常上紧夹板螺栓，保持接头坚固。

③ 及时清筛接头范围内的不洁道砟，以免结成硬壳、失去弹性，或引起翻浆冒泥，造成显著的不平顺。

④ 及时消灭轨面高低错牙，接头轨面及轨距线内侧错牙不得超过1mm。

⑤ 用上弯夹板整治低接头。上弯夹板是将一般夹板用弯轨器上弯，上弯量一般以1.2mm为宜。

⑥ 及时调整轨缝。大轨缝是造成接头病害的重要原因。

3. 钢轨接头建模操作流程

本部分以普通接头的模型建立流程及参数设置为例进行说明。

钢轨接头涉及两股轨道的交界处，所以在本次案例建模中采用有砟轨道的上部分结构，即钢轨、扣件、轨枕、钢轨接头四部分，并逐一进行模型建立。城市轨道交通的体量较大，但是对于钢轨接头的部分是可测量和可模型化的,故对于该部分建模将采用1:1、自上而下的方式,并严格按照轨道交通规范进行设计。

最初建立的是钢轨,由于钢轨模型存在诸多曲面,且钢轨的型号按照它所服役的轨道线路不同而不同,本部分钢轨的型号选为60kg/m,并将与其配套的轨枕CAD尺寸模型一齐导入Revit软件中,通过"公制轮廓"和"公制模型"样板分别制作钢轨的截面图形与轨枕的单元模型。

在"公制梁"的模型中导入"公制轮廓"和"公制模型"样板,通过绘制一定长度如"3000mm"的钢轨并通过放样构建,放置"钢轨轨枕",通过"阵列"操作方可实现在一定距离内的钢轨轨枕的均匀分布,但为了使轨枕数目与钢轨铺设距离相匹配,通过设计"实例"常数"n",并结合一定的数学模型嵌套,使得轨枕排列数量随着轨道设计距离的增长而变化,而钢轨之间的距离按照轨道交通规范的1435mm设计。

完成铺设之后,进行"复制""粘贴"的操作,从而使得在工作平面上存在两股有砟轨道即道砟,在两股道砟中预留10mm的空隙以代表轨缝的存在。在两股钢轨的衔接处进行螺栓孔的制作,先进行"空心拉伸"的操作,调整空心圆柱的剪切位置与剪切平面,直至在两股钢轨中各形成三个螺栓孔即可。然后在工作平面中进行拉伸操作,对接头夹板进行绘制,并调整夹板的角度与位置,从而使得夹板紧紧贴住钢轨腰部,再将前述步骤中的"空心拉伸"操作的空心圆柱对夹板进行剪切,即可形成初步结构。之后在螺栓孔中进行螺母和螺帽的绘制,确定钢轨接头材质后即可完成对于钢轨接头材质的渲染,上述操作如图3-13～图3-16所示。

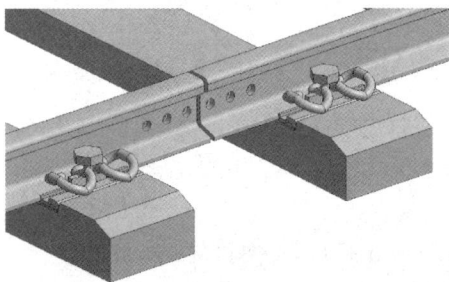
图3-13 有砟轨道钢轨接缝布置图

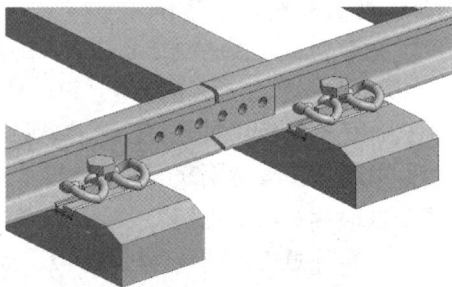
图3-14 钢轨接头夹板布置图

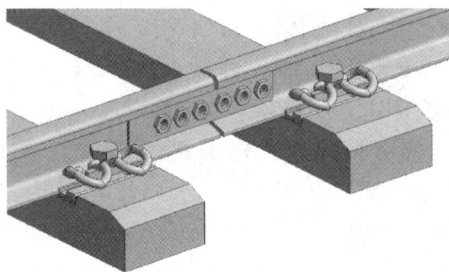
图3-15 钢轨接头螺栓布置图

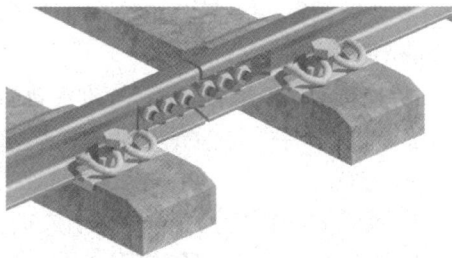
图3-16 钢轨接头材质渲染图

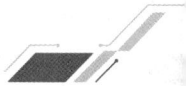

3.2.3　小半径曲线三维建模流程

在铁路设计中常常涉及小半径曲线,其特殊性要求对其三维建模进行深入研究。这不仅关系到铁路线路运行的安全性和效率,而且直接影响列车的行驶舒适度。在本节中,将探讨小半径曲线的三维建模技术,深入了解它在铁道工程中的重要性和面临的挑战。通过学习本节内容,读者将能够掌握如何应对小半径曲线的复杂性,有效地进行三维建模,从而为铁路设计和规划提供更加精准和可靠的技术支持。

1. 曲线主要病害分析及整治

小半径曲线在铁路设计中是不可或缺的组成部分,然而,其独特的设计特点也带来了一系列潜在的病害问题。为了确保铁路线路的持续安全运营,必须深入了解小半径曲线可能面临的主要病害,并探讨相应的整治方法,以确保小半径曲线在铁路系统中的可靠性和安全性。

病害 1：小半径曲线“鹅头”与反弯

1)病害原因

(1)养护维修作业方法不当,习惯于上挑,破坏曲线头尾的正确位置。

(2)使用简易方法计算拨道,由曲线中间向两边拨道。

(3)设置的缓和曲线长度、超高及轨距加宽不合理,道床不实。

2)整治措施

(1)用绳正法计算拨道量,在曲线全长范围内拨道,并预留适合回弹量。

(2)在曲线定期拨道时,在测量正矢前要拨正直线两端的直线方向。

(3)合理设置轨距加宽、超高与正矢递减。

(4)临时补修拨正曲线时,不可以从中间向两端拨道,防止将作业误差赶到曲线两端。

(5)曲线头尾处要保持足够的道床并夯实。

病害 2：曲线钢轨接头“支嘴”

1)病害原因

钢轨硬弯、道砟厚度不足、道床不密实、轨枕失效、螺栓松动、夹板弯曲变形或强度不够、轨缝不良等。

2)整治措施

(1)补足道砟,按规定加宽和堆高曲线外侧道砟,把地锚拉杆安装在曲线外股钢轨水平位置上。

(2)调换“支嘴”接头夹板,矫直硬弯钢轨。

(3)拨道作业中尽量避免上挑,如必须上挑,则采用拨动小腰带动接头的方法拨道。

病害 3：曲线钢轨磨耗

1)病害原因

超高或轨底坡不合适、轨距变化率较大、线路养护不当。

2)整治措施

(1)每年根据全年客货车实测平均速度检算设计超高,并根据现场外轨侧磨和内轨压溃情况及时调整曲线超高。

(2)及时修正轨底坡,使轮轨接触面积增大。

（3）合理定期安排钢轨调边使用。

（4）保持曲线圆顺度，定期检查，从预防的观点出发，治小治早。

（5）曲线上股钢轨侧面涂油，可有效减少钢轨侧面磨耗。

病害4：钢轨波磨

1）病害原因

轨道不平顺、道床处理不彻底、厚度不足、脏污、板结翻浆。

2）整治措施

（1）日常养护中加强捣固和清筛，尤其是对有砟桥，通过捣固、清筛，改善轨道弹性。

（2）合理安排打磨周期。

2. 小半径曲线建模操作流程

列车行驶的方向是由轨道方向所决定的。列车在运营期间均保持高速的行驶状态，当列车运行到曲线轨道时，列车会继续沿着轨道方向变换行驶方向，因为向心力的作用，这将不可避免地导致车轮与轨道碰撞，从而导致轨道变形、钢轨磨损、曲线方向不良等病害。由于曲线轨道相较于直线轨道发生病害的可能性更高，所以对于小半径曲线的养护维修质量要求更为严苛，这对于优化轨道交通线路整体质量和确保行驶安全具有深远影响。随着列车运行速度的提升、载客量的增加，轨道小半径曲线稳定性较差的缺点逐渐暴露出来，钢轨磨耗、轨距大小、曲线方向等曲线常见病害发生频率加大，给城市轨道交通轨道线路养护维修增加了许多工作量，同时对轨道交通运营安全构成威胁。

以小半径曲线的模型建立流程及参数设置为例。

小半径曲线在建模过程中需要考虑直缓点、缓圆点的设置，所以在建模过程中不仅需要考虑曲线半径为300m，还需要考虑缓圆点的位置设置，以及在一定视图内能够尽可能全面地将整体模型展露出来，因此需要按一定比例设置曲线与直线。然而在Revit软件中并不存在1∶1的模型，所以对于有砟轨道，需要从基础开始自行按照一定的比例尺进行缩放设置。对于Revit软件模型，将从上而下逐次分步建模，并严格按照轨道交通规范进行设计。

钢轨建模是小半径曲线建模的第一步，和钢轨接头建模方法一致。在曲线地段中为了平衡离心力、均等内外两股钢轨受力、均等垂直磨耗、使旅客不因离心加速度而感到不适，需在曲线轨道上设置外轨超高，即将曲线外轨适当抬高。外轨超高是指曲线外轨顶面与内轨顶面水平高度之差，如图3-17所示。

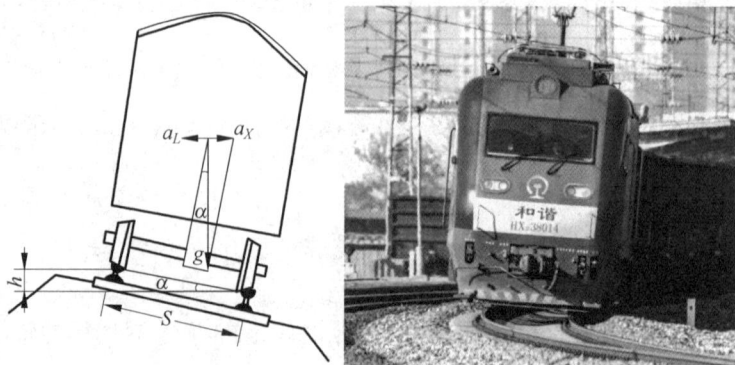

图3-17　外轨超高设计

为了保证轨道交通在运营过程中满足安全运营的条件,在曲线部分会设计外轨超高、轨距加宽等措施从而减少在后期运营维护过程中机车车轮对于内侧钢轨的垂直、水平磨耗。

对于某一轨道,可通过对其进行受力分析后通过以下公式嵌套得出外轨超高 h:

$$h = 11.8 \frac{V^2}{R}$$

式中:h 为外轨超高高度,单位为 mm;V 为轨道交通机车在行驶至该路段时的设计速度,单位为 km/h;R 为该曲线线段内的曲线半径值,单位为 m。

有砟轨道钢轨及轨枕放置如图 3-18 所示。小半径曲线模型如图 3-19 所示。

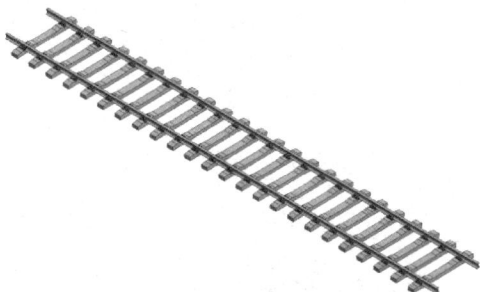

图 3-18 有砟轨道钢轨及轨枕放置图   图 3-19 小半径曲线模型

3.3 无砟轨道建模及模拟施工方法

本节以国内 CRTS Ⅰ型双块式无砟轨道结构为例,在 AutoCAD 中绘制各部件的平面图,并将所完成的平面图纸导入三维建模软件 Revit 中,完成 SK-1 型双块式轨枕及施工中所需要的人员、工具、机械设备等的建模,最后导入 Naviswork 软件中进行施工模拟,并分析施工过程中可能存在的问题及注意事项,为轨道的养护维修工作提供参考。

3.3.1 建模过程

1. 工艺流程图

建模工艺流程如图 3-20 所示。

2. 钢筋制作

轨枕主要采用 $\phi 12$ 和 $\phi 10$ 规格的冷轧螺纹钢筋,以及 $\phi 7$ 规格的冷轧光圆钢筋进行焊接。钢筋原材料经过实验室检验合格后,按照规格分类存放在原材料存放区。钢筋原材料需经过冷轧生产线的放线架,通过除磷、拔丝粉润滑、轧制、应力消除和收线等工序,最终制成带有三面刻痕的冷轧带肋螺纹钢筋。桁架钢筋和箍筋均采用 CRB 550 级钢筋,箍筋固定件采用低碳冷拔钢丝。采用冷轧技术的主要原因在于其成型速度快、产量高,并且在不损伤涂层的情况下能制作多种不同截面形式,以适应不同的生产环境;冷轧还可使钢筋原材料产生较大的塑性变形,提高其屈服点。桁架钢筋和箍筋选用 CRB 550 级钢筋的主要原因在于其较大的伸长率和更高的强度,能有效降低钢材使用和建设成本;并且具有优良的黏结固定性能,有效避免了沾油滑丝问题,与混凝土有良好的结合性。

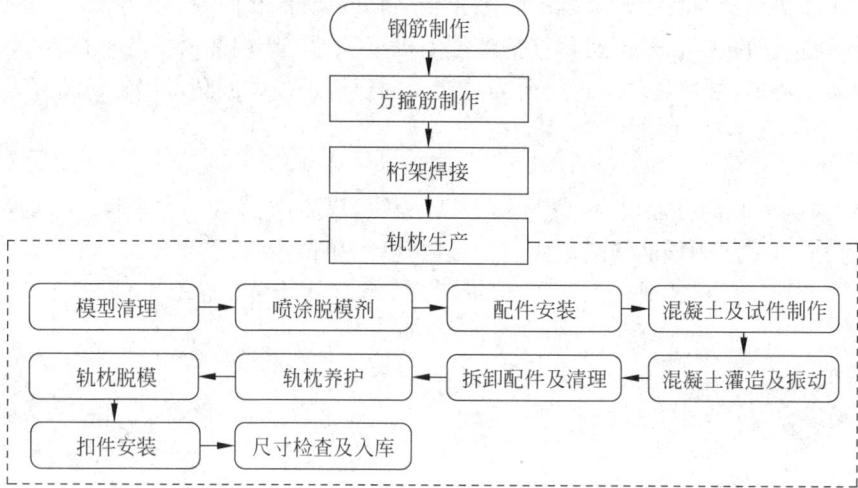

图 3-20　建模工艺流程

3. 方箍筋制作

将 ϕ10 规格的冷轧带肋钢筋,通过数控弯箍机自动进行弯箍,随后进行人工收集、点焊、入库。方箍筋主要用于满足斜截面抗剪强度,用于受力主筋和受压区混凝土的连接,使其共同工作。方箍筋模型的制作主要参照了中国铁路经济规划研究院发布的双块式无砟轨道轨枕结构设计要求(简称轨枕设计要求)。首先,在 CAD 中完成方箍筋的平面图绘制,然后将图纸导入 Revit 软件中,以直径 10mm 的圆作为轮廓进行放样操作,方箍筋模型及尺寸如图 3-21 和图 3-22 所示。

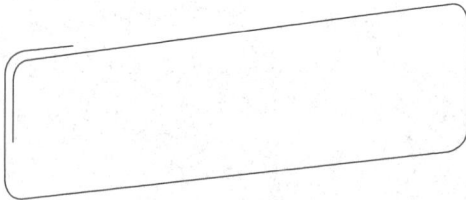

图 3-21　方箍筋模型

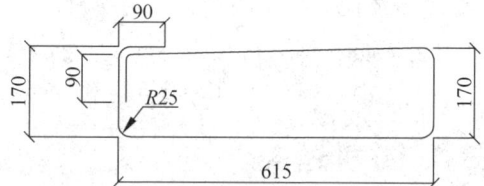

图 3-22　方箍筋尺寸

4. 桁架焊接

将冷轧好的 ϕ12、ϕ10 规格的钢筋盘料通过放线架调直,将 ϕ7 规格的钢筋折波后,使用桁架自动电阻接触焊机组将这三种不同的钢筋焊接成型,并等长剪切、自动收集,最后整齐码放。对上弦杆钢筋 N3 以直径 12mm 的圆为轮廓进行放样,对下弦杆钢筋 N2 以直径 10mm 的圆为轮廓进行放样,对折波钢筋 N1 以直径 7mm 的圆为轮廓进行放样。三者放样水平长度相同,同为 2400mm。再对折波钢筋放样进行旋转处理,以达到要求规定的角度,钢筋桁架结构如图 3-23 所示。

5. 轨枕生产

轨枕车间生产线采用环形流水线布置,主要由模型输送辊道、灌造区、养护通道、脱模区和运模小车轨道等组成。

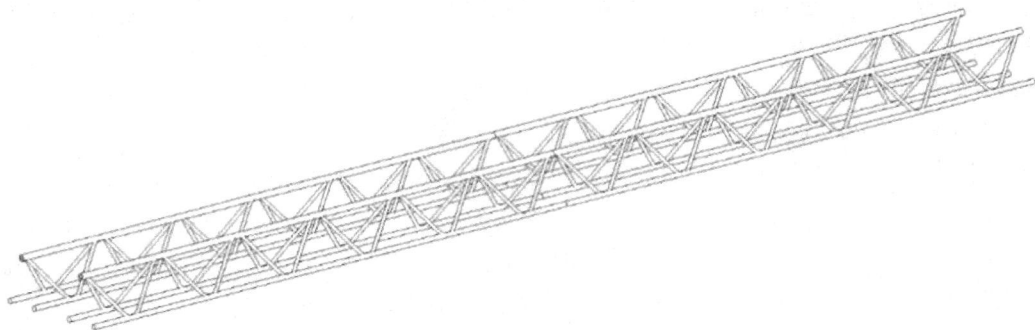

图 3-23　钢筋桁架结构

1）模型清理

通过可倾斜 80°的模型输送辊道将模型向上倾斜,将模具壳体之间和缩口部位上残留的混凝土用气动锤除去,用刮刀和空气压力喷枪对模具壳体(包括定位轴)的螺纹进行清理,任何混凝土残留物不能在模具中出现,发现模型标志牌损坏时应及时进行修理或更换。

2）喷涂脱模剂

清理干净的模型工作面必须保持干燥,用喷壶在模具上均匀喷涂脱模剂,喷出的脱模剂应成雾状,目测模具工作面是否完全被脱模剂均匀覆盖。

脱模剂的主要作用是在浇筑的混凝土构件和模具之间形成一层薄膜,以达到分隔的作用。使用脱模剂是为了在完成所有的浇筑工作后,模具和混凝土不会出现粘连、不便拆卸的现象,从而不影响混凝土表面的平整性。

3）配件安装

配件安装包括套管、箍筋、箍筋固定件
(图 3-24 和图 3-25)、桁架以及挡浆夹的安装和
固定。首先将螺旋筋固定到套管上,套管拧紧
在模型定位轴上,将定距夹安装到箍筋上;然后

图 3-24　箍筋固定件

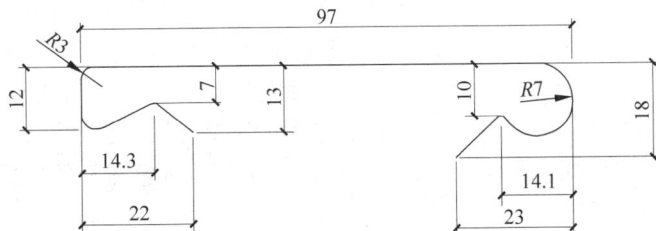

摆放箍筋,安装桁架,将箍筋上定距夹的另一端固定在桁架上;之后,在模型槽口处安装挡浆夹,并检查箍筋的中心线和两套管连线是否基本重合,桁架的中部是否挂在模型固定钩上,端头是否位于模型端部的楔块上;最后,旋转桁架固定架 90°以将桁架固定在垂直方向上。

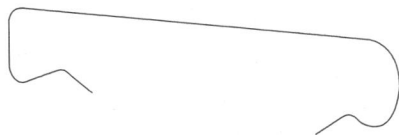

图 3-25　箍筋固定件尺寸

箍筋固定件的建模也参照轨枕设计要求：箍筋固定件的材料是 $\phi 2mm$ 低碳钢冷拔钢丝,技术要求符合行业标准《冷拔低碳钢丝应用技术规程》(JGJ 19—2010)的规定。箍筋固

定件的上端与上弦杆钢筋 N3 相联结,下端与下弦杆钢筋 N2 相联结,在单个轨枕中,一个箍筋对应四个箍筋固定件。同样是在 CAD 中绘制平面图,随后在 Revit 软件中以直径 2mm 的圆为轮廓进行放样处理。

4)混凝土及试件制作

根据双块式轨枕设计要求,混凝土强度等级应达到 C60 要求,抗冻性应满足 F300 的要求。因此,混凝土中的水泥、粗细骨料、粉煤灰、矿粉以及碱水等应该符合轨枕制作的相关规定。在制作混凝土之前,应先检查搅拌站所有装置。本节制作混凝土采用的搅拌机是立轴行星式,可以进行混凝土温度、含水率等指标的自动检查,并实现自动补偿。搅拌好的混凝土通过输送皮带送至布料机。混凝土的入模温度应该控制在 5~30℃,模板温度应控制在 5~35℃,同时制作 28d 强度试件及三条 7d 抗折试件,试件与轨枕放在相同环境下进行相同条件养护。

强度试验主要通过压力试验机来完成。首先将试件从养护环境中取出并立刻进行试验,目的是防止温度与湿度的变化给试件带来不同程度的影响。擦拭试件表面多余水分并检查尺寸是否符合规定,各尺寸公差不能超过 1mm。继而,将试件放置在压力试验机正中心的压板上,试件承压面应垂直于成型时的顶面。试验机运行时,应注意调整球座位置,使其尽可能地均匀接触。轨枕混凝土等级要求为 C60,因此试验机将以 0.3~0.5MPa/s 的速度逐渐且均匀地附加荷载。最后,在试件即将被破坏而产生变形时,迅速停止试验机油门,直至试件完全破坏。通过实验记录数据,并计算出混凝土试件的抗压强度,符合标准后才能投入使用。

抗折试验主要通过 50~300kN 的抗折试验机来完成。抗折试验前的准备以及试验步骤与强度试验类似,需要检查试件的养护结果,不符合标准的试件应立即作废。将试件放置平稳后,先加一个约 1kN 的初荷载,然后以 0.5~0.7MPa/s 的加荷速度,对试件连续且均匀地附加荷载。同样地,直至试件完全被破坏,记录最大荷载,进行抗折强度的计算,符合规定后才能进行实际应用。

弹模试验使用的仪器也是压力试验机,步骤与强度试验基本相同,不过所需要的数据是最后一次加荷时,由初始荷载加荷至 1/3 轴心抗压强度荷载值时试件两侧变形的平均值。

5)混凝土灌造及振动

采用带 4 根螺旋卸料杆的布料机分别向模型壳体内供料作业,布料至少分两层,边布料边振动。振动方式为先垂直后水平,然后根据混凝土的密实情况严格控制振动时间,振动时间一般控制在 3min 左右,用测距尺检测钢筋桁架与轨枕混凝土底部之间的距离。

混凝土在灌造时需要振动并且需要控制振动的主要原因是:如果振捣不到位,混凝土将会出现不密实的情况,过振则会出现混凝土胶凝材料和骨料分离的现象,严重的话会在轨枕内部出现孔洞,这对混凝土的强度和质量有很大的影响,从而使轨枕的整体结构存在安全隐患。因此严格控制振动时间对混凝土构件性能的完整性有着非常重要的作用。

6)拆卸配件及清理

在振动完成之后,将挡浆夹适时地从模型预存轨道上取下,在清洗之后进入下一循环,并用刮刀铲除从挡浆夹处溢出的混凝土。

7)轨枕养护

模型从预存辊道吊至静停区码放整齐进行养护,静态停止时间 2~3h,养护采用自动温度测量和记录。上升和下降温度速率不大于 15℃/h,并且枕芯的温度在恒定温度下不超过 55℃。在养护结束后,双块式轨枕表面与环境之间的温度差应不大于 15℃,具体养护时间应根据试验结果确定。

8）轨枕脱模

在混凝土强度达到 40MPa 后,开始脱模操作,通过桥式起重机将钢模从养护小车上吊至缓存辊道,旋转桁架固定夹 90°。利用升降运输小车将模型运至脱模台,并且将脱模机翻转 180°,使轨枕从模型内脱出,再利用升降运输小车将轨枕和模型分别运至成品输送链条和模型返回辊道上,轨枕整体和细节如图 3-26、图 3-27 所示。

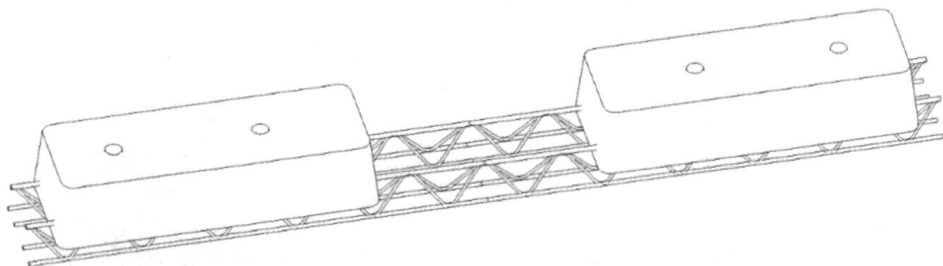

图 3-26　轨枕整体

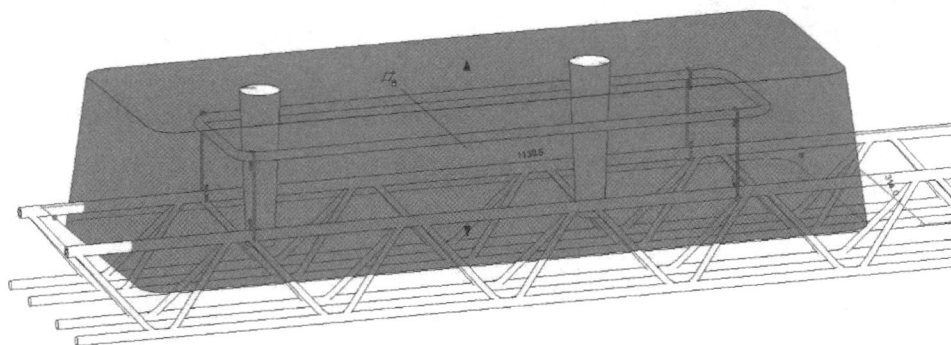

图 3-27　轨枕细节

9）扣件安装

全面检查产品是否有掉边掉角、裂纹等现象,合格的轨枕进而安装扣件。SK-1 型双块式无砟轨道采用 WJ-7B 型扣件,在套管内定量注入防锈油,根基扣件的安装应按照指导书进行,在轨枕上部区域加盖日期章及检验章,建模过程对扣件结构进行了一定的简化,扣件安装如图 3-28 所示。

10）尺寸检查及入库

利用 2t 单梁吊对轨枕进行整齐堆放,按每排 5 根轨枕进行放置,堆叠 4～5 层,层与层之间用垫木隔开,上层和下层垫木应放置在相同位置,并放在桁架支点上,轨枕通过叉车入库,储存时,应按指定地点分开堆放,不得混合。

轨枕的堆放高度要求:对称桁架采用龙门吊码放最高铺设 12 层,采用叉车码放最多可铺设 10 层。

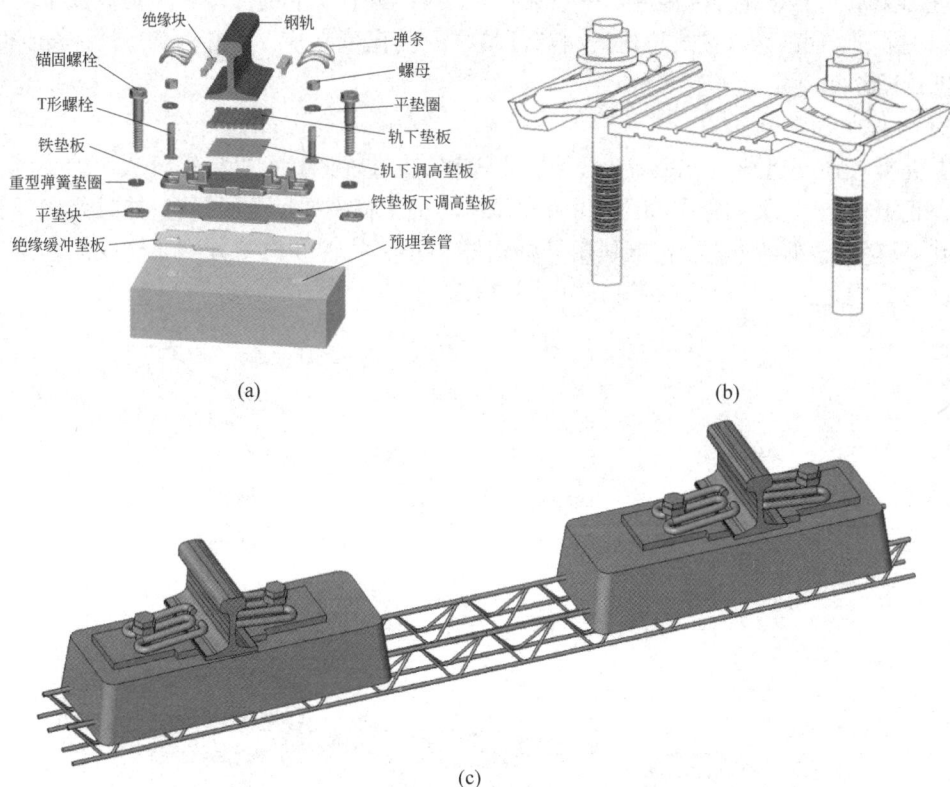

图 3-28　扣件安装

（a）WJ-7B 型扣件；（b）简化扣件结构；（c）安装扣件后的轨枕

3.3.2　施工过程

1. 工艺流程图

施工工艺流程如图 3-29 所示。

2. 位置确认

根据 CPⅢ测量结果和线路平面、高程拟合数据在底板表面释放线路中心线，按照设计，标出每一块道床板所在位置。

3. 轨排架组装及钢筋制作

钢筋制作采用工作平台和专用工具，按照设计图纸要求加工制作。采用龙门吊将轨枕吊装至轨排组装平台，利用平台分枕装置进行铺设，再用轨排架将分好的轨枕精确定位并上紧扣件，以完成 6.5m 轨排的轨距及枕距的工厂化线性调整固定。轨排架是无砟轨道道床施工的关键机具，具有轨距、轨向、轨面平直度、轨排方正度、线间距等关键尺寸检测功能。轨枕轨排架吊装均需采用专用吊具，以防止发生变形。

4. 施工工具及轨排架、钢筋运输

采用龙门吊将轨排架和加工完成的钢筋通过专用平板运输车运送到铺设现场。

5. 底层钢筋铺设

布置道床板底层纵横向钢筋，安装绝缘卡。绝缘卡的作用是为了连接、固定绝缘钢筋并

```
                        ┌─────────────────┐
                        │    施工准备       │
                        └────────┬────────┘
                                 │
                        ┌────────▼────────┐
                        │   CP Ⅲ 复测,      │
                        │  释放线路中心线    │
                        └────────┬────────┘
                                 │
                        ┌────────▼────────┐
                        │    底座板施工      │
                        └────────┬────────┘
                                 │
┌──────────────┐        ◇────────▼────────◇        ┌──────────────┐
│  轨排架粗调    │        │   施工设备及      │◄───────│  轨排架组装    │
└──────────────┘        │ 轨枕、钢筋进场     │        │  和钢筋制作    │
                        ◇────────┬────────◇        └──────────────┘
┌──────────────┐                 │
│ 相邻轨排架固定 │        ┌────────▼────────┐
└──────────────┘        │    底层钢筋铺设    │
                        └────────┬────────┘
┌──────────────┐                 │
│  上层钢筋铺设  │        ◇────────▼────────◇
└──────────────┘        │    轨排架铺设      │
                        ◇────────┬────────◇
┌──────────────┐                 │
│ 纵、横向模板安装│       ┌────────▼────────┐
└──────────────┘        │    轨道精调       │
                        └────────┬────────┘
┌──────────────┐                 │
│    接地焊接    │        ◇────────▼────────◇        ┌──────────────┐
└──────────────┘        │ 道床混凝土浇筑、抹面│◄───────│    混凝土      │
                        ◇────────┬────────◇        │  搅拌、运送    │
┌──────────────┐                 │                └──────────────┘
│安装精调螺杆及调节器│     ┌────────▼────────┐
└──────────────┘        │   混凝土道床养护   │
                        └─────────────────┘
┌──────────────┐
│    绝缘检测    │
└──────────────┘
```

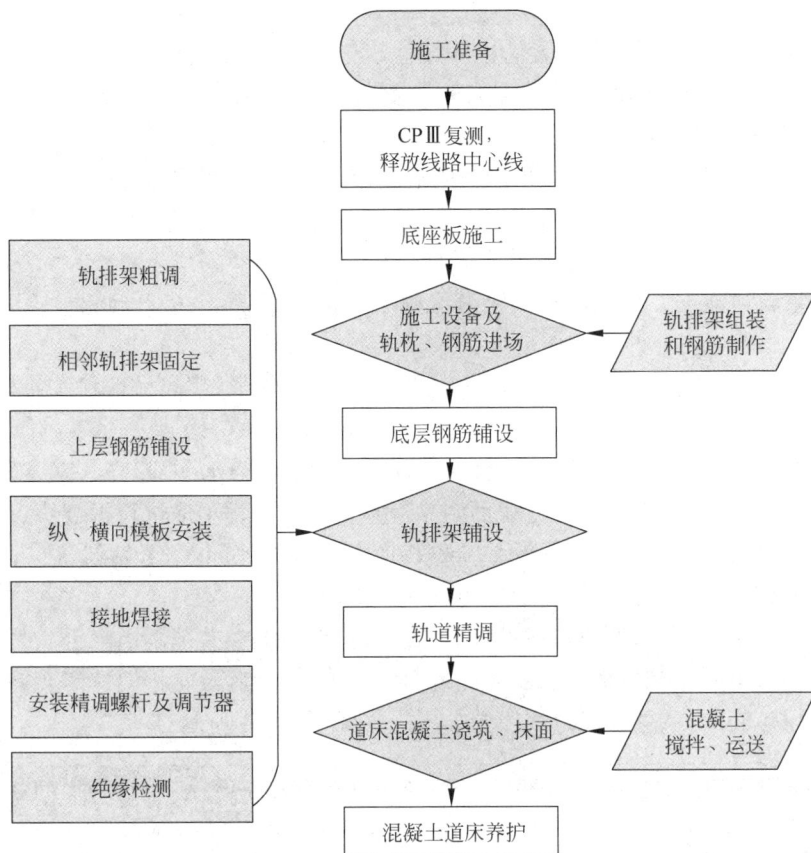

图 3-29　施工工艺流程

使钢筋之间达到屏蔽的作用,是轨道电路具有安全性和顺利导通的基本保障。

6. 轨排架铺设

(1) 轨排架就位及粗调。采用龙门吊或特制道具将平板运输车上的轨排架在指定位置通过测量手段控制就位,利用轨排架调整螺栓,一次性完成轨排架的粗调。就位精度中线控制在±3mm、轨顶标高±5mm 之内,顺序铺设。同时,轨排架调整螺栓应每隔三个轨枕设置一组。

(2) 将相邻两排轨排架通过双头鱼尾夹板连接和固定。

(3) 安装上层钢筋及绝缘卡。

(4) 安装横向沥青模板,间距 6.5m 安装纵向模板。模板在使用之前应该做好充分的除锈工作,并完成脱模剂的喷涂。脱模剂喷涂分两次进行,在第一次脱模剂还没完全凝固时,进行第二次脱模剂的喷涂,使两层脱模剂能更好地联结。

(5) 焊接接地钢筋、接地端子。接地端子是当设备发生故障时的安全保障措施,使接地线能够拥有良好的接地条件。

(6) 安装精调螺杆及调节器。精调螺杆及调节器用于固定工具轨及轨枕,并进行最终定位,能实现纵向、水平、超高段的角度调整。

(7) 全面检测结构尺寸及钢筋绝缘情况,验收达标后进行精确调整。

7. 轨道精调

按照精确定位顺序测量控制误差的原则进行轨道精调,将轨道检测小车静置于轨道排架上,通过全站仪对小车棱镜点的跟踪测量直接指导现场的调轨作业,经过左右、高低精调后的轨道位置,各项误差将控制在±1mm 范围内,精调方法如下。

(1)确定全站仪坐标。全站仪采用自由设站定位,通过观测隧道边墙上的 8 个 CPⅢ 控制点棱镜,自动平差、计算确定自身位置。如果偏差超过 0.7mm 时,需要对精度最低的一组 CPⅢ 控制点进行删除,然后重新设置。

(2)测量轨道数据。全站仪测量轨道检测小车顶端棱镜,小车自动测量轨距、超高、水平位置。

(3)反馈信息。接收观测数据并计算轨道平面位置、水平、超高、轨距等,并与设计值进行对比,用检测小车计算机显示的误差值指导调整轨道。

(4)调整标高。用六角螺母扳手旋转竖向螺杆,调整轨道水平、超高。完成调整后应进行人工检查,确认螺杆底部和混凝土表面密贴。整个调整过程不应进行得过快。

(5)调整中线。采用双头调节扳手调整轨道中线。与此同时,全站仪将一直测量轨道状态,接收并反馈信息,直到在误差允许范围内停止调整。

通过以上 5 个步骤,保证轨道在设计要求及规范允许的误差范围内。

精调施工通过六角螺母扳手和双头调节扳手的旋转动画,及轨排架整体上下、左右移动动画来完成模拟施工,调整标高过程模拟如图 3-30 和图 3-31 所示。

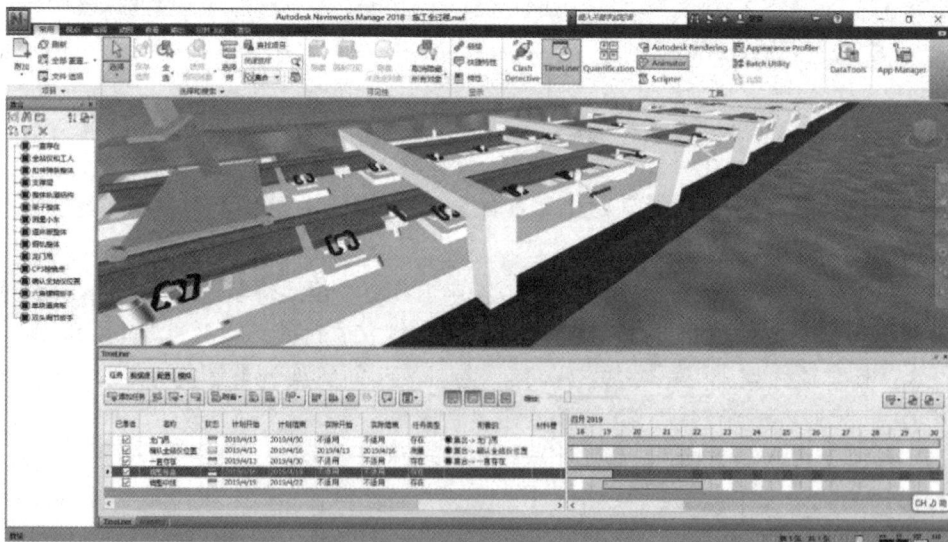

图 3-30　调整标高过程模拟 1

8. 混凝土浇筑

精调完成并报检后,开始灌注道床混凝土。混凝土作业采用场地外集中拌和、混凝土运输车运送、泵送注模、使用高频插入式激振器振捣密实、人工收面的施工方法。为保证道床板混凝土施工质量,水胶比控制在 1：0.35。

浇筑前工人应相互明确浇筑顺序,保证每个时间段、每个区域定人定岗,采用对称入模的方式进行混凝土的浇筑作业。在浇筑前还应该保证轨枕与支承层表面处于湿润的状态,

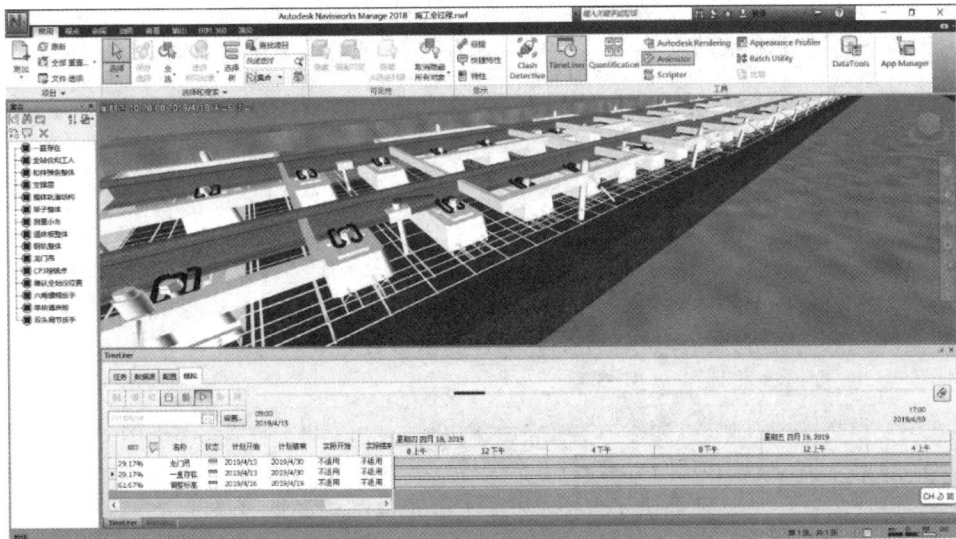

图 3-31　调整标高过程模拟 2

用喷雾器喷洒轨枕表面,向支承层表面洒水。为减少之后的振捣过多,应采用"之"字形的路线在双块式轨枕间来回浇筑。应控制在 10～25℃的作业环境下进行浇筑,必须在初凝前完成所有浇筑工作。

浇筑工作完成后需进行振捣,对混凝土道床板使用二次振捣工艺,第一次使用直径 50mm 的振捣棒在轨枕之间进行振捣作业,第二次使用的振捣棒直径为 30mm,并且在轨枕周围进行振捣。主要是为了使浇筑的混凝土与轨枕之间具有更好的连接性以及轨枕底部混凝土更好的密实程度。每个点位的振捣时间都应该大于 20s,拔出振捣棒的时候应尽量缓慢,振捣棒与侧面模板应保持 50～100mm 的距离。直到混凝土表面不再出现过快下沉并逐渐趋于稳定,气泡停止持续冒出,混凝土表面平整则表示振捣已经使混凝土密实。

混凝土完成浇筑与振捣后,随即进行人工修整、抹面。在初凝前应保证 3～5 次的均匀抹压,包括在清理轨枕表面时,均不能进行洒水作业。

9. 混凝土养护

混凝土养护分两次完成,混凝土初凝后及时采用喷雾器进行人工雾化养护,拆模和轨排架调离后,采用土工布进行洒水保湿养护至养护期结束。养护剂的使用可以有效减少混凝土水分的蒸发。

在养护过程中需注意以下问题。

(1) 应该在最后一次抹面完成时进行养护剂的喷涂,不能使用毛刷涂抹,而是使用喷涂和滚涂的方式相结合,以达到理想预期效果。

(2) 养护剂的用量应控制在 0.4kg/m² 以内,初凝并喷涂完毕后应立刻用土工布进行覆盖。早上与夜晚的温度差异可能会引起混凝土的开裂等问题,为预防此类问题,尽量保证浇筑完成的混凝土在作业棚中养护 24h。

(3) 拆模的时间应该进行严格的把控,不宜过早。当混凝土表面与外部环境温差过大时,禁止拆模。

（4）特殊天气（如风沙等）或温度发生剧烈变化时，禁止拆模。

（5）最前端与最后端的双头鱼尾夹板应该在养护剂完成喷涂后及时拆卸，以免轨温的变化对混凝土产生影响。

3.4 总结

随着铁道工程的日益复杂，三维可视化建模技术为轨道结构设计提供了更为直观和准确的表现手段。通过应用先进的三维建模软件，可以创建出涵盖无砟轨道、钢轨、道岔及相关设施的详细轨道结构模型。这种方法不仅有助于优化设计方案，还能在施工前进行有效的碰撞检测，减少设计阶段的错误与返工。

结合专业软件进行建模，最终实现各类结构的高效可视化，通过动态展示和分析，使设计团队能够更好地理解轨道结构的特性与运行情况，从而支持决策过程。三维可视化建模方法还为后续的维护和管理提供了数据支持，使得轨道结构的运营更加高效和安全。轨道结构的三维可视化建模在提升设计精度、优化施工流程和增强后期管理等方面具有显著价值，是现代铁道工程中不可或缺的技术手段。

第4章 标准与协同平台建设

铁道工程的资料管理是一个涉及众多专业且内容十分复杂的工作,以铁路车站为例,其功能和结构较为复杂,内部的设备设施涉及众多不同的专业领域,且工程资料管理的持续时间长、要求高、内容繁杂,涉及不同专业和部门,传统工程资料管理方式使得各专业之间的信息沟通时效性不高、信息交互不顺畅,各专业间相互制约,无法对工程资料进行统一合理的调配,导致工程资料调取的效率和质量较低。目前铁道工程资料管理中使用的二维图纸、垂直的管理模式和缺乏交互的信息化手段都无法适应现代化铁路车站资料管理的工作需求,因此需要应用更新的技术和管理方式来提升铁路车站资料管理水平。

在工程资料管理中引入 BIM 技术,不仅可以满足工程资料管理中的各项需求,减少工作人员的工作量,实现资料的交互共享,提高信息的准确性、完整性、即时性,还能保证工程检验资料的真实性、客观性,为车站管理部门提供一个高效的工程资料管理平台,从而提升铁路车站从设计、建设到管理全生命周期的经济效益。所以,建设标准与协同平台,将理论分析和实践检验相结合,对应用 BIM 技术的铁路车站工程资料管理可视化研究具有重要的理论和现实意义。

4.1 BIM 应用标准

制定 BIM 标准是实现 BIM 项目工作的基础条件。在制定 BIM 标准的过程中,需要根据实际情况制定企业 BIM 应用标准和项目 BIM 应用标准。前者主要根据企业的发展目标,考虑企业管理方法、管理原则、技术发展原则和企业协作等条件进行制定,后者则更多着眼于项目中 BIM 的真正落地,统一团队的工作方法和工作规范。本课程重点考虑项目级别的 BIM 应用标准,对项目 BIM 应用标准主要考虑以下几个因素:信息标准、建模标准、资源要求和交付标准等。

1. 信息标准

在整个 BIM 项目中,信息是 BIM 工作的灵魂所在,从某种程度来说,模型本身就是信息的集成,此外,在 BIM 项目中还需要对模型添加一些其他的属性信息。美国建筑师协会(American Institute of Architects,AIA)对于不同深度的模型的信息有着不同的要求,以

LOD 400 状态下的模型为例,需要对构件或对象模型添加至少 7 类信息,包括地理空间位置需求、制造商特定位置需求、规格需求、成本数据需求、可持续材料能源环境设计领导力(leadership in energy and environmental design,LEED)认证或其他需求、安装顺序和时间计划需求等多种信息,这些需求在现实项目中难以全部实现。

为了能够制定一套信息标准,首先需要确定目标,基于确定的目标来制定标准。如果涉及一些大型铁路综合交通枢纽线路的标准构件,BIM 项目将以后期的运维管理和培训为目标,结合 Revit 软件的工作特点,制定构件的族类型信息,如图 4-1 所示。

2. 建模标准

模型是 BIM 项目的基础,在 BIM 项目中参与者众多,建立完善统一的建模标准是实施 BIM 项目的核心,是有效传递信息和可视化的基础。在开始建模前,首先要确定建模中所需要的软件种类、版本以及使用的相应模块。在模型保存过程中需要确定一套族文件和项目文件的命名规则。当涉及协同作业时,还需要提前制定协同方式以及中心文件的内容。

本书所涉及的建模软件为 Revit,版本为 Revit 2018,软件应用模块主要为建筑、结构和MEP 模块。模型文件的命名方式主要考虑文件名的长度和操作性两方面的因素,命名格式为 DS_CP_F_M,其中,D 表示工程编号,以设计合同号后四位进行编码;S 表示子项,用于多子项时进行分类;C 表示不同阶段的模型文件;P 表示专业,如建筑、结构等;F 表示标高;M 用于文字描述文件内容。

模型的深度要求是 BIM 建模的核心,这里主要考虑 AIA 在 2008 年提出的模型详细程度(level of detail,LOD)的概念,LOD 后的数字表示模型的等级,从 LOD 100 到 LOD 500表示模型的深度依次加深,用于满足不同阶段不同用途的 BIM 工作需求。LOD 等级划分的具体应用阶段如表 4-1 所示。

在模型的使用过程中,首先针对不同的需求和计算机的限制对模型的深度进行更改和替换,以满足培训需求为首要前提;其次要尽可能减少对硬件资源的浪费,从而提高软件运行的流畅度。

3. 资源要求

BIM 资源是指在 BIM 工作过程中包含的生产要素集合,主要包括三类,分别为 IT 环境、人力资源和信息资源。其中,IT 环境是保证项目开展的基础,主要包括网络、软件和硬件等,网络通信为无线网络覆盖,软件应用以 Revit、Navisworks、Unity 为主,硬件是所配备的台式 BIM 工作站,其配置参数如表 4-2 所示。

表 4-1　LOD 等级划分的具体应用阶段

模型等级	应用阶段
LOD 100	概念化
LOD 200	近似构件(方案及扩初)
LOD 300	精确构件(施工图及深化施工图)
LOD 400	加工
LOD 500	竣工

表 4-2　台式 BIM 工作站配置参数表

名　称	规 格 参 数
CPU	Intel 8700K
内存	32GB
显卡	DeForce GTX1060
硬盘	1T 7200 机械＋256GB 固态
显示器	21 寸 1920×1080

族类型			×

类型名称(Y): /

搜索参数

参数	值	公式	锁定
模型属性			
产地		=	
使用寿命		=	
使用部门		=	
供应商		=	
保修期		=	
出厂编号(默认)		=	
安装单位		=	
建设单位		=	
开始使用时间(默认)		=	
施工单位		=	
生产厂商		=	
移交时间(默认)		=	
空间三维坐标(默认)		=	
维修周期(大修)		=	
维护单位		=	
维护责任部门		=	
设施设备名称		=	
设施设备编码(默认)		=	
设计单位		=	
资产权属单位		=	
常规			
位置描述(默认)		=	
尺寸		=	
设备描述		=	
设备重量(kg)	0.000000	=	
数据			
所属机柜/设备自身		=	
物料号(PN)		=	
设备名称(中)		=	
设备名称(英)		=	
设备名称(合同)		=	
原厂型号(MPN)		=	
组件计量单位	个	=	
带码设备图	<无>	=	
码位描述	-	=	
设备质保期	-	=	
文档链接(默认)		=	
软件管理	否	=	
软件类型		=	

管理查找表格(G)

如何管理族类型？   确定   取消   应用(A)

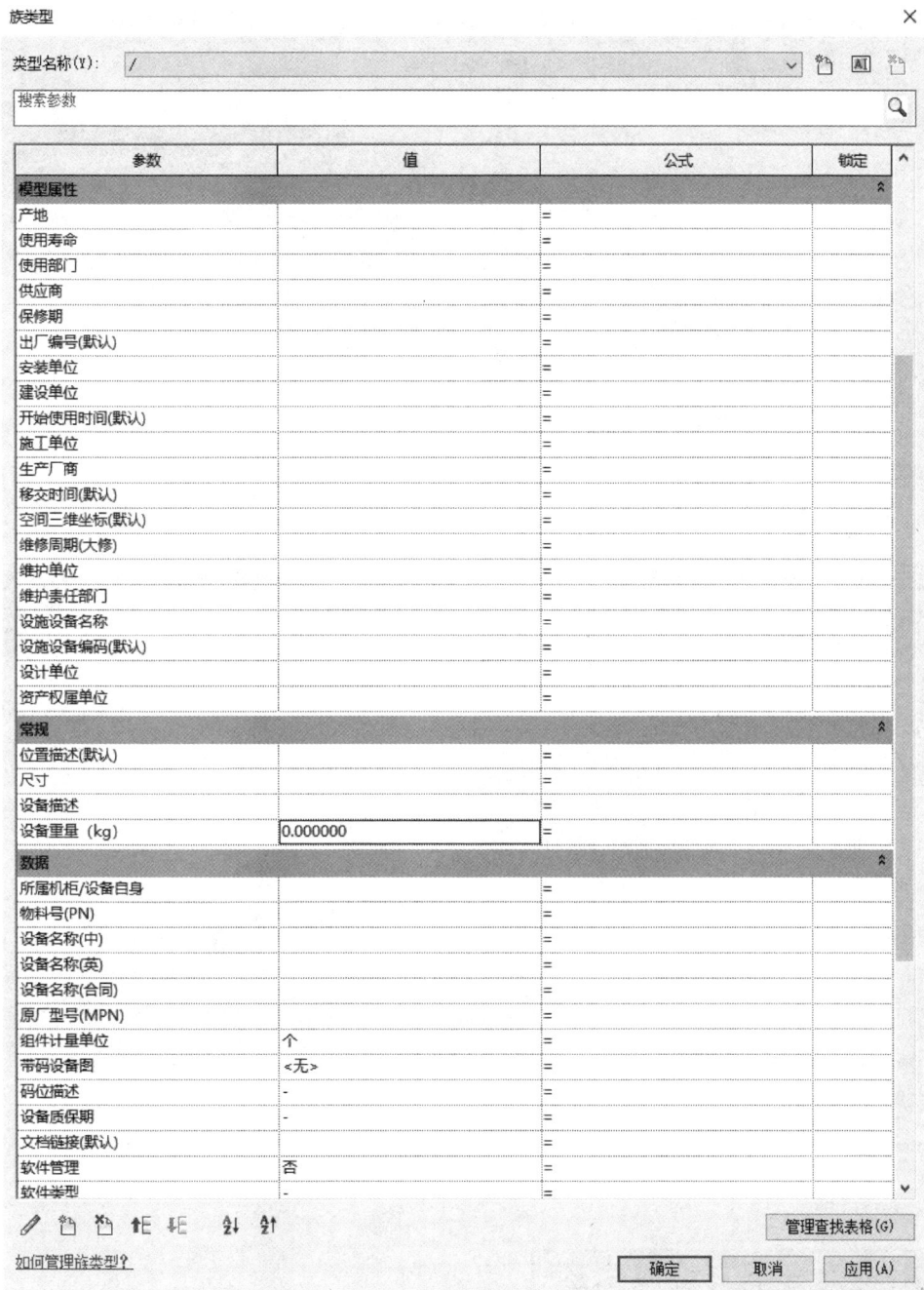

图 4-1　族类型信息设置

4. 交付标准

BIM 的成果交付需要各参与方协商制定，在此过程中需要强调的是 BIM 只是数据信息的载体而非交付的全部成果。在交付过程中需要从实用的角度出发，根据情况对模型进行优化处理，如在交付过程中 BIM 占用资源巨大，为方便查看，可以导出 NWC 格式文件在 Navisworks 软件中进行展示，客运专线 18 号道岔 NWC 格式如图 4-2 所示。

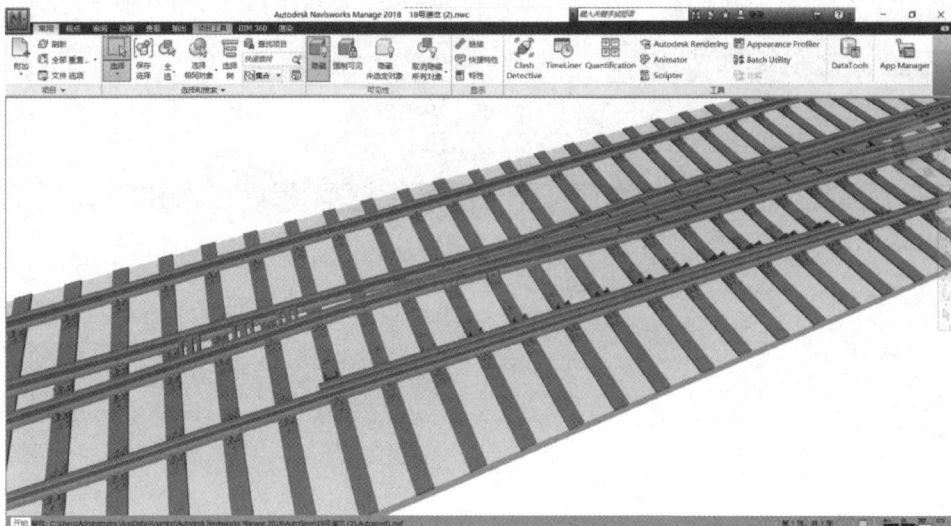

(a)

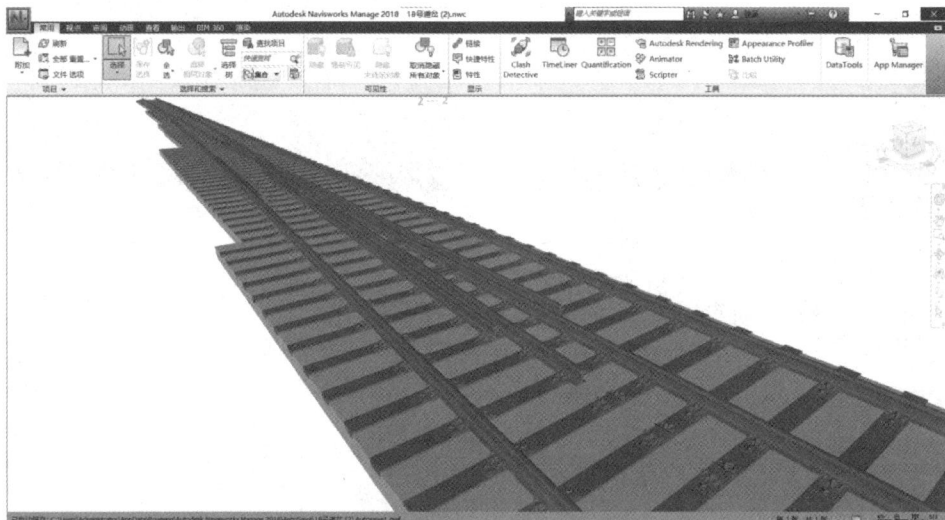

(b)

图 4-2　客运专线 18 号道岔 NWC 格式

（a）局部细节；（b）整体

4.2　信息分类与编码体系

应用 BIM 技术进行信息分类时，主要是对工程的文字资料和数字资料进行整理。根据研究目的，运用科学的方法对所获得的资料进行检验、分类、汇总等初步加工，将资料按照文件格式以及对应的区域进行系统化和条理化处理，并以集中、简明的方式反映工程对象总体情况。信息分类是资料研究的重要基础，是提高调查资料质量和使用价值的必要步骤，是保存资料的客观要求。信息分类的原则是真实性、合格性、准确性、完整性、系统性、统一性、简明性和新颖性。

大部分铁道工程涵盖建筑、结构、暖通、给排水等不同专业,且由于高铁站改建工程的特殊性,往往涉及多个部门的管理,还深受项目策划、设计、施工、铁路线运维等环节决策的影响,所以铁道工程信息来源较广,且内容复杂多变。

随着建设项目进程的进行,按项目文件收集范围及时收集工程各阶段形成的项目文件。收集的项目文件包括工程指挥部、合资公司内部各部门形成的项目文件,施工单位形成的项目文件,监理、咨询单位形成的监理、咨询资料等。

建筑工程常用的文件格式有 TXT、DOC、XLS 等文本文档格式,JPG、PIC、PNG 等图像格式,DWG、IGS 等二维向量格式,OBJ、DWG、PDF 等三维表面和形状格式。在建筑信息表现方式上有用以存储建筑成本的合同文本、财务报表等;用以体现工程进度的折线图、横道图等;用以表现建筑构造的工程图纸、设计文件等。

以铁道工程现场资料为例,可划分为劳务人员管理资料、物料设备管理资料、安全施工监管资料、现场环境管理资料、质量验收与合同管理资料,如图 4-3 所示。

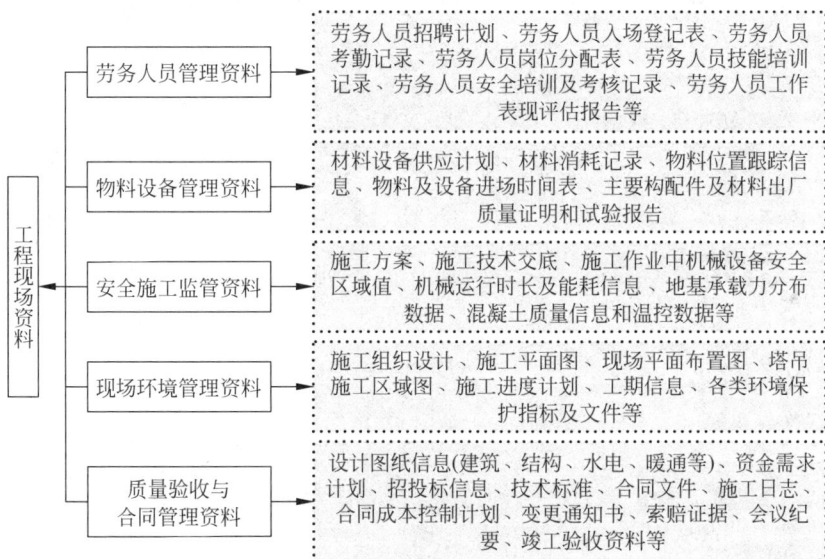

图 4-3 工程现场资料构成

根据现场踏勘调研取得的工程资料,按项目文件的整理方法与质量要求及时进行整理,分别按照文件类型、格式及对应的区域进行文件的初步梳理分类,并遵循项目文件材料的形成规律,保持项目文件之间的有机联系,系统排序,规范编目,最终完成工程资料的系统化、规范化分类。

现阶段落后的资料管理工具及技术,导致很难对现场工程资料进行有效利用和共享,以至于资料利用率低、大量流失,产生"信息孤岛"现象。工程的建设及后期运维是一个极为复杂的过程,且现场从业人员普遍存在计算机理论知识缺乏、操作不熟练等特点。作为辅助工程人员获取工程资料的工具,数据库必须拥有界面友好、易操作和易维护管理等特点,便于工人的操作和管理。Access 数据库的对象有表、查询、窗体、报表、页、宏和模块,它们都存放在后缀为 mdb 或 accdb 的数据库文件中,便于用户的操作和管理。Access 数据库是一个可视化工具,风格与 Windows 系统完全一样,用户想要生成对象并应用,使用鼠标进行拖放即可,非常直观方便。Access 数据库还提供了表生成器、查询生成器、报表设计器、数据库向导、表向导、查询向导、窗体向导、报表向导等工具,操作简便,容易使用和掌握。

铁道工程资料具有种类数目繁多、分类不清晰等特点,在选择数据库时,必须选择具有集成环境、处理多种数据信息能力的软件系统。Access 数据库是基于 Windows 操作系统的集成开发环境,集成了各种向导和生成器工具,极大地提高了开发人员的工作效率,使得建立数据库、创建表、设计用户界面、查询数据、打印报表等可以方便有序地进行。工程资料的添加并不能一蹴而就,在工程建造和运维过程甚至整个建筑全生命周期的过程中,资料需要不断地进行更新,且更新的内容格式具有多样性。利用 Access 数据库强大的 DDE(动态数据交换)和 OLE(对象链接与嵌入)特性,可以在一个数据表中嵌入位图、声音、Excel 表格、Word 文档,还可以建立动态的数据库报表和窗体等,图 4-4 为某车站改建工程部分数据库。

index	monPointN	time	SN	component	Value	初始测值	Reading
1	YPZ-201001	2017/11/5	0E8010F3	时间-进度	0	0	
2	YPZ-201001	2017/11/5	0E8010F3	时间-成本	0	0	
3	YPZ-201001	2017/11/6	0E8010F3	时间-进度	5	0	
4	YPZ-201001	2017/11/6	0E8010F3	时间-成本	5	0	
5	YPZ-201001	2017/11/7	0E8010F3	时间-进度	10	0	
6	YPZ-201001	2017/11/7	0E8010F3	时间-成本	21	0	
7	YPZ-201001	2017/11/8	0E8010F3	时间-进度	30	0	
8	YPZ-201001	2017/11/8	0E8010F3	时间-成本	31	0	
9	YPZ-201001	2017/11/9	0E8010F3	时间-进度	40	0	
10	YPZ-201001	2017/11/9	0E8010F3	时间-成本	50	0	
11	YPZ-201001	2017/11/10	0E8010F3	时间-进度	60	0	
12	YPZ-201001	2017/11/10	0E8010F3	时间-成本	80	0	
13	YPZ-201002	2017/11/5	0E8010F3	时间-进度	0	0	
14	YPZ-201002	2017/11/5	0E8010F3	时间-成本	0	0	
15	YPZ-201002	2017/11/6	0E8010F3	时间-进度	4	0	
16	YPZ-201002	2017/11/6	0E8010F3	时间-成本	11	0	
17	YPZ-201002	2017/11/7	0E8010F3	时间-进度	20	0	
18	YPZ-201002	2017/11/7	0E8010F3	时间-成本	21	0	
19	YPZ-201002	2017/11/8	0E8010F3	时间-进度	30	0	
20	YPZ-201002	2017/11/8	0E8010F3	时间-成本	31	0	
21	YPZ-201002	2017/11/9	0E8010F3	时间-进度	40	0	
22	YPZ-201002	2017/11/9	0E8010F3	时间-成本	56	0	
23	YPZ-201002	2017/11/10	0E8010F3	时间-进度	60	0	
24	YPZ-201002	2017/11/10	0E8010F3	时间-成本	80	0	
25	YPZ-201003	2017/11/5	0E8010F3	时间-进度	0	0	
26	YPZ-201003	2017/11/5	0E8010F3	时间-成本	0	0	
27	YPZ-201003	2017/11/6	0E8010F3	时间-进度	10	0	
28	YPZ-201003	2017/11/6	0E8010F3	时间-成本	11	0	
29	YPZ-201003	2017/11/7	0E8010F3	时间-进度	20	0	
30	YPZ-201003	2017/11/7	0E8010F3	时间-成本	21	0	
31	YPZ-201003	2017/11/8	0E8010F3	时间-进度	30	0	
32	YPZ-201003	2017/11/8	0E8010F3	时间-成本	31	0	
33	YPZ-201003	2017/11/9	0E8010F3	时间-进度	44	0	

图 4-4　某车站改建工程部分数据库

车站改建工程的建造及后期运维是一个极为复杂的过程,工程资料具有种类数目繁多、分类不清晰并且需要不断更新等特点。针对高铁车站改建工程的特殊性,应对比研究多种规范标准,形成适用于高铁车站的模型化资料归档方案。收集整理相关的资料,再对资料进行汇总,将纸质资料制作成电子资料,以便将其纳入数据库中,最终实现改建工程信息数据库的建立。

4.3 模型标准

以基础设施智慧服务系统(infrastructure smart service system,IS3)为例,该平台是同济大学发布的全球第一个自主研发的开源基础设施全生命周期信息集成共享平台,基于这一公共平台独立、委托或合作开发工具、产品,该平台具有丰富的数据标准体系、编制接口、共享数据和成果。该平台能够实时、高效、完整地整合工程中的信息流,基于统一数据标准,融合图形数据和工程数据,并借助先进、高效、准确的数据采集技术和强大、快速、稳定的数据处理核心,实现工程管理上的分析、应用和管理一体化功能,最终确保工程信息流全生命周期的完整畅通。

根据 IS3 平台的优势,对其中的部分模块进行二次开发,按照工程改造项目管理的实际需求,对模型关联资料以及工程资料多维度查看的功能进行开发,形成适用于改扩建工程以及相类似工程的模型化信息管理系统。

从信息流的角度,基于 IS3 的概念,以及对具体实际工程的分析,结合改造项目的需求,搭建全生命周期数据收集、处理、表达、管理一体化的模型化信息管理系统,涵盖设计、施工、运营维护各阶段不同信息流节点的全生命周期。广义上讲,模型化信息管理系统适用于任何领域的信息化应用,主要包含全生命周期过程数据的采集、处理、表达、分析和一体化决策服务几个部分。

IS3 框架可分为四个层次:基础层、数据层、应用层和用户层。基础层是整个系统的硬件设备集合,包括运行该系统的计算机、数据采集设备等,为其他层提供硬件层次的保障。数据层为应用层提供所需的访问、计算和存储等资源,数据资源是多样化的,最基础的是数据库数据,它由工程数据经"数字化"处理后存储在数据库中;工程的图形数据有二维模型和三维模型两种,主要以 CAD、GIS 和 BIM 等格式存储;除此之外数据层还包含原始文档数据。应用层即为面向用户的客户端程序,提供用户与系统的友好访问,系统可为用户提供实时数据查询、可视化浏览、数据管理等功能。用户层是使用模型化信息管理系统的群体,包括业主、设计、施工、运维、第三方等,如图 4-5 所示。

具体的构建过程如下。

(1) 建立铁路车站的族库以及三维(3D)模型,并与数据库相连实现五维(5D)可视化显示。通过对铁路车站的二维图纸进行分析后,建立完善铁路车站的专业族库以及铁路车站的三维模型;同时建立三维模型对应的数据库,实现模型的时间-进度、时间-成本等信息的查看,最终实现 BIM 5D 可视化显示。

(2) 对工程文件按照中国铁路 BIM 联盟的 IFD(international framework for dictionaries)等标准进行分类归档的研究。根据铁路车站工程文件的类型,将工程文件按照中国铁路 BIM 联盟的 IFD 标准以及相应的国家规范进行分类归档的研究,借鉴 BIM 在建筑行业资料归档的方式,探寻出最适合铁道工程资料的分类方式,并将与工程相关的各种纸质及电子资料转化为可以加载入 IS3 平台的文件格式。

(3) 利用 C#语言,通过 IS3 平台架构的研究,对项目资料管理的功能进行二次开发,将各种体量庞大且相互关联的工程资料通过 IS3 平台与已经完成的工程三维模型关联,实现三维(3D)建筑模型至五维(5D)建筑信息模型的升级。具体的系统框架构建流程如图 4-6 所示。

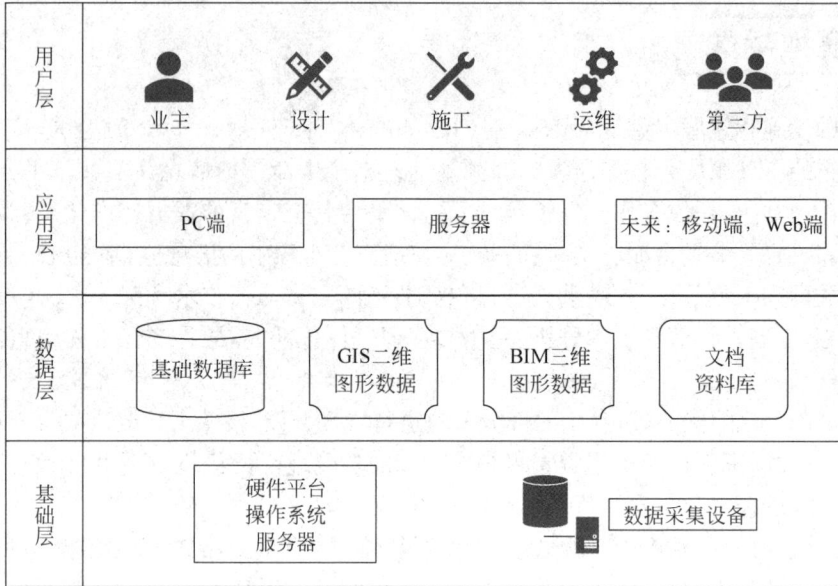

图 4-5　基础设施智慧服务系统框架

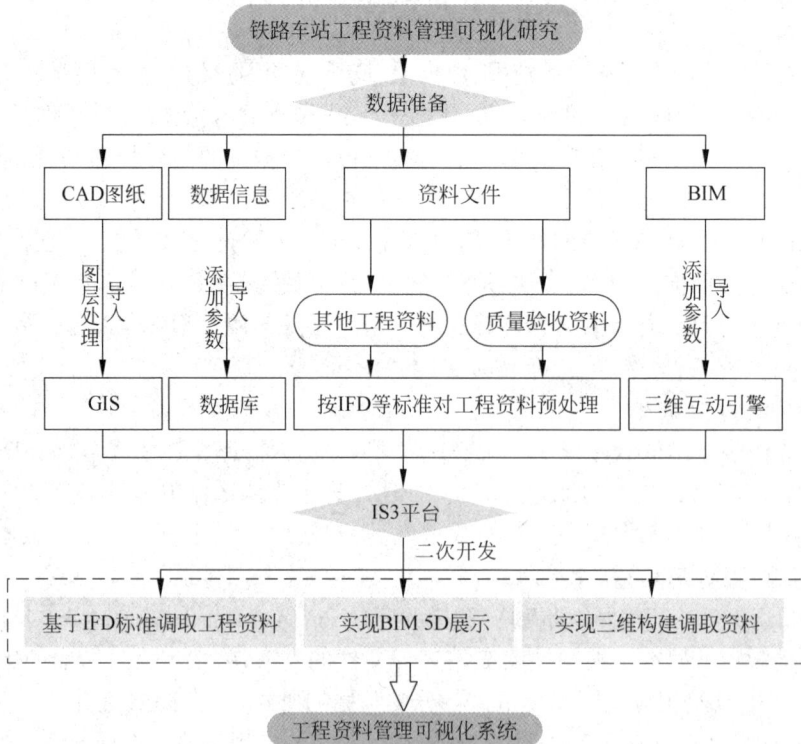

图 4-6　系统框架构建流程

（4）通过上述过程，最终实现通过三维图纸查看工程文件、IFD 标准下查看竣工文件、二维图纸查看属性信息等多个功能。

4.4 数据标准与协同平台

铁道工程资料管理工作繁杂,而现有车站的改扩建工程本身也具有相当的复杂性。BIM 技术具有可视化、参数化的特点,在复杂工程建设中能够充分发挥优势,预见性地解决施工组织规划中存在的问题,管理体量庞大且相互关联的工程资料。图 4-7 为竣工资料标准化查询实现流程图。

模型族库的建立,实现了在轨道交通项目中的独特性与适用性,显著提高了建模的效率,可对相关的工程提供建模指导;铁道工程建设需要多专业进行 BIM 的搭建,利用 BIM 进行管线碰撞检测、发现碰撞并完成设计优化,避免了返工,节省了人力和物力。对复杂施工过程进行模拟,分析不同资源配置对工期的影响,综合成本、工期、材料等得出最优的建筑施工方案,从而减少因为建筑过程中的错误造成的成本浪费。通过施工模拟,还可以直观地指导现场工人理解施工流程,避免由于工人理解偏差造成的财产损失。模型化信息管理系统的运用,有助于管理人员对工程资料进行实时标准化归档,提升工作效率,保证工程资料的准确性,同时可为后期竣工资料的归档节省大量的人工成本,实现基于 BIM 的全生命周期工程资料管理方式。

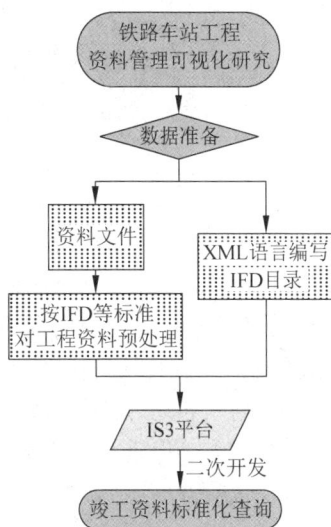

图 4-7 竣工资料标准化查询
实现流程图

这些功能不仅可为铁路建设项目工程资料管理实践提供方法指导,而且为项目管理提供了一种新的模式和思路,对于提高铁道工程建设与管理水平具有重要的理论和现实意义,对于科学建立数字化的管理平台也具有重要的促进作用和指导意义。

4.5 总结

随着 BIM 技术的广泛应用,行业内对标准化和协同工作的需求日益增强。BIM 标准的建立旨在规范数据格式、模型构建和信息交流,为不同专业和团队之间的协作提供统一的框架。通过制定相关标准,能够有效降低"信息孤岛"现象,提高项目各参与方之间的沟通效率,确保信息的一致性与可追溯性。

本章还强调了协同平台在 BIM 实施中的关键作用,一个高效的协同平台能够集成各类 BIM 工具和应用,促进项目团队的实时交流与数据共享,使得设计、施工和运维各阶段的参与者能够即时获取所需信息,从而提升决策的科学性和灵活性。此外,协同平台还支持多方参与的在线协作,为复杂项目的管理提供了技术保障。

通过建设完善的 BIM 标准与协同平台,工程项目能够实现更高效的资源配置、更优化的方案设计以及更加可持续的运维管理,为行业的数字化转型提供了坚实的基础。BIM 标准与协同平台的建设是推动建筑行业现代化的重要环节,对提升项目管理水平具有深远的影响。

第5章 铁道工程BIM技术及应用原则

在铁道工程领域,BIM 技术已逐渐成为全生命周期管理的核心工具。从规划设计到建设施工再到后期运营与维护,BIM 技术为铁道工程的每个阶段都带来了全新的应用范式。

在铁道工程的全生命周期中,BIM 技术的应用覆盖了多个关键领域。在规划设计阶段,BIM 技术能够实现高精度的地形建模和线路设计,提供全方位的可视化展示和冲突检测,为优化路线布局和评估风险提供支持。在建设施工阶段,BIM 技术能够实现施工过程的模拟和规划,确保资源的高效利用和施工进度的可控性。在后期运营与维护阶段,BIM 技术能够实现资产管理和维护计划的优化,提供详尽的设备信息和维护记录,确保铁道工程的可持续运营。

通过 BIM 技术的引入与应用,铁道工程全生命周期的各个阶段能够更紧密地协同工作、共享信息和协调决策,同时减少错误、提高效率,并降低盲目决策所带来的风险。BIM 技术使得我们能够以更全面的视角来审视铁道工程项目,并通过数据的协同与共享,将设计创意、施工计划和运维策略紧密衔接,从而提升整体效能并为项目的可持续发展提供保障。

本章将从进度、质量、成本以及安全四个方面对 BIM 技术在铁道工程车站建设中的应用展开,深入研究铁道工程中不同阶段的 BIM 技术应用与实践,利用 BIM 技术提高工程设计的精确性、施工过程的高效性和设备维护的可持续性。

5.1 基于 BIM 技术的铁道工程施工进度管理

进度管理是铁道工程施工管理中的一项重要环节,在施工阶段严密地监控工程进度情况,有力地控制工程偏差,可以确保工程快速、有序地推进。利用 BIM 这个新的技术手段对铁道工程进行施工管理,可以显著提高各专业的交流和互动,提高工作效率。

1. 结构物虚拟建造

铁道工程施工是一项复杂而且烦琐的工程,施工过程中涉及多专业的协作,因此施工前期方案的制定是否合理是确保整体工程能否顺利进行的主要影响因素。传统的进度计划多以二维(2D)平面方式表达,不能详尽地表达施工各阶段结构物的逻辑关系,BIM 四维(4D)结构物虚拟建造为工程的三维(3D)可视化提供了新的解决方案。

BIM 4D 结构物虚拟建造是将三维信息模型与时间维度进行相互集成,它的构建过程包括根据施工方案和施工进度目标等资料,基于工作分解结构(work breakdown structure,WBS)制订项目进度计划、创建铁路车站三维BIM,并将三维 BIM 与项目进度计划进行关联。在进度管理模拟中,可以按照施工方案模拟实际的建设过程。通过直观真实、动态可视化地反复模拟整个施工过程以及施工中的关键环节,可以在施工前发现施工过程中可能存在的问题和缺陷,进而可以进行逐一调整并优化调整施工方案,对工程进度实现三维动态协同管理,进而指导施工作业,从而确保施工进度有计划地顺利进行。基于 BIM 的结构物虚拟建造进度管理图如图 5-1 所示。

2. 施工进度动态掌控

应用 BIM 技术对铁路车站建设工程施工进度进行跟踪分析是根据工程的实际需求,在BIM 4D 施工进度管理平台中,对收集的施工现场进度资料和 BIM 4D 动态模型建立双向链接关系,从而对现场施工进度进行实时监控并持续跟踪项目进展,将计划进度和实际进度的差异进行对比,使得对施工进度的掌控更加信息化、便捷化。

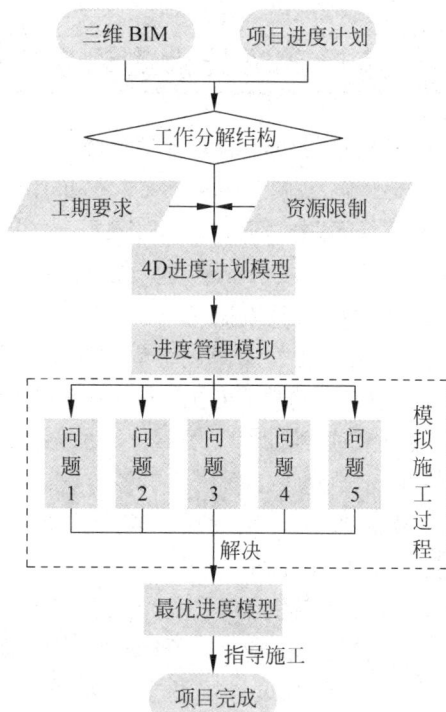

图 5-1 基于 BIM 的结构物虚拟
建造进度管理图

传统的铁路车站建设工程施工进度数据收集主要依靠人工在现场查看并手动记录进度,然后利用相关整理工具对数据进行汇总分析,编制成施工进度报告。这种方式效率低下、工作量大,且难以定期对工程进度进行核查。而现阶段,相关人员利用照相机、无人机、摄像机等设备收集铁路车站建设工程实际进度信息,将相关进度信息上传至 BIM 4D 施工进度管理平台中。在进行施工进度管理时,根据实际进度,在 BIM 4D 施工进度管理平台中定期输入施工的实际开始时间及实际完成时间,将铁路车站建设工程的三维模型构件与实际施工进度信息进行对应链接,并根据编制的施工进度计划对 BIM 4D 施工模型进行更新。图 5-2 为进度调整的具体流程,平台通过用不同的颜色表示不同施工任务完成的具体情况,并根据三维可视化模拟显示计划进度与实际进度的差异,对施工过程进行实时的动态监控,在进度追踪的过程中,定期更新实际进度并与计划进度进行比较,对于对比中出现滞后的任务进行分析,判断产生偏差的原因并及时采取相应的控制措施,以实现对铁路车站建设工程施工进度的管理。

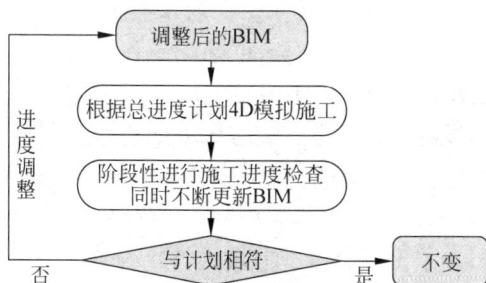

图 5-2 进度调整的具体流程

5.2 基于 BIM 技术的铁道工程施工质量管理

BIM 可以提供详细的构件和设备信息,以及质量标准和规范的应用,可以帮助施工团队更好地理解和遵守质量要求。通过 BIM 进行质量检查和验证功能,可以及早发现和解决潜在的质量问题,从而提高施工质量。在铁路车站建设工程的质量管理中,运用 BIM 技术对项目进行施工质量管理,对于提升整体施工质量具有重要的意义和价值。

1. 综合管线碰撞检查

目前,在铁路车站建设工程的施工阶段,项目人员通常依据设计建设图纸直接组织施工活动,但是传统的平面 CAD 图纸在设计时的"错、漏、碰、缺"问题屡见不鲜。当施工期间碰到冲突现象时,随即停工以对方案加以修改,然后进行返工,这导致资源浪费、工期延误等问题。铁路车站建设工程聚集了各专业综合管线,数量巨大且走向错综复杂,施工时极易产生交叉冲突现象,在工期的限制条件下,加大了施工难度。

在组织施工之前,应用 BIM 技术,可以在 BIM 平台中对铁路车站建设工程各专业综合管线进行碰撞检查,如图 5-3 所示,在发现问题后,组织设计协调会议以处理碰撞及设计协调问题。根据碰撞检测结果、输出的碰撞报告和项目实际情况调整优化管线的空间布局,调整完成后,可以实现在有限空间内管线的相对零碰撞;同时也保证了管线的正常功能效果,确保设计净空满足标准要求,根据管线调整优化后的具体方案,可以在 BIM 平台中导出新的平、立、剖面图纸,直接用于指导施工,这样可

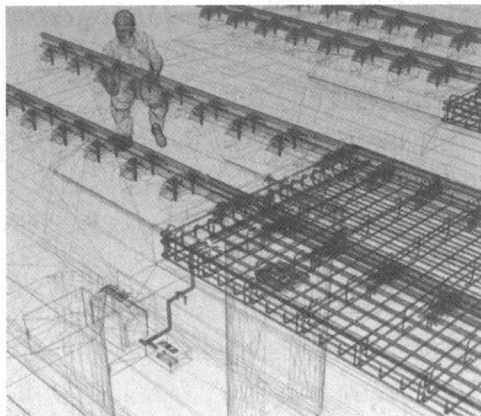

图 5-3 碰撞检查

以提前发现并解决施工期间可能出现的问题,降低正式施工时出现问题的可能性,以达到节省资源、缩短工期、提高施工效率的目的。

2. 内外部装修效果展示

铁路车站的设计风格和装修元素可以展现一个城市的形象及风貌,因而装修施工是整个工程设计理念完美体现的最重要一环。利用 BIM 技术指导装修施工,通过精装修的深化建模与多方案比对,严格把控工程的装修施工质量,确保装修施工的高质量实施。

将 BIM 技术应用于装饰装修,需要根据铁路车站建设工程的设计图纸和相关数据,创建一个完整的 BIM。继而对三维模型进行深化设计,在确定现场实际尺寸的基础上,设定多套精装修方案,包括材质、贴图、颜色等方面的设计;对于重点装修区域如售票厅、进出站大厅、站台等建立对应的精装修模型,在渲染软件中对模型进行可视化效果渲染,铁路车站站台渲染效果如图 5-4 所示。渲染完成后可以导出漫游视频,各方参与者可以对车站内部以及站场的多套精装修方案效果进行综合比选,确定出最合理、美观、人性化的装修方案,该方法减少了实体样板的制作,保证了铁路车站建设工程的整体装修效果。

图 5-4　铁路车站站台渲染效果图

3. 施工现场质量数据管理

铁路车站建设工程施工现场质量管理的主要焦点体现在信息上面,依托 BIM 技术的工程质量管理手段不仅使信息能够完整传递,而且能确保信息的准确性和及时性。现场质量管理中,首先是铁路车站建设工程施工管理人员通过手机移动端将现场情况进行记录取证,然后在 BIM 平台中将实际的检查结果拍照上传并填写检查信息,如图 5-5 所示为基于 BIM 的质量管理过程。通过这种管理流程就可以使详尽的质量情况、处理内容、时间等信息记录在 BIM 平台中,系统可以对质量问题进行汇总、分析、整理,并和相关责任人共同分享数据信息并提出解决办法。引入 BIM 技术的质量监管模式,可以使质量信息的管理更加规范化、流程化,有助于明确记录内容,以便随时追踪查看质量问题,以及日后对质量问题进行复查,及时掌握项目的质量状况。

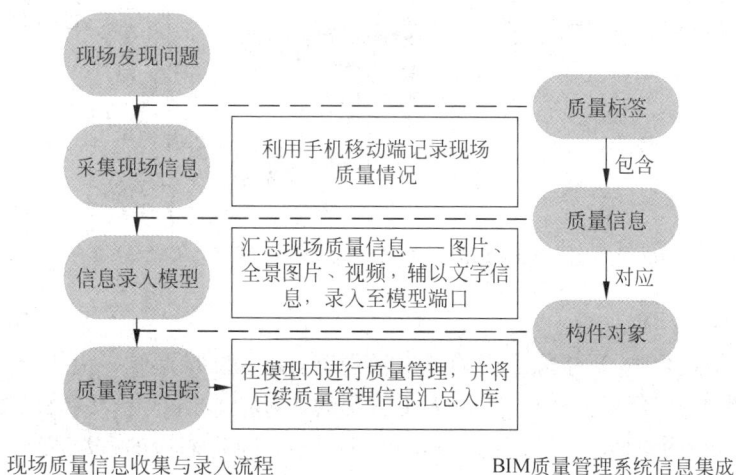

现场质量信息收集与录入流程　　　　　　　BIM质量管理系统信息集成

图 5-5　基于 BIM 的质量管理过程

5.3　基于 BIM 技术的铁道工程施工成本管理

成本管理是铁路车站建设工程项目进行施工监管中的一项关键工作内容,在铁路车站建设工程中通过 BIM 5D 平台进行成本控制,可实现工程成本的动态监管,提升铁路施工企业成本管理的水平和效益。

1. 物资材料精细管理

在成本控制中,最重要的一项管控内容就是对物资材料的管理,其中,物资材料采购需求的编制精确与及时是影响物资材料成本管理是否合理的关键性要素。采用 BIM 技术的铁路车站建设工程物资材料精细化管理,主要体现在对采购数量以及施工用料的掌控上。在建立铁路车站三维信息模型时,接触网、柱子、站台、雨棚等构件属性中,已经包含强度等级、材质、规格等信息;在进行物资材料管理时,可在 BIM 5D 平台中根据进度计划、部位、不同材料类型从模型中快速查询与之相关联的工程量信息。项目部人员在安排物资材料采购计划时,根据施工人员要求,按流水段划分或者时间迅速计算需要的物资材料数量,进而协助相关负责人员编写采购方案。图 5-6 为 BIM 5D 平台下的物资材料管理模式,根据这种管理模式,施工人员在领取物资材料时,通过 BIM 5D 平台查看物资材料使用计划,用计划去控制物资材料的具体领用数量。通过这种物资材料管理模式不仅确保了物资材料的及时供应,使施工不会出现间断局面,而且能有效减少物资材料的二次搬运,同时,可以防止漏发、错发、多发的情况发生,降低对物资材料的浪费。

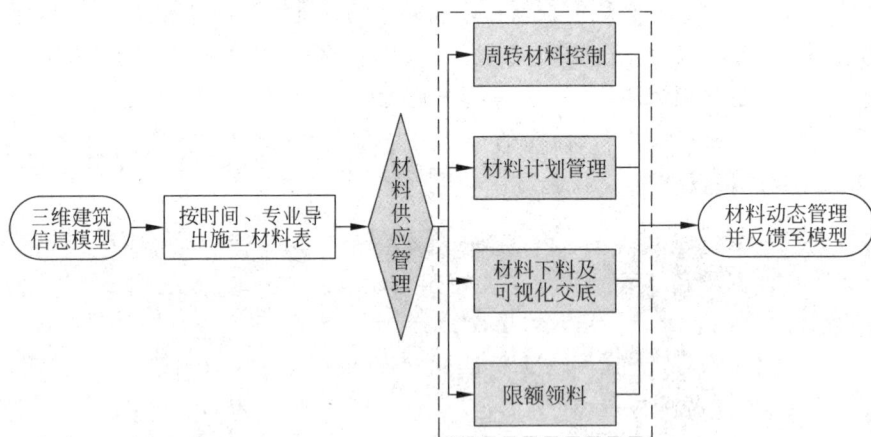

图 5-6　BIM 5D 平台下的物资材料管理模式

2. 资源配置管理

资源配置是否合理,对于施工中的成本管理也有着很大的影响。应用 BIM 技术进行成本动态分析,是将材料消耗、机械结算、人工费用的实际成本信息与 5D 模型进行关联,先大致预估工程所需的资源数目,然后对于不同的工序节点制定对应的资源消耗计划,根据选择的模型构件所对应的工程量,以工程量信息作为依据编制资源的用量计划。利用 BIM 5D 的施工模拟模块同样可以查看相应的资源使用计划情况,根据施工模拟,在动态情况下分析资源的实际消耗量和计划消耗量,对所消耗的资源进行预估分析;当出现的偏差超过一定

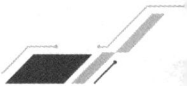

范围时及时调整资源的使用计划,包括对人员的安排、材料的采购、机械设备的使用、资金的控制等方面。通过这种资源配置管理办法,以往的凭借经验进行资源分配的形式得到了改善,资源分配变得更加科学、合理,成本效益更加显著。

5.4 基于 BIM 技术的铁道工程施工安全管理

铁路车站建设工程由于特殊的建造环境和条件因素,在建造中要特别注意安全隐患问题,一旦发生安全事故,后果将十分严重。结合 BIM 技术的安全管理模式,是施工安全管理方面的现代化手段,建设过程中以 BIM 平台为安全管理工具、以获取的安全信息为载体建立空间模型,实现对施工现场的空间和时间进行安全管理的目标。

1. 施工场地布置安全

施工场地开始布置前,需先进行详细的施工现场查勘,重点是要解决施工现场整体规划、进场出场位置、材料区位置以及危险区域划分等问题,确保机械设备在安全范围内进行作业。利用 BIM 技术将现场临时设施的尺寸、布置形式、位置等以建模形式表达出来,通过选择施工设备、机具,确定施工方法,配备施工人员,进而模拟施工过程、构件吊装路径、车辆运输通道等情况,事前评估临时设施的安全性是否与已有建筑发生冲突,避免多次搬迁的情况,使施工现场的空间布局结构更加科学、合理。

2. 危险源识别及安全防护

安全管理是铁路车站建设工程项目管理的重要范畴,BIM 技术的可视化模拟为安全管理提供了极大的便利。利用 BIM 技术建立施工现场危险标识模型,对现场的楼梯、预留洞口、站台边、线路外围等事故高发区域进行准确定位并建立仿真模型,通过这些可视化的手段,施工管理人员可以有针对性地开展安全管理工作,制定事前安全防护方案,防止现场工作人员误入危险区域发生安全事故。应用 BIM 技术对施工现场安全防护进行监督管理,从源头上保证施工过程中的安全性,降低安全风险发生概率。

3. 安全问题实时追踪

对于施工现场,及时反馈并处理安全隐患问题是首要任务,但面对复杂的施工现场,传统的纸质版记录的安全管理方式已然不能满足需求,而 BIM 技术的优势特征使其能对建设工程施工安全进行管理追踪,满足现阶段施工现场的安全要求。结合 BIM 技术的安全管理,检查人在现场对施工的环境、技术、人员安全措施等数据进行收集整合,通过手机对存在安全隐患的地方进行拍照,并在手机端的安全管理平台对隐患内容、检查人、检查范围、整改期限等信息内容进行填写;相应的整改人看到信息内容后对隐患处进行整改,整改结束后,拍照并上传到系统后台,检查人再对隐患部位进行核查,直到检查达标,将最终结果上传系统,检查工作落幕;当复查不满足要求时,可再次将整改任务推送给责任人去整改,直到问题圆满解决并保存归档。

通过这套安全管理机制,管理工作者通过手机、计算机即可实时监控施工现场安全隐患,让管理工作模式更加规范化、信息化、高效化,安全事故发生的概率显著降低,真正可做到防患于未然。

4. 施工人员安全培训

相较枯燥繁复的以书面、会议形式为主的传统培训方式,利用支持多种类开发语言、操作界面友好、图形渲染和处理效果强大的 Unity 3D 平台搭建的培训平台,在施工人员培训方面更显优势。将 BIM 技术和三维(3D)游戏互动引擎相融合,以 Unity 3D 为基础开发平台进行二次开发,开发出基于 BIM 技术的铁路车站安全培训系统(该系统共分为用户界面层、应用层和数据层三个层级),以已经建立完成的 BIM 为纽带,关联施工环节中的安全信息,通过建立的安全培训系统,借助信息化手段对施工人员进行系统、全面的培训指导,安全培训系统整体架构如图 5-7 所示。

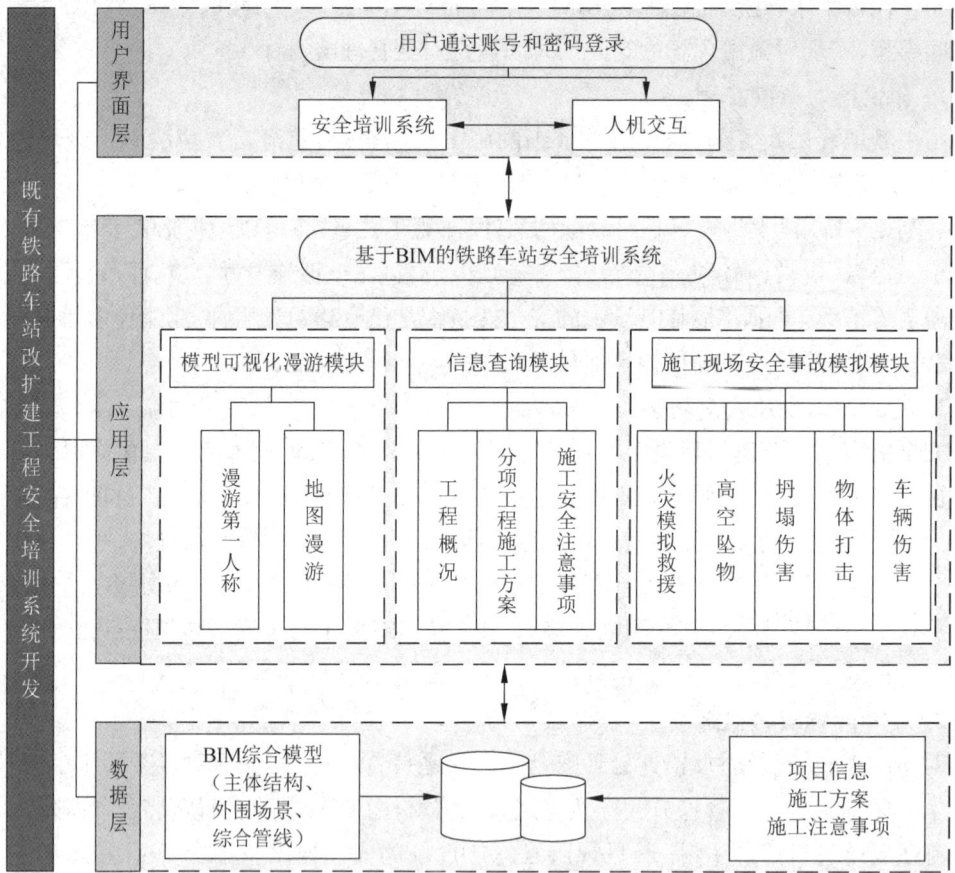

图 5-7 安全培训系统整体架构

(1)用户界面层:为施工人员赋予登录权限,通过在登录界面中输入账号和密码就可以进入系统,并对培训系统内的模型、数据信息和操作演示进行访问查看。

(2)应用层:根据铁路车站安全培训系统的建立初衷和实际的项目需求,建立的系统功能包括模型可视化漫游模块、信息查询模块、施工现场安全事故模拟模块三个部分。

(3)数据层:数据层信息主要包括建立的 BIM 综合模型、外部分项工程的项目信息、施工方案及施工注意事项等内容,施工人员可以在系统中对这些数据信息进行实时共享。

5.5 总结

现阶段随着铁道工程建设规模的不断扩大和技术的进步,BIM 技术作为一种集成化的管理工具,逐渐成为提升项目效率和安全性的关键手段。BIM 技术通过构建三维数字模型,实现了设计、施工、运维等阶段的高效衔接,为项目的各参与方提供了可视化、可追溯的信息支持。

本章重点介绍了在铁道工程施工进度、质量、成本和安全管理中应用 BIM 技术的几项基本原则。这些应用原则为提升工程质量、降低成本和缩短工期提供了有力支持,推动了行业的数字化转型和可持续发展。通过科学合理地应用 BIM 技术,铁道工程将能够更好地应对复杂性和不确定性,实现更高效的项目管理。

II

铁道工程BIM技术产教融合应用与实践案例

第6章 铁路车站改扩建工程 BIM技术的应用实践

铁路车站工程的资料管理是一个涉及众多专业且内容十分复杂的工作,铁路车站工程的体量巨大,功能和结构较为复杂,内部的设备设施涉及众多不同的专业领域。传统的资料管理方式下各专业之间的信息沟通时效性不高、信息交互不顺畅,各专业间相互制约,无法对资料进行统一合理的调配,导致工程资料调取的效率和质量较低。目前铁路车站工程管理中使用的二维图纸、垂直的管理模式和缺乏交互的信息化手段都无法适应现代化铁路车站资料管理的工作需求,因此需要应用更新的技术和管理方式来提升铁路车站工程的管理水平。铁路车站工程的资料管理对设备保养、维修,处置突发事件等都有积极的意义。铁路车站工程资料管理的持续时间长、要求高、内容繁杂、涉及不同专业和部门,而传统的资料管理方式效率相对低下。

本章以某铁路车站改扩建工程为案例,在工程资料管理中引入 BIM 技术,不仅可以满足工程资料管理中的各项需求,减少工作人员的工作量,实现资料的交互共享,提高信息的准确性、完整性、即时性,还能保证工程检验资料的真实性、客观性,为车站管理部门提供一个高效的工程资料信息管理平台。

6.1 铁路车站改扩建工程族库的建立

铁路车站改扩建工程是一个复杂的系统工程,施工难度大、工期紧,在施工阶段要随着施工进度同步应用 BIM 技术,在时间紧、任务重的情况下如何能够快速地构建所需要的既有铁路车站信息模型是迫切需要解决的问题,建立族库是提高建模效率的有效手段之一。

常见的 Revit 族库大多是建筑类族库,族库单一、不能与铁路行业融合。因此根据项目中实际需求建立铁路专业族库,实现在铁路项目中的独特性与适用性,以提高建模的效率。

BIM 技术应用 Revit 软件时,以最小单元构件作为基础信息模型,同类构件组成族库,本改扩建工程项目建立构件主要从构件分类、命名规则和族库建立三个方面进行研究。

1. 构件分类

铁路车站与车站之间在结构上有很高的相似度,在建模时根据铁道工程信息模型分类和编码标准,参照具体铁道工程构件分类表,将所建族库按专业分为六类,分别是建筑、结构、机电、消防、信息和轨道。其中,建筑主要包括墙、门、窗、幕墙、专用设备;结构包括柱、楼板和桁架;机电包括风管管件、水管管件、照明和综合布线,消防包括给水和灭火、火灾警铃等;信息包括标识牌;轨道包括道岔和轨道结构等。

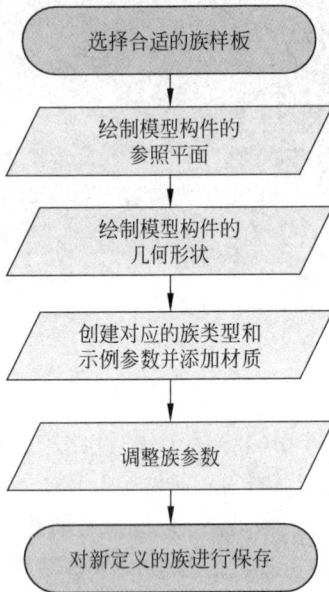

图 6-1　族的创建步骤

2. 命名规则

根据某铁路车站改扩建工程特点并结合具体的改造范围,建立了主要的族库,参照族库的分类方法对族进行统一命名。简单举几个族构件的命名以作示例:窗嵌板-上悬无框铝窗 1700mm、60 钢轨、轨道板-CRTS Ⅰ 型轨道板、WJ-7 型扣件等。在不同的铁路车站改扩建工程项目中,可以根据清晰的构件族名称调用适当的族类型去进行不同模型的建立,从而可大大提高族的互用性。

3. 族库建立

利用 Revit 软件对铁路车站改扩建工程所用到的族构件进行创建。一般来说,族可以分为系统族、可载入族和内建族三种。针对本改扩建工程项目,系统族不能满足要求,所以,需应用可载入族和内建族来完成模型的装配。结合本改扩建工程项目建立铁路专业相关族库,族的创建步骤如图 6-1 所示。

根据铁路车站改扩建工程项目的实际要求,可基于 BIM 技术建立各种类型的钢轨、轨枕、扣件、道岔等专业族库,表 6-1 是部分族库按专业分类展示,图 6-2 为轨道结构主要设备模型图。

表 6-1　部分族库按专业分类展示

一级分类	二级分类	三级分类	四级分类	五级分类
建筑	墙	基本墙	蒸压加气混凝土砌块墙体	
	门	门嵌板	双扇推拉无框铝门	
	窗	窗嵌板	双扇推拉铝窗	
	幕墙	门窗嵌板	窗嵌板	双扇推拉无框铝窗
	专用设备	电动扶梯		
		候车室座椅		
		验票闸机		
轨道	道岔	道岔	单开道岔	
			单式异侧道岔	
			单式同侧道岔	
		道岔与交叉组合	单渡线道岔	
		交叉	菱形交叉	直线菱形交叉
			直角交叉	

续表

一级分类	二级分类	三级分类	四级分类	五级分类
轨道	轨道结构	无砟轨道	钢轨	50 钢轨
				60 钢轨
				75 钢轨
			轨道板	CRTS I 型轨道板
				CRTS II 型轨道板
				CRTS III 型轨道板
			基底	矩形基底
			扣件	WJ-7 型扣件
				WJ-8 型扣件
		有砟轨道	道床	
			钢轨	50 钢轨
				60 钢轨
				75 钢轨
			轨枕	混凝土宽枕

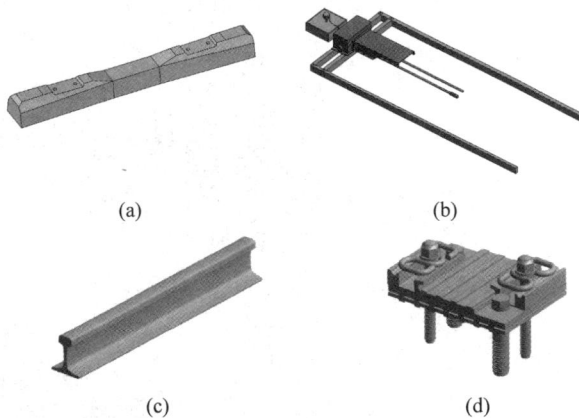

(a)　　　　　　　　　　(b)

(c)　　　　　　　　　　(d)

图 6-2　轨道结构主要设备模型图

（a）新 II 型枕；（b）转辙器；（c）60 钢轨；（d）弹条 II 型扣件

6.2 复杂施工过程模拟实施流程

铁路车站改扩建工程项目为营业线及邻近营业线施工,站场改造是由普速场站房向城际场站房逐步过渡,分步实施,根据分段施工、站房营业线特点以及施工方案的梳理,利用Unity 3D平台对整体施工方案进行 4D 模拟,施工过渡方案分七个阶段,每一步都要先考虑列车停运情况。站房施工动画关键节点展示如表 6-2 所示,从普速场站房向城际场站房推进时,先进行雨棚、雨棚柱、轨枕的拆除,继而是基坑支护、柱、二层底板梁、二层底板及墙施工,最后对屋面网架及屋面相继进行施工。利用 Unity 3D 平台进行动画制作的具体步骤如下。

（1）根据编写的动画脚本，将 BIM 施工模型拆分成相应的子模型。

（2）将既有铁路车站模型转化为动画制作引擎可读取的 FBX 格式文件，加载进动画制作引擎 Unity 3D 平台中。

（3）根据铁路车站施工过程的实际情况，将 BIM 渲染相应的材质，使其展现真实的效果。

（4）根据动画脚本，分步制作施工过程动画。

（5）根据动画展示需求，在相应的时间调整主视角到相应的位置，清晰地展示整个施工过程。

表 6-2　站房施工动画关键节点展示

步骤	施 工 工 序	4D 动画效果图
1	拆除雨棚、雨棚柱、轨枕等	
2	基坑支护	
3	柱施工	
4	二层底板梁施工	

续表

步骤	施 工 工 序	4D 动画效果图
5	二层底板及墙施工	
6	屋面网架施工	
7	屋面施工	

　　将建立的 BIM 三维施工模型与时间进行整合,建立该改扩建工程项目的 4D 施工进度模型,对整个施工方案进行 4D 模拟,可以形象地展示施工的各个工序的过程及其时间消耗,有效地降低关键工序对项目总体施工进度的影响。利用 BIM 技术对工程进行 4D 进度模拟能提前预演施工过程,找出施工过程中可能出现的问题,校核设计方案,合理地制订进度计划并进行施工进度实时监控和管理,因此有效地提高了施工管理的效率,效果显著。

6.3　铁路车站改扩建工程竣工资料与模型的系统集成

　　铁路车站工程信息管理是一个涉及多专业的复杂工作,包含站房、线路与轨道等主要结构。其中,铁路车站站房内部结构设有售票厅、候车室、进出站设备以及旅客服务设施等。铁路线路作为供列车运行的构筑物,分为正线、站线与岔线等。轨道作为铁路线路的重要组成部分,包括钢轨、轨枕、扣件和道岔等主要部件。需管理的信息涉及工程设计、施工和运维管理等全生命周期内不同阶段,对铁路车站工程智能信息管理模式提出了更高的要求。

1. 既有管理模式的弊端

现阶段铁路车站工程资料多以纸质的二维信息形式呈现,存在着设计文件可视化效果差、施工与竣工资料管理脱节、后期运维资料调用费时等问题。作为不同的专业和部门的管理综合体,铁路车站工程各专业之间关联性不强,出现了工程信息存储分散与格式不统一的问题。同时,在工程的全生命周期不同阶段,相关人员难以充分利用既有资料实现信息的互联互通,完成工程设计与项目管理工作的优化。因此,探究一套符合铁路行业发展特点的铁路车站工程智能信息管理模式尤为重要。

2. 引入 BIM 技术的优势

在铁路车站工程智能信息管理中引入 BIM 技术,主要有如下优势。

(1)关键结构三维可视化:传统工程资料主要通过文字和照片的形式,以纸质档案和电子表格为载体进行信息的存储,难以有效指导铁路车站工程的设计与施工工作,投入运营后无法为维保工作提供科学决策的依据。BIM 技术具备资源共享和协调各参与方完成专业任务的优势,基于 BIM 技术创建的三维可视化模型,能够直观地向不同阶段、不同专业的从业人员展示构件的空间布局和层级关系,其可视化特性贯穿于铁路车站工程全生命周期。

(2)资料信息化存储与调用:应用 BIM 技术可实现工程资料的高度信息化,便于后期的保存与管理。充分利用各专业之间的信息互通,达到工程资料统一合理调配、高效准确调取的效果,为后期工程资料整理、保管以及模型化关联的工作效率提供保障。

(3)场景漫游与信息交互:将模型导入 Unity 3D 平台中与 VR 设备建立连接关系,应用技术手段将工程资料以虚拟现实的形式直观地呈现,决策者可以在虚拟场景中漫游,实现直观查看信息、科学辅助设计等操作。同时,利用智能传感器实现视觉系统和运动感知系统相结合,对操作人员发出振动、声音与标识提示等方式,实现关键信息的综合提醒。

3. 应用 BIM 技术创建铁路车站工程智能信息管理体系

基于 Revit 软件建立铁路车站三维信息模型,将初始模型导入 Unity 3D 平台,搭建一个数字化的三维空间,并在此基础上实现各项交互功能,具体建模流程如下。

1)建立三维信息模型

(1)创建地形。地形是整个铁路车站三维模型的基础,确定了场景的地理特征。根据实际情况对周围场景进行布置,如河流的走向、道路的布局等。在创建地形阶段,可同时设置自然条件,通过设置自然光源的强度、光照角度等参数信息对场景的自然条件进行渲染。

(2)设置材质、贴图。建立三维模型时,需按照实际情况设置标准材质、制定命名标准。模型导入 Unity 3D 平台后,可识别三维模型标准材质并继承其命名。将贴图拖移到材质的相应位置,可使所建立的模型场景具有真实感,达到虚拟现实的效果。

(3)灯光烘焙。在虚拟站场环境中可设置日光光源,调整自然光源的强度与角度以模拟室外的站场环境。在候车大厅中可设置点光源,调整点光源的位置参数以模拟室内站房。采用合理的光线布局,使车站不同位置的场景更具有空间感,有效提升了铁路车站整体的视觉效果。

建立的三维模型经渲染后所得车站站场与站厅场景如图 6-3 和图 6-4 所示。

图 6-3　渲染后车站站场场景

图 6-4　渲染后车站站厅场景

2）模型数据调用实现

将工程相关的各类纸质及电子资料转化为适当的文件格式,依据中国铁路 BIM 联盟发布的铁道工程信息模型分类和编码标准,将工程文件范本进行分类归档。将软件中的三维模型导出的 FBX 格式文件和相关贴图文件复制到工程目录的对应文件夹下,实现模型信息导入数据库进行存储。

所搭建的数据库自动检测新工程信息的导入,并更新项目文件面板内相应的数据,使之与工程文件夹同步更新。若车站工程资料信息量较多时,为使读取资源更为快捷,可创建不同的文件夹将资源分类、分级存放,高效地实现工程信息的查询、调用、更新与删除等功能。

3）场景漫游与交互实现

基于 VR 技术的沉浸感与交互性等特性,可借助外接设备在搭建的三维模型场景中漫游,实现虚拟场景建模技术与交互漫游技术的结合。

硬件方面,功能实现主要包含 VR 头戴设备、智能手柄与多功能传感器等。VR 头戴设备利用人的左右眼获取信息的差异通过大脑的视觉中枢产生立体感,引导操作者产生身临其境的感觉。通过智能手柄,操作者可以直接与虚拟世界进行信息交互。多功能传感器主要包含振动、声音等发生装置,借助计算机及传感器等技术,使用者能够获得视觉、听觉与触觉等体验。

软件方面,实现场景漫游主要通过 Revit 软件建立铁路车站三维可视化模型,并导入 Unity 3D 平台中。借助 Unity 3D 平台第一人称角色控制器组件,实现在画面中显示手柄,进行信息的直接交互。第一人称的摄像机组件充当了操作者的眼睛,为操作者抓取视图,将游览的内容展示在显示器上。开发者可以通过脚本在任何时间点切换主摄像机,通过有选择性地渲染场景中的物体,达到更好的虚拟车站的交互式自主漫游效果。

4)工程实际应用

将 BIM 技术运用到铁路车站工程智能信息管理中,实现了利用三维可视化模型指导设计与施工工作,以及各阶段工程信息与资料的快速存储、调用与保存,与 VR 技术的交互性相结合将工程人员的视觉系统和运动感知系统联系起来,提升了铁道工程现代化管理水平,系统实现的主要功能如下。

(1)可视化建模指导施工。

依照所提供的二维设计资料,完成铁路车站三维建模工作,通过数字信息仿真模拟出铁路车站所具有的真实信息。调整三维模型的材质、贴图与场景灯光等,实现对不同位置的渲染,以虚拟的三维立体建筑模型形式展现。在工程施工的不同阶段,工程人员可提前对车站结构进行直观了解,避免因二维设计图纸不能直观地展示建筑整体情况而影响施工进度的情况。铁路车站站厅不同阶段如图 6-5 所示,分别是站厅三维可视化模型建立、可视化模型渲染、施工中站厅实景和竣工后站厅实景,有效提高了不同阶段中施工人员对工程结构的整体认知。

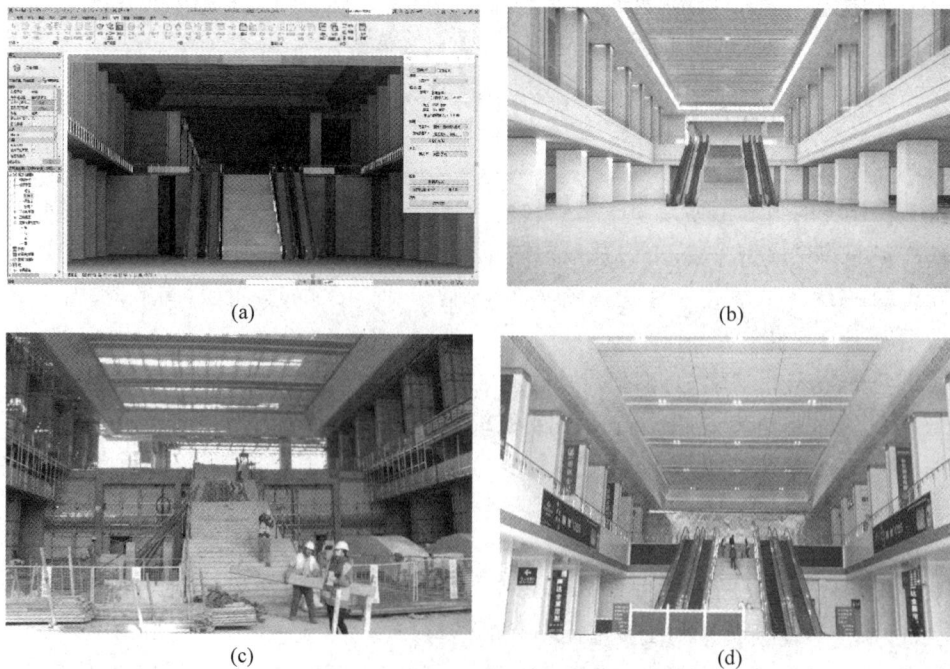

图 6-5 铁路车站站厅不同阶段

(a)三维可视化模型建立;(b)可视化模型渲染;(c)施工中站厅实景;(d)竣工后站厅实景

（2）工程资料随时调用。

各类工程信息数据经分类归档、转换格式导入数据库后，实现数据可视化。所导入的二维数据经处理，在虚拟车站中可以实现立体化、多形式化的调取查看。以车站内部设施为例，可实现闸机、车站显示屏和电梯等信息的调取，相关信息可以通过文字、图片与视频等多种形式更加直观地展现出来，如图 6-6 所示，实时调取站内扶梯的维修与检测等工程资料。

图 6-6　实时调取站内扶梯的维修与检测等工程资料

（3）多场景漫游与信息交互。

工程人员佩戴 VR 眼镜，通过操作智能手柄，就可在虚拟车站内实现自由移动，因此参与设计、施工与维保等人员可漫游在一个拥有视觉、听觉与运动感知的虚拟车站中。例如在优化进出站工程设计方面，操作人员可以根据需求通过不同视角观察车站不同位置的建筑信息，及时发现设计中的缺陷与不足，并根据真实漫游感受，提出更为便捷的进出站与换乘方式，实现更好的客运组织与管理等，如图 6-7 所示为进出车站闸机的模拟过程。

图 6-7　进出车站闸机的模拟过程

在模型适当位置关联信息后，可提前导入图片、音频与视频信息，配合多功能传感器，实现提醒与警示等效果。以智能语音提示系统为例，当工程人员漫游至候车大厅时，系统自动播报车次信息与候车位置信息；漫游至不可停留危险区域时，系统进行安全警示并进行振动提醒,基于多感官实现了操作人员与车站模型的综合交互操作。如图 6-8 所示,当行走至候车安全黄线以外时,系统会进行危险区域警示,即通过语音与警示标示,提醒人员该区域不可停留。

图 6-8　危险区域提醒

6.4　总　结

　　结合铁路车站改扩建工程,在工程建设期间采用 BIM 技术对该工程进行三维建模的应用研究,建立铁路专业族库、铁路车站改建后的三维模型,并根据具体的施工工作分解,建立某车站改扩建工程的施工模型以及对管线模型进行碰撞检查,体现了 BIM 技术在铁路项目应用中的独特性与适用性,提高了建模的效率,为后续更深入的应用和优化提供了参考。同时也提升了 BIM 技术在铁路行业施工中的应用价值,为铁路行业的发展提供了新的助力。

第 7 章　BIM+3D打印技术在铁道工程中的应用案例

7.1　3D 打印技术的实现原理

1. 3D 打印技术背景

3D(三维)打印技术是一种新兴增材制造技术,它已融入产品的研发、设计、生产各个环节,是材料科学、制造技术与信息技术的高度融合和创新,是推动生产方式向定制化、快速化发展的重要途径,是优化、补充传统制造方法,催生生产新模式、新业态和新市场的重要手段。当前,3D 打印技术已逐步应用在装备制造、机械电子、军事、医疗、建筑、食品等多个领域。3D 打印产业呈现快速增长的势头,发展前景良好。

工业化最大的成就是通过机械化实现了规模化大生产,而 3D 打印技术则将规模化大生产演变为若干个体,打破了集约化生产的传统模式。只需一台 3D 打印机,我们就可以在家里生产需要的东西,而且可以不断地变化款式和样式。如今,生产方式已经发生了重大改变,传统的生产制造业将面临一次"洗牌"。

2. 3D 打印技术实现原理

3D 打印技术是一种新型的快速成型技术,它以数字模型文件为基础,运用粉末状金属或塑料等可黏合材料,通过逐层打印堆叠的方式来构造物体。长久以来,部件设计完全依赖于其生产工艺能否实现,而 3D 打印机的出现完全颠覆了人们传统的生产思路,它将天马行空的设计理念转化成了触手可及的真实物体。如今,3D 打印技术已经成为一种潮流,并开始广泛应用在各个领域,尤其是工业设计、数码产品开模等领域,它可以在数小时内完成一个模具的打印。

3D 打印机(图 7-1)是基于打印件的三维模型,采用增材制造原理,应用不同的打印方法,高效、高精度地制造出产品或模型。三维建模是 3D 打印技术实现的前提和基础,三维建模和 3D 打印技术的广泛应用能够有效地缩短产品的研发和制造周期,促进产品的多样化。3D 打印技术的原理是对三维模型进行分析,通过 BIM 技术搭建目标的三维数据模型,通过 3D 打印切片软件将三维模型进行模块化处理,三维模型将被分为不同的层面,3D 打印机读取每个横截面的信息,利用液体或粉末状材料将三维模型逐层打印出来,图 7-2 为 3D 打印钢轨模型。

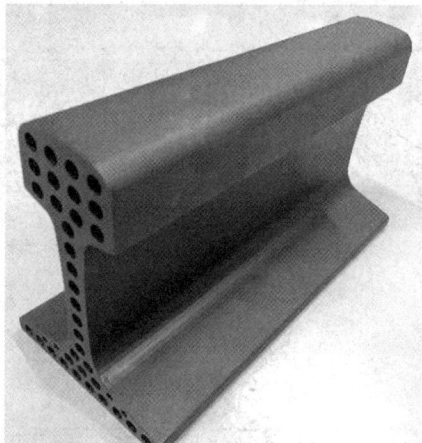

图 7-1　3D 打印机　　　　　　　　　图 7-2　3D 打印钢轨模型

与传统制造业相比,3D 打印技术具有速度更快、材料利用率高、适应性强等优势,3D 打印技术制作模型时,不再局限于模具的样式,能够更好地发挥设计师的水平,并且能够在较短的时间内制造出复杂的产品。通过计算机技术,3D 打印机可以直接读取计算机图形中任何形状的零件,从而极大地提高了产品的生产效率。

但目前而言,3D 打印技术也存在其局限性,在 3D 打印过程中不能对已经设定好的参数进行修改,如果在打印过程中出现问题,操作人员并不能通过 3D 打印机本身对问题进行调整或解决,只能通过重新设定打印机参数的方式来解决问题,这样不可避免地造成了材料的大量浪费。因此对 3D 打印机的精度和模型数据的完整性有高度要求,否则就会出现问题,给打印过程带来麻烦。

7.2　有砟轨道的道岔传感器应用案例

随着科技的不断进步,城市轨道交通系统也在不断更新,以迎接未来的需求。3D 打印技术在铁路领域的应用,不仅加速了零部件的生产周期,降低了成本,同时还为养护运维提供了更多的创新空间。在这种前所未有的制造模式下,铁道工程领域有机会重新审视传统设备,考虑如何更好地结合 3D 打印技术,提高铁路系统的性能和可靠性。

在本章中,通过深入研究 3D 打印技术在铁道工程中的应用,特别关注它在有砟轨道的道岔传感器方面的创新应用。通过将 3D 打印技术引入道岔传感器的制造过程,继而探讨如何优化设计、提高制造效率,并带来更高水平的性能。

7.2.1　背景介绍

有砟轨道由于具有造价相对较低、养护维修简便、结构渗透系数高、透水性好等特点而

得到应用,其组成包括钢轨、扣件系统、轨枕、道砟层、底砟层及路基。在有砟轨道使用过程中最常见的问题之一是道床整体在受到反复碾压、磨损、循环荷载冲击的作用下引起道床整体性减弱,导致轨道结构差异性沉降和轨道不平顺,最终影响轨道结构的服役性能和列车运行安全。因此科学评估有砟轨道结构的动、静态力学性能及服役状态成为目前一大研究热点。

在有砟轨道结构服役过程中,道砟发挥着不可忽视的作用。道砟层作为一个稳定的荷载承重平台,在列车通过时可为轨枕提供足够的纵向及横向阻力,为整个轨道结构提供弹性和阻力,同时道砟可将轨枕和道砟接触面所施加的压力传递到基床表层并降低应力,使其不超过基床表层允许值。因此,道砟的结构力学状态对轨道结构服役和列车运行有着十分重要的影响。

影响道砟性能的参数包括道砟级配、道砟形状、颗粒尺寸、表面粗糙度、道砟密度、体积密度、强度、硬度、韧性等。在众多因素中,道砟级配是对轨道结构整体服役性能产生显著影响的因素之一。如何通过道砟级配来反映有砟轨道服役状态也成为各国学者研究的重点。目前大多采用三轴实验来确定道砟颗粒的变形特征和强度特征,但由于受尺寸效应和破裂机制的影响,实验结果与实际情况存在差异。

7.2.2 随机道砟模型的生成

1. 确认道砟尺寸

有砟轨道的道砟颗粒一般由级配不同的散体材料组成,这些材料大小尺寸不同,形状更是多种多样,很难精细地描述每一个道砟颗粒的具体特征。根据相关铁道工程标准和规范等,应确定道砟骨料尺寸,明确骨料最大粒径、均匀系数、偏度等颗粒级配的具体指标,以确保道砟在使用过程中具有足够的稳定性和承载能力,进而快速获取道砟结构骨料粒径组成及分布参数。

2. 编写三维随机混凝土骨料模型算法

依据道砟级配及骨料分布参数,通过 Python 语言编写三维随机混凝土骨料模型算法;三维随机混凝土骨料模型算法包括随机凹凸型骨料生成和骨料随机投放两个过程。

（1）随机凹凸型骨料生成流程如图 7-3 所示。

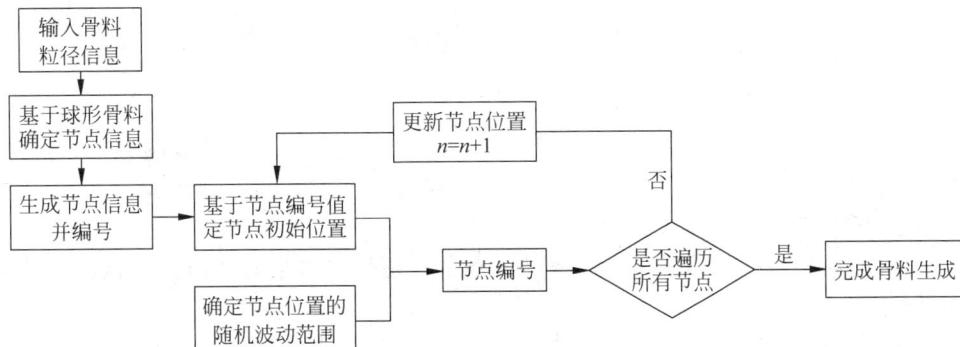

图 7-3　随机凹凸型骨料生成流程

（2）骨料随机投放流程如图 7-4 所示。

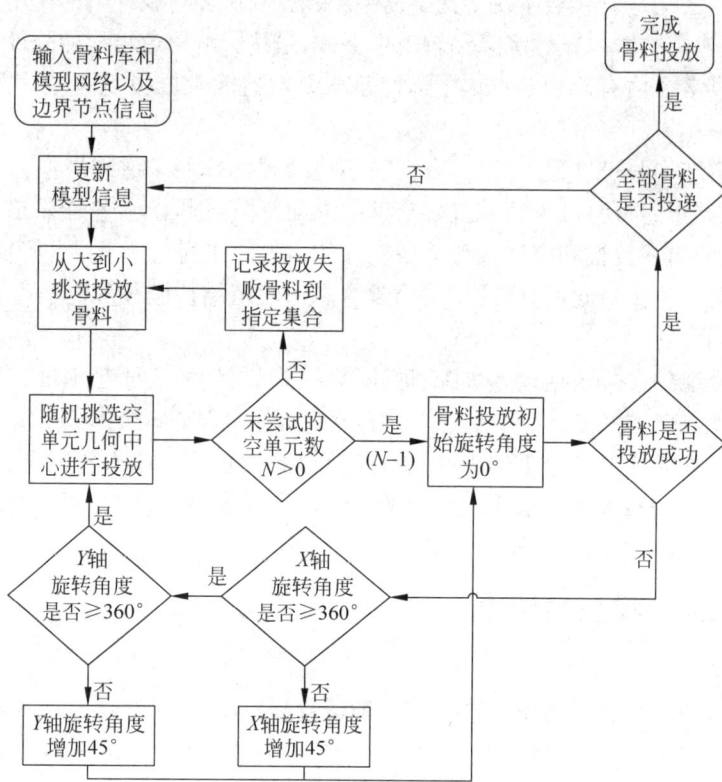

图 7-4　骨料随机投放流程

3. 生成道砟试块模型

将 Python 语言编写的程序与 Abaqus 软件脚本接口相接,并通过 Abaqus 软件生成不同粒径组成的道砟试块模型。

4. 打印 3D 模型

将模型导入 3D 打印机打印生成不同粒径分布的道砟试块。

7.2.3　有砟轨道智能道砟传感器功能实现

1. 智能道砟传感器的打印与调试

考虑到 3D 打印机的精度问题,为了方便 3D 打印并且得到更加细致的模型,将传感器的三维模型信息简化是最好的选择方案。提前计算传感器的各项外观特征,考虑到传感器可能的受力方式,在计算过程中做出以下假设。

（1）3D 打印材料强度够高、耐磨性够好,不考虑使用过程中的磨损对传感器各项力学特征的影响;

（2）传感器与 3D 打印材料接触良好,且不发生相对滑动;

（3）不考虑因 3D 打印机精度带来的传感器模型与原传感器细微的差别;

（4）3D 打印材料为弹性材料,抗剪强度比较低,由于设计传感器时要考虑薄弱处的加固问题,因此可能与原传感器相比存在一定的差异,各项力学特征可能有所改变,但在计算

过程中按照原传感器的数据进行计算。

同时碍于 3D 打印机的型号不同,以及打印过程的不可逆性,在 3D 打印前必须详细规定传感器的具体三维模型数据,避免二次打印造成浪费。

1) 智能道砟传感器的打印

本次传感器三维模型的建立使用 Revit 软件平台,利用 BIM 技术搭建传感器的三维模型,事先测量实体传感器的长、宽、高等各项数据,考虑到 3D 打印机的精度和打印材料的强度问题对传感器模型侧面的薄弱环节进行了 5~10mm 的加厚处理,同时对传感器的其他部位尽量做到 1:1 还原,这种模型极大地还原了原物体的各项形态特征与力学性能。建立传感器的三维模型后,通过切片软件将传感器模型信息分层处理,方便 3D 打印机读取信息,并逐层打印,智能传感器 3D 打印流程如图 7-5 所示。

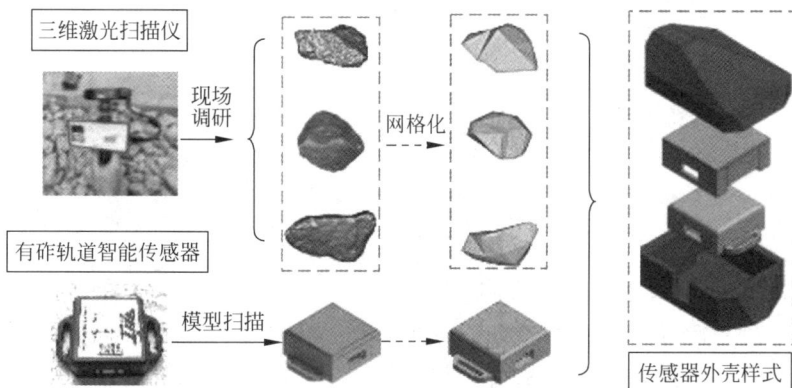

图 7-5 智能传感器 3D 打印流程

2) 智能道砟传感器的调试

此型号的传感器内置有六轴模块系统,传感器型号及坐标轴样式如图 7-6 所示。坐标轴的正方向为 X 轴,向右为 Y 轴,Z 轴垂直于 XY 轴所形成的平面,Yaw、Pitch、Roll 是描述物体在三维空间中旋转姿态的三个欧拉角,分别对应绕不同轴的旋转:Yaw(偏航角)绕 Z 轴旋转,Pitch(俯仰角)绕 Y 轴旋转,Roll(翻滚角)绕 X 轴旋转。在传感器经过旋转后,三个坐标轴的相对位置并不改变,同时传感器内将有不同的坐标系统来记录旋转过程中方向、角度和角加速度的改变,本节涉及记录过程时遵循右手法则,规定向右旋转为正方向,向左旋转为负方向,绕 Z 轴的旋转不做规定,直接记录 X 轴与 Y 轴的数据变化。

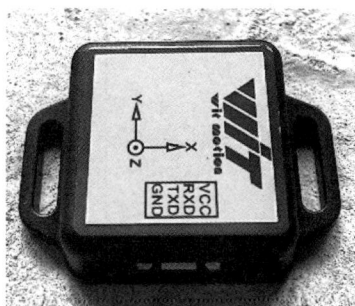
(a)

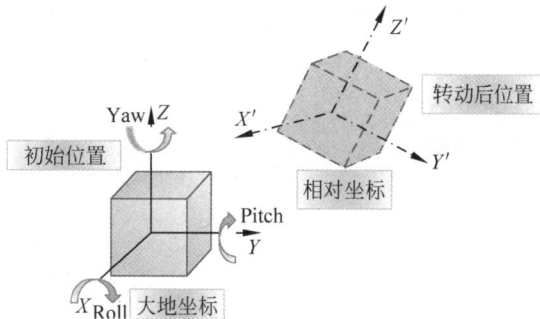
(b)

图 7-6 传感器型号及坐标轴样式

(a)智能传感器型号;(b)智能传感器坐标系

本型号传感器设置有 USB 接口,可通过数据线连接至计算机,通过计算机上的传感器上位机(图 7-7)进行数据的读取与记录,有关传感器基础数据的设置与调节也都在传感器上位机中进行。

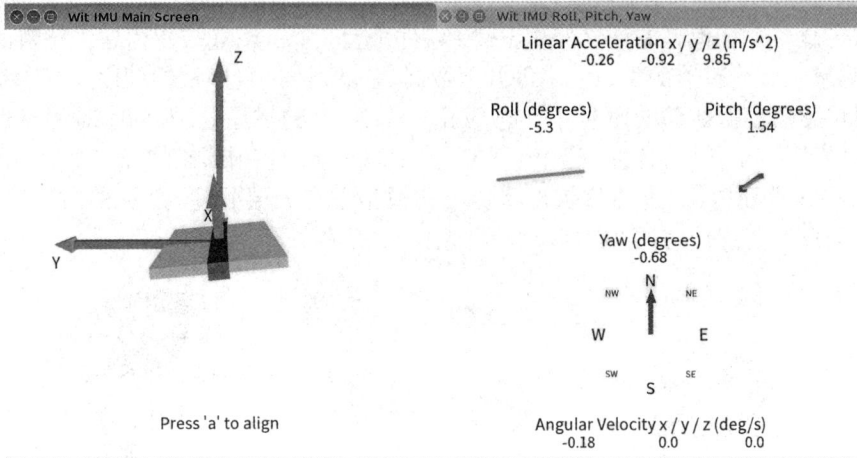

图 7-7　上位机三维界面

2. 传感器的使用与读取

传感器上位机运行环境搭建完成后,便可运行上位机并将传感器通过 USB 接口连接至计算机。在使用传感器前,需要通过上位机对传感器进行一些基础的设置。首先是需要对传感器的六轴模块进行校准,校准界面如图 7-8 所示,模块的校准包括 Z 轴平衡清零,相对角度平衡清零和初始角度平衡清零三项操作。

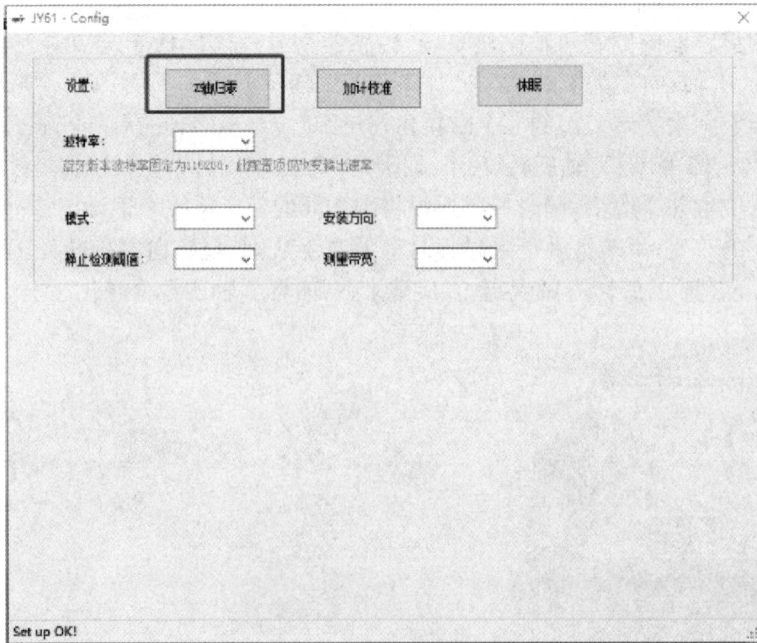

图 7-8　传感器校准界面

传感器的校准是一项重要的工作,在传感器出厂时可能会有不同程度的数值偏差,此种偏差会对传感器使用过程中的数据显示产生影响,并且直接导致后续过程中的数据分析出现误差。

在上位机中可以明显看到传感器测量的各项数据,并通过简洁的界面直接反馈给使用者,传感器数据显示界面如图 7-9 所示。由于考虑传感器的尺寸大小问题,此型号传感器的内部没有储存芯片,因此传感器的数据只能通过上位机保存在计算机中。此上位机中直接内置了传感器数据记录程序,在确定传感器数据收集的时间段后,单击"记录"按钮便可开始对传感器的数据进行记录,数据记录界面如图 7-10 所示,单击"结束"按钮可结束数据的记录,并将数据直接以 TXT 文件保存在计算机中,对于操作者而言方便了数据的采集与后期对数据进行共享等。

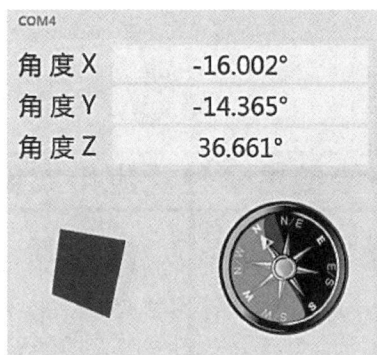

图 7-9 传感器数据显示界面

图 7-10 传感器数据记录界面

在传感器的数据文件中,每一项数据都有对应的位置,在文件的开头均有相应的字母来代表数据所显示的值:Time 代表时间;ax、ay、az 分别表示 X、Y、Z 三个轴方向上的加速度;wx、wy、wz 分别表示 X、Y、Z 三个轴方向上的角速度;Anglex、Angley、Anglez 分别表示 X、Y、Z 三个轴方向上的角度变化。图 7-11 所示为传感器数据传输路径原理。

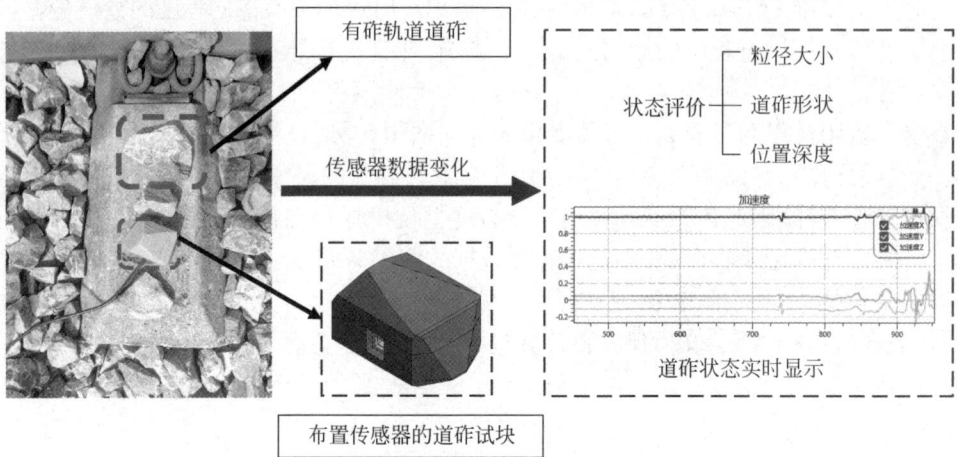

图 7-11　传感器数据传输路径原理

7.3　无砟轨道的宽窄接缝力学性能应用案例

装配式技术以其高效、环保和质量可控的特点,成为现代工程领域的重要发展趋势。而无砟轨道结构是典型装配式技术的应用,通过预制轨道构件,高效完成现场铺设的同时能确保整体结构的准确性和稳定性,为铁路系统的可靠服役提供了有力支持。

以 CRTSⅡ型板式无砟轨道(图 7-12)模型为例,它主要由轨道板、砂浆层、支承层和板间接缝构成,除砂浆层、底座板/支承层为纵向连续结构外,轨道板也通过板间接缝连接形成纵向连续结构。CRTSⅡ型板式无砟轨道由于具有高平顺性、高稳定性,已成为目前高速铁路线下工程中最主要的轨道结构形式之一。

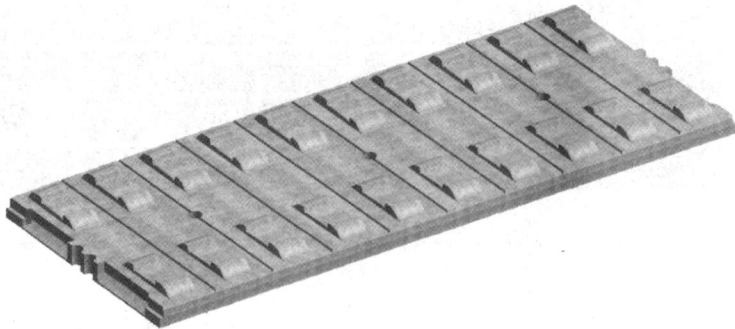

图 7-12　CRTSⅡ型板式无砟轨道模型

其中,板间宽窄接缝的后浇筑混凝土结构为其薄弱位置,接缝位置受力与损伤特点如图 7-13 所示。宽窄接缝两侧均为预制无砟轨道板,现场通过模具固定并精调好空间位置后,在两个预制轨道板中间部分后浇混凝土形成薄弱轨道位置。由于后浇与预制结构性能的差异,在接缝区域可能引发结构损伤和界面脱黏,使轨道结构出现纵向刚度不均匀等问题,从而影响无砟轨道的实际使用性能。

图 7-13　接缝位置受力与损伤特点

　　现浇结构可以有效减少轨道板由于温度变化引起的热应力,通过在铺设轨道板后进行后浇结构部分的混凝土浇筑,可以降低轨道板在热胀冷缩过程中在结构内部产生的收缩应力和温度应力。

7.3.1　多场耦合作用下无砟轨道界面常见问题

　　纵连板式无砟轨道是纵向连续铺设的轨道结构,其板端预留精轧螺纹钢筋并设置张拉锁件进行连接,通过板间现浇混凝土构成板间接缝,从而实现无砟轨道纵连铺设。板间接缝作为一种后浇结构,与预制轨道板及砂浆层的接触面为新老混凝土交界以及混凝土-砂浆交界。

　　服役状态下的无砟轨道在列车荷载和环境荷载等的作用下会产生结构裂缝和层间裂缝,造成轨道结构的损伤,从而影响无砟轨道使用性能。结构裂缝会导致无砟轨道刚度退化、强度下降、结构耐久性降低,而层间裂缝会导致传力机制改变、界面脱黏破坏、轨道结构平顺性降低。

　　多场耦合作用下无砟轨道产生的问题往往很多,例如,高温条件下容易产生大面积裂缝、离缝、轨道板翘曲、轨道板开裂、混凝土破坏等一系列常见问题。列车荷载与温度荷载共同作用下会导致层间离缝以及宽窄接缝等薄弱部分损伤加剧,并且温度荷载作用下易出现界面脱黏等病害,不仅影响无砟轨道纵向刚度及连接稳定性,同时会导致线路不平顺,为列车运行安全带来隐患。

　　为深入研究纵连轨道板宽窄接缝的损伤演变过程,研究者进行了多方面的分析。有研究结合现场调查与仿真计算,对板间接缝混凝土损伤过程进行了详细分析,并探讨了该损伤对结构整体上拱失稳的影响;通过基于混凝土塑性损伤及内聚力理论的研究,分析了窄接缝在不同宽度和不同强度下的损伤破坏机理,提出了窄接缝断裂是一种渐进的压缩损伤。在另一项研究中,分析了宽窄接缝界面开裂与CA砂浆脱空耦合损伤对无砟轨道力学性能的影响,认为耦合损伤相较于单一损伤模式更为不利于结构的受力及变形。最后,通过研究混凝土劣化、施工温差及初始裂纹条件下宽窄接缝的损伤规律,指出混凝土强度降低、施工温差增大、含有初始裂纹都会显著增加接缝损伤的程度。

　　因此,在诸多学者的研究基础上,本节结合 3D 打印技术,对接缝界面在最不利温度工况下的损伤规律及分布差异进行精细化分析,为指导铁路工务部门进行精细化检修作业提供参考。

7.3.2 宽窄接缝试块与3D打印技术的结合

本节涉及的3D打印过程采用学校实验室配备的3D打印设备,打印宽窄接缝步骤如下。

(1) 选择适当的3D打印机和材料。根据宽窄接缝模型的设计要求,选择适合的3D打印机和打印材料。

(2) 准备3D模型。将模型转换为适用于3D打印的文件格式,如STL格式,模型示意图如图7-14所示。在这一步骤中,还需要对模型进行切片,将其分解为多个薄层,以便3D打印机逐层堆叠材料。

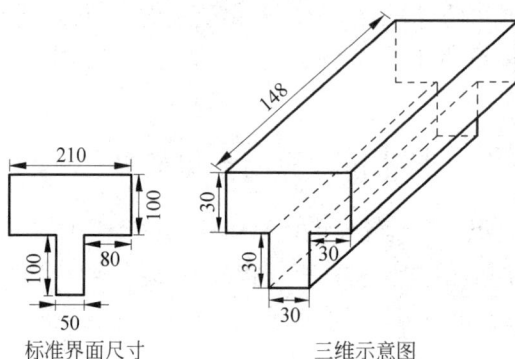

图7-14 宽窄接缝3D打印模型示意图

(3) 设置打印参数。在3D打印软件中设置打印参数,包括层高、填充密度、打印速度、温度等。这些参数的选择取决于所选的3D打印机和打印材料,以及设计要求。

(4) 进行3D打印。将准备好的3D模型文件加载到3D打印机中,并启动打印过程。在打印过程中,3D打印机将逐层堆叠材料,根据设计模型创建宽窄接缝结构。操作人员需要监控打印过程,确保一切正常运行。

打印完成的宽窄接缝结构将配合进行实验验证,以进行多场耦合作用下无砟轨道界面性能测试。

宽窄接缝属于轨道结构的薄弱环节,本节内容实验主要围绕宽窄接缝区域展开。因此主要对照无砟轨道结构浇筑宽窄接缝小比例试块,通过模拟温度、列车等外部条件来施加荷载,研究在外部环境多场耦合作用下无砟轨道的界面性能衰减。

7.3.3 宽窄接缝界面力学性能实验

无砟轨道结构主体主要是混凝土结构,中间包含CA砂浆层,主体材料为级配碎石、河砂、水泥,实验室已具备这些材料。根据无砟轨道强度要求,本次实验底部支承层为C25混凝土,中间为CA砂浆层,顶层轨道板和宽窄接缝区域采用C55混凝土标准,浇筑流程如图7-15所示。

在底部支承层及 CA 砂浆层养护达到标准要求时,将打印好的宽窄接缝模型固定于 CA 砂浆层顶部的目标位置,然后开始进行顶层轨道板的浇筑。待轨道板养护达到标准要求时,开始最后一部分结构的浇筑。宽窄接缝浇筑前需要进行一次拆模工作,将宽窄接缝模型拆出后再将模具装回,准备宽窄接缝的浇筑工作。

拆下宽窄接缝模型后,用刷子仔细清理宽窄接缝区域。将材料称量配齐,然后开始搅拌,达到要求后先用刷子将宽窄接缝区域润湿,然后将材料铲入模具中。适当抹平,再进行振捣,振捣结束后开始养护。待养护达到标准要求时就可以开始整体的拆模工作,至此一个完整的无砟轨道多层复合小比例试块浇筑完成。装配式过程模拟如图 7-16 所示。

在浇筑工作完成后开始进行力学性能实验,并根据相应实验确定相关界面参数,现场实验方式示意图如图 7-17 所示。

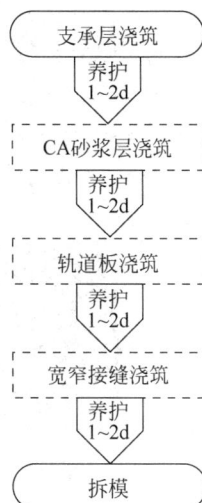

图 7-15 浇筑流程

图 7-16 装配式过程模拟

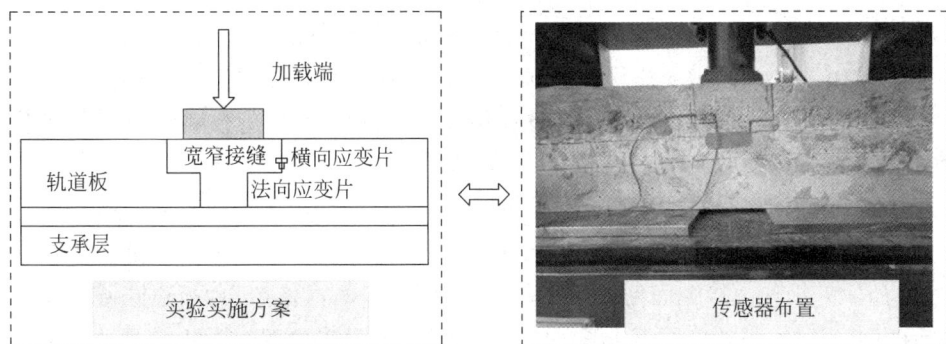

图 7-17 现场实验方式示意图

7.3.4 仿真分析

实验完成后保存数据,做进一步的数据处理。选取最不利整体温度荷载与最不利温度梯度荷载耦合作用进行分析,同时,为了实现对板间接缝界面损伤的精细化分析,将接缝分别进行垂直与水平方向的划分,如图 7-18 所示。

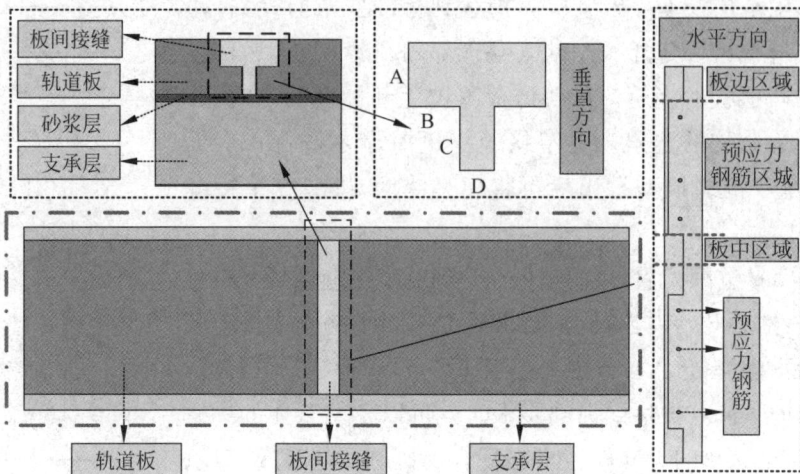

彩图 7-18

图 7-18　板间接缝模型

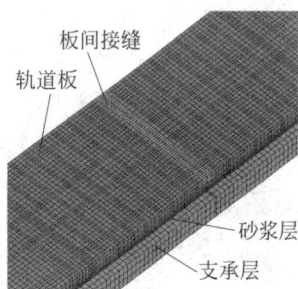

彩图 7-19

图 7-19　轨道板中部板间接缝
有限元模型

在建立无砟轨道计算模型过程中,由于本节主要考虑板间接缝损伤规律,因此,对轨道模型进行了一定的简化,不考虑钢轨、扣件等的影响作用。模型整体包括 4 块轨道板及板间浇筑的宽窄接缝,将无砟轨道支承层底部设置为全约束,轨道结构两端设置为对称约束,轨道板-砂浆层以及轨道板-板间接缝界面设置为绑定约束。取模型整体中部板间接缝为研究对象,分析其界面损伤规律及分布差异,轨道板中部板间接缝有限元模型如图 7-19 所示。

整体温度荷载使轨道结构各部件由于受热膨胀或受冷收缩而产生纵向伸、缩变形,升温工况下接缝界面主要承受纵向挤压作用,降温工况下接缝界面主要承受纵向拉伸作用。但在实际工程中结构并不仅受单一温度荷载作用,而是受不同温度荷载耦合作用,因此将整体温度荷载与温度梯度荷载共同考虑。

板间接缝界面损伤分布如下。

(1)升温工况下接缝界面损伤分布基本一致,接缝界面在升温工况下的损伤分布云图如图 7-20 所示。损伤由接触面两侧向中部扩展,两侧界面损伤严重,板边区域与预应力钢筋部分区域界面损伤因子趋近于 1,界面发生局部脱黏,且界面脱黏后损伤继续向预应力钢筋区域以及板中区域界面扩展。

(2)降温工况下界面损伤扩展规律与升温工况类似,但界面损伤更为严重,接缝界面在降温工况下的损伤分布云图如图 7-21 所示。正温度梯度下板边区域及预应力钢筋区域界面出现大面积脱黏,仅有板中区域界面未完全破坏,接触面 A 损伤界面达 87.32%;接触面 B 整体损伤因子均趋近于 1,界面完全脱黏破坏;接触面 C 损伤界面达 87.22%;接触面 D 损伤界面达 84.71%。负温度梯度下界面损伤尤为严重,各接触面损伤因子均趋近于 1,损伤界面占比超过 99%,表明接缝各接触面全部脱黏破坏。

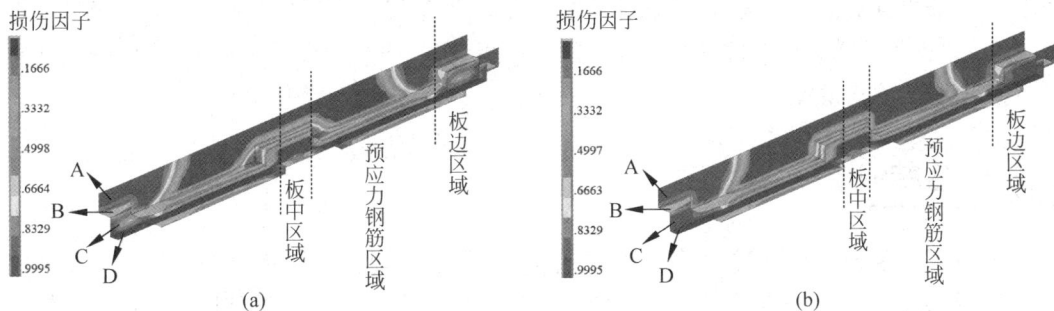

图 7-20　升温工况下板间接缝界面损伤分布云图
（a）正温度梯度；（b）负温度梯度

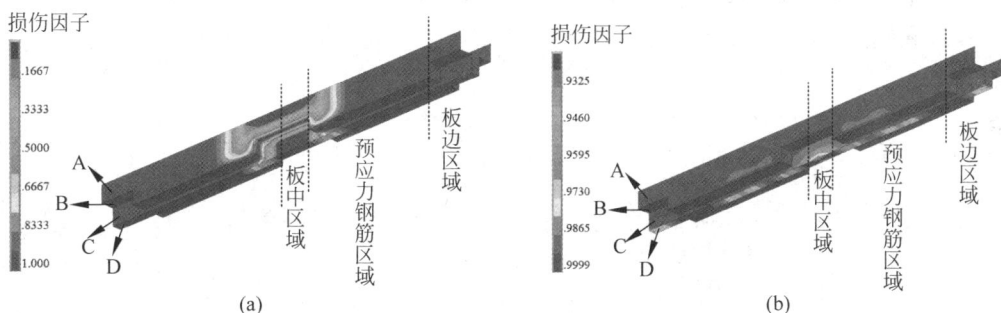

图 7-21　降温工况下板间接缝界面损伤分布云图
（a）正温度梯度；（b）负温度梯度

在界面损伤仿真分析中，宽接缝与轨道板垂向接触界面以及窄接缝与砂浆层接触界面损伤尤为严重。此外，界面在降温工况下损伤更为明显，特别是整体降温与负温度梯度耦合作用下各接触面全部脱黏，此时界面由黏结状态转变为接触摩擦状态。

板间接缝界面损伤实验调研结果如图 7-22 所示。由图 7-22 可知，宽接缝与轨道板垂向接触界面、窄接缝与砂浆层接触界面损伤严重，界面脱黏位置及损伤扩展规律与仿真计算中 B、D 界面平均损伤较大、界面脱黏严重相对应，说明本节所建立的板间接缝界面损伤模型与实际损伤情况相吻合。

图 7-22　板间接缝界面损伤实验调研结果

本节的实验和仿真在一定程度上反映轨道板以及宽窄接缝局部损伤对无砟轨道结构损伤以及性能造成的影响。

宽窄接缝常见的病害有宽窄接缝损坏、宽窄接缝与轨道板之间界面的缝隙过大，通常在设计的时候通过对连接钢筋施加一定的张拉力来控制宽窄接缝界面开裂的裂缝扩展宽度。

当宽窄接缝出现大面积破损时,需要对其进行修复,宽窄接缝修复施工工艺有破损宽窄接缝的凿除、检查张拉锁、宽窄接缝的重新浇筑。在无砟轨道的养护维修工作中,应该特别注意宽窄接缝面的损伤情况。

7.4 总结

本章通过融合 3D 打印技术与 BIM 技术打印了宽窄接缝模型,优化了宽窄接缝区域浇筑方案,给无砟轨道结构施工提供了一个可行的方案,实现了更加精细化的模拟以及提供了养护维修规划。

此外,BIM 技术与 3D 打印技术的结合还可以提供快速的原型制作及定制化的解决方案。铁道工程实验设计可以应用 BIM,经 3D 打印技术制作出符合设计要求的零件和构件,减少设计和制造的时间,提高工程的准确性和质量,为铁道工程提供更灵活和个性化的解决方案。

第 8 章 BIM+VR技术在轨道检测中的应用案例

虚拟现实(virtual reality,VR)技术是一种可以创建和体验虚拟世界的计算机仿真系统,它利用计算机生成一种模拟环境,使用户沉浸在该环境中。VR与现代化高新科技结合,创造出融合了视觉、听觉和触觉等多种感官效果的虚拟环境(virtual environment,VE),让用户可以通过特定的设备与虚拟环境进行人机交互。虚拟现实技术包含三大特性：沉浸感(immersion)、交互感(interaction)和想象力(imagination),简称为3I特性,如图8-1所示。这些特性使用户在操作过程中,可以得到环境最真实的反馈,极大地提高用户的体验感和参与度。

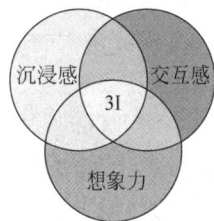

图 8-1 虚拟现实的3I特性

8.1 VR 技术的原理与特点

1. VR 技术的原理

VR 系统的目标是能够给用户带来强烈的沉浸感。VR 技术基于人类的视觉和听觉等身心特征,利用计算机生成逼真的三维图像。用户通过头戴式显示设备和数据手套等交互设备,并根据用户的头部和手柄设备运动,在虚拟环境中进行实时交互,呈现不同的场景效果。VR 技术使用户能够像在现实世界中一样自然地与虚拟环境互动,特别是,VR 技术的想象力特性使用户能够通过联想和逻辑推理,在虚拟环境中想象复杂系统的运行原理和规律,这种认知方式有助于用户更深入地理解和记忆虚拟现实系统。随着 VR 技术的发展,越来越多的用户能够以更生动和逼真的方式体验虚拟环境,从中获得更多的知识,达到更好的学习效果。图 8-2 展示了 VR 系统的基本组成,符合 VR 系统的三个特征：沉浸感、交互感和想象力。

图 8-2 中效果产生器是计算机与用户进行交互的接口,包括输入设备和输出设备,类似键盘、鼠标、触摸屏等设备。效果产生器的主要作用是,计算机可以接收输入信号,经过数据

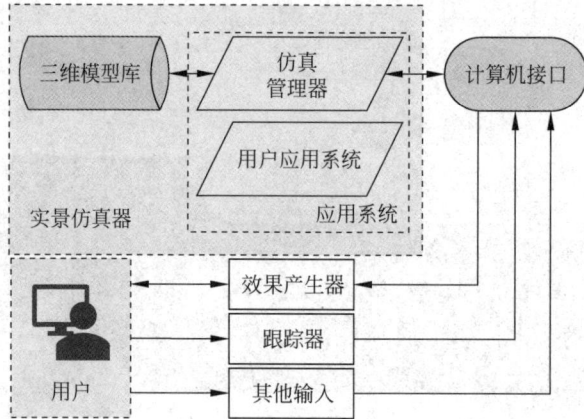

图 8-2　VR 系统的基本组成

处理后,以传感器的形式向输出设备传输信号,实现实时交互。实景仿真器是 VR 系统的核心,它能够接收效果产生器所产生的数据信号,并完成相应的计算和处理,从而更新虚拟世界的内容,并通过相关设备向用户传递信号,达到互动的目的。

2. VR 技术的研究现状

当谈及 VR 技术的发展现状时,不仅要考虑其应用领域,还应深入探讨技术的进步和不断涌现的创新。

国外在医疗保健领域的 VR 技术应用研究尤为显著。不仅局限于手术模拟,VR 技术也在疼痛管理、心理治疗和康复中发挥了巨大作用。例如,一些研究者利用 VR 技术减轻患者的疼痛感受,通过创造愉悦的虚拟环境分散患者的注意力,从而降低疼痛感知。此外,VR 技术还用于治疗心理疾病,比如焦虑和创伤后应激障碍(post-traumatic stress disorder,PTSD),为患者提供安全、有效的治疗手段。

在国内,VR 技术在教育领域的应用也逐步深化。除了传统的虚拟实验室和场景教学外,还有更多创新应用。例如,一些学校开始尝试基于 VR 技术的个性化教学,根据学生的学习习惯和水平,定制不同的虚拟学习体验。这种教学方法旨在提高学生的参与度和理解能力,为传统课堂教学带来了新的可能性。

工业设计和军事领域也在 VR 技术的推动下迎来了革命性的变化。工程师和设计师可以利用高度逼真的虚拟环境进行产品设计和测试,大大缩短了产品开发周期。在军事应用方面,VR 技术提供了高度仿真的实战场景,为军事训练和决策提供了更加真实的模拟体验,提高了士兵的应变能力和战术水平。

VR 技术的研究和应用领域日益广泛且深入,VR 技术的不断进步和创新,不仅在学术领域有所体现,更为实际生活和工作带来了巨大的改变。未来,随着技术的不断成熟和应用场景的拓展,VR 技术有望进一步赋能各个领域,为人类创造更加丰富、智能的生活和工作体验。

3. BIM+VR 技术结合的优势

BIM 技术所提供的三维可视化功能虽然能基本满足直观性的需求,但它存在空间感知代入感不强及展示效果较弱的缺点,铁路管理人员很难从 BIM 中清楚地了解模型的整体情况,而 VR 技术可以较高程度地还原真实环境的状况。将 BIM 技术和 VR 技术相结合,可

以增强场景的真实感。通过戴上相关的头盔、眼镜等设备,铁路管理人员能够更好地感受站房及站场内外的各个方面,增强了可视性和具象性。

在铁路车站工程中,BIM 整合了车站全生命周期所需的全部数据信息。通过 VR 技术,将这些数据信息以虚拟和现实世界相叠加的形式呈现出来,使得各方的信息沟通更加方便、高效和真实。BIM+VR 技术不仅可以为用户提供模型的交互式设计,还可以提供工程资料的可视化管理。两个技术的结合可以极大地提升信息展示的质量,可以将铁路车站工程 BIM 与工程资料通过 VR 设备展示,并且可以在场景中添加资料查询与上传的交互功能。利用 VR 技术可改变传统的资料管理模式,让工程人员在身临其境的交互体验中完成更加高效的资料管理和应用。

BIM 和 VR 技术的结合可以实现两种技术的优势互补,促进新的业务形态的诞生,从而指导设计、施工,并帮助监理、监测人员开展相关工作,实现铁路车站工程的信息化、三维数字化。

对于设计方,VR 技术可以让设计师身临其境地感受其设计方案的效果,在建筑中进行能耗分析以及光照模拟,直观地发现设计的缺陷,同时,设计阶段利用 VR 技术可对承载铁道工程概要信息的信息模型进行深化。

对于施工、运维管理方,将 BIM 与 VR 技术相结合,可以展开多维模型信息的联合模拟,将工程信息融入虚拟场景中。通过虚拟仿真,可以在虚拟场景中摆脱时间和空间的限制;通过任意视角在场景中实时观察数据信息与模型之间的对应关系,从而更容易、更直观地实现对铁路车站工程资料的实时关联与访问,为铁路车站工程工作人员提供可视化、沉浸式的互动展示,提升工作人员的信息交流与管理的效率。

BIM 与 VR 技术的融合还具有如下优势。

(1) 有效支持铁路车站工程项目的成本管控。通过模拟施工,对于铁路车站工程的施工方案的可行性及合理性有了更好的把控,在一定程度上规避设计中存在的问题,从而使施工工序更加合理,同时生成对应的采购计划和财务分析费用列表,并将该类资料与模型关联,二者集成应用,可在一定程度上降低时间成本和经济成本。

(2) 可对工程质量进行有效管控。在施工开始之前,通过三维仿真铁路车站工程项目施工过程,可以提前预演在施工过程中可能遇到的问题,提高铁路车站工程项目施工效率,确保工程质量,消除安全隐患,降低施工成本与时间耗费。

(3) 提高模拟工作中的可视化。在 VR 环境中,工程人员可以根据需求切换不同的施工方案,多地点、多角度地观察施工过程,有助于方案的制订、比选和优化,避免因为方案不合理而导致延误甚至返工。将 BIM 与 VR 技术结合应用在铁路车站工程项目中是一个必然趋势,将推动我国铁路车站工程项目的管理迈入一个崭新的时代。

8.2 BIM+VR 技术结合的方案研究

BIM 和 VR 技术的结合为建筑和工程行业带来了令人振奋的变革,这种综合应用不仅提供了更智能、高效和全面的工作流程,还提升了设计和建造过程中的可视化和协作能力。通过将 BIM 的详细信息与 VR 的沉浸式体验相结合,建筑和工程领域的专业人士能够更好地理解和展示设计概念,改进决策过程并降低风险。随着这种技术的不断发展,可以预见更多的创新和应用,将为建筑和工程领域带来更大的便利和效益。

铁路车站工程中 BIM+VR 技术的结合,可在 Unity、UE4 等虚拟现实软件开发平台上完成。BIM+VR 技术的应用架构组织应包含以下功能。

(1)浏览功能:铁路车站工程模型的整体漫游浏览。

(2)图模一致:核查图纸与模型的一致性。

(3)数据查询:查询铁路车站工程的数据信息。

(4)手控交互操作:手动控制场景人物漫游浏览;通过添加功能按键实现场景切换以及资料调取等功能。

(5)技术交底:直观、高效地阐述工程项目的特点、技术质量要求、施工过程等信息。

BIM+VR 技术应用架构组织如图 8-3 所示。

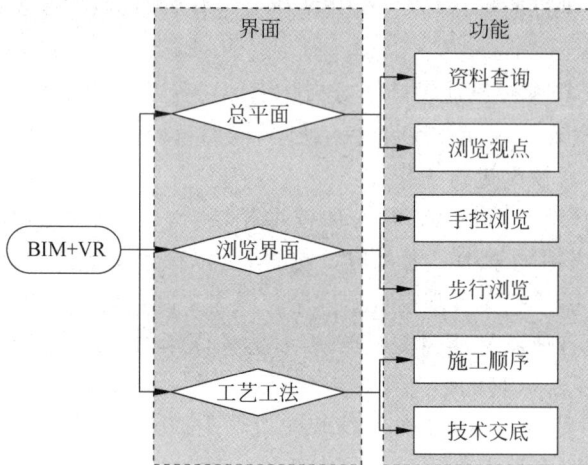

图 8-3　BIM+VR 技术应用架构组织

VR 技术在轨道检测中实现的具体实施步骤如下。

(1)道岔三维可视化建模。

选用 Revit 软件作为主要的三维建模工具,分别建立不同号码的道岔与所需的巡检设备工具。结合道岔结构的复杂性和检测工具的差异性,分别构建自定义族并精确地进行参数设置。基本模型库建立完成后,为进一步完善模型信息化的属性,除了模型的几何信息以外,非几何信息可依据实际情况进行添加,主要包括使用部门、维护单位和设备编号等关键参数,满足不同专业、不同阶段之间的协同检测需求,结合设计资料所建立的细部构件和道岔整体模型如图 8-4 所示。

(2)模型导入 Unity 3D 平台。

将 Revit 软件建立的铁路车站工程模型导入 Unity 3D 平台中,为了方便模型的拼接,需将导入的模型坐标与 Unity 3D 平台的环境坐标系进行关联,对项目的定位点进行不同区域以及不同专业的模型拼接,即完成模型的加载。

(3)铁路车站工程模型的渲染与灯光烘焙。

主摄像机添置天空盒子,为了使场景更具有真实感,根据铁路车站工程实际情况,将模型添加相应材质,使其展现出真实的效果;同时需要在场景内添加光源,灯光的烘焙对场景的展示效果尤其重要,并根据灯具布置情况进行点光源、平行光、区域光、聚光灯等的选用。

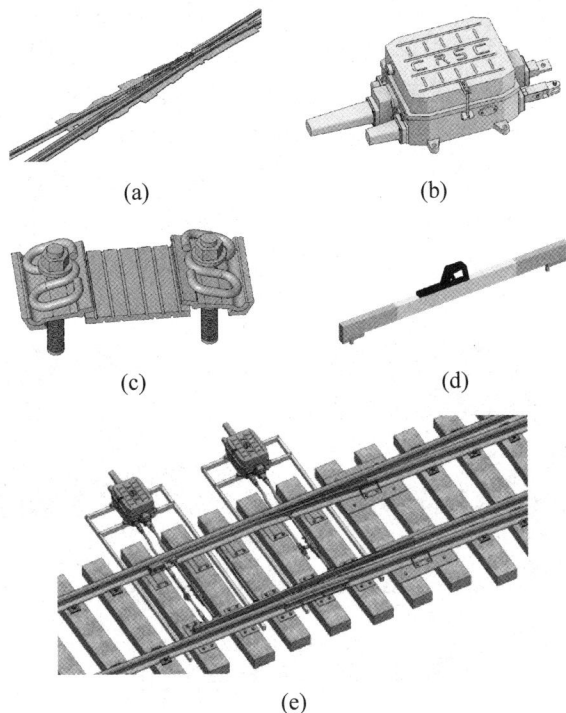

图 8-4 细部构件和道岔整体模型

(a) 辙岔模型；(b) 转辙机模型；(c) 扣件模型；(d) 轨检尺模型；(e) 道岔整体三维模型

（4）添加 VR 脚本。

根据养护维修规程要求，使用 C#语言编写交互脚本开发所需的人机交互功能，通过空间位移、头部运动和手柄控制等操作实现道岔结构认知与检测仿真等相关内容。

VR 漫游功能的实现：通过平缓移动的位移方式实现 VR 的漫游功能。在场景中代表左操控手柄的 Controller(left) 对象上挂载 Touchpad_Walking 脚本，并设置默认移动方向为正前方。该脚本执行操控手柄上的 TouchPad 键进行行为监听，通过触摸点的位置改变［Camera Rig］对象的位置坐标，对代表用户的［Camera Rig］对象的位置坐标按一定速度进行相应改变。对模型构件添加脚本，来满足项目所要实现的功能，如对地面添加 Teleportable(Scripts) 组件来实现在指定地面区域行走的功能等。

VR 资料展示功能的实现：通过 VR 技术展示工程资料可极大地发挥沉浸式阅览的优势，以文字图片短片等方式展示工程资料，并在 VR 场景中通过模型的交互操作可以直接调取模型的相关信息，增加场景的互动性、沉浸性的同时也提升了资料调取、关联的效率。

在 Unity 3D 平台中添加 Canvas 组件，将构件的属性信息添加至对应的 Canvas 组件中，并在 Canvas 组件中添加 Image 与 Raw Image 组件，利用 Image 组件可以在 VR 中添加构件的属性信息，利用 Raw Image 组件可以实现构件视频展示的功能。通过添加实体的 Button 按钮对 Canvas 组件的弹出操作进行设置，在"手柄"以及"Button"按钮中分别添加相应的脚本并利用 C#语言对脚本进行相应的修改，最终实现在 VR 场景中通过交互获取构件属性信息的功能。

将道岔结构三维模型引入细节层次（level of detail，LOD）技术进行优化处理，经Navisworks 软件转化为 FBX 格式，将包含的材质、参数等全部信息导入 Unity 平台，并使用着色器、材质球等工具对模型进行渲染。充分考虑实际可能存在的各种检测条件与场景，调用 Steam VR 等相关插件，搭建符合现场实际情况的道岔检测 VR 场景，通过设置天空盒子参数信息来调整光照、云层等自然信息，同时添加材质、贴图来增加环境、地形等场景的真实感。道岔虚拟检测场景设计如图 8-5 所示。根据养护维修规程要求，将 C#语言编写的交互脚本挂载到相应的功能命令下，开发所需的人机交互功能，通过空间位移、头部运动和手柄控制等操作实现道岔结构认知与检测仿真等相关内容。

实际夜间检测需求 → 夜间虚拟场景搭建

图 8-5　道岔虚拟检测场景设计

以道岔区域的轨距虚拟检测为例，需根据道岔养护维修的要求，预先设置所需测量轨距的坐标位置 $A_i=(X_i,Y_i,Z_i)$，i 代表需要检测的位置的数量。在 Fixed Update 函数中记录轨检尺的位置 $A_0=(X_0,Y_0,Z_0)$，当操作者手持轨检尺接近预定的检测位置时，轨检尺将自动移动到指定位置，弹出轨距测量信息。学生需根据规范要求，判断所测量位置处的轨距是否满足道岔静态几何尺寸容许偏差管理值要求，并依次进行下一待检测位置的轨距测量，道岔虚拟检测交互的算法逻辑如图 8-6 所示。

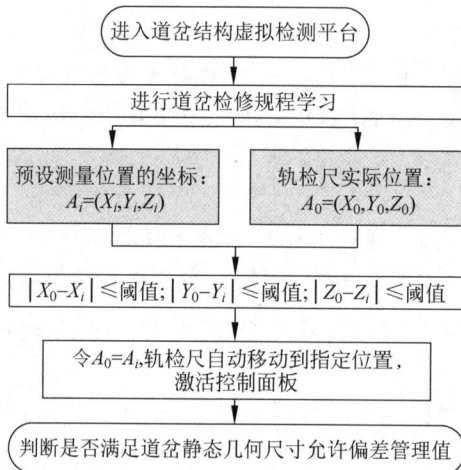

图 8-6　道岔虚拟检测交互的算法逻辑

道岔结构常见的病害主要包含道岔轨距与水平不良等问题，在日常养护维修中，应选用合适的检测设备对道岔进行全面检测并记录数据，分析检测结果是否存在超限情况，依此制

订合理的维修计划和整治措施。结合已开设的轨道检测技术实验、线路工程实习等实践课程情况与工程所需的实践技能要求,对虚拟实验教学内容进行功能与模块设计,虚拟检测实验平台设计如图 8-7 所示。

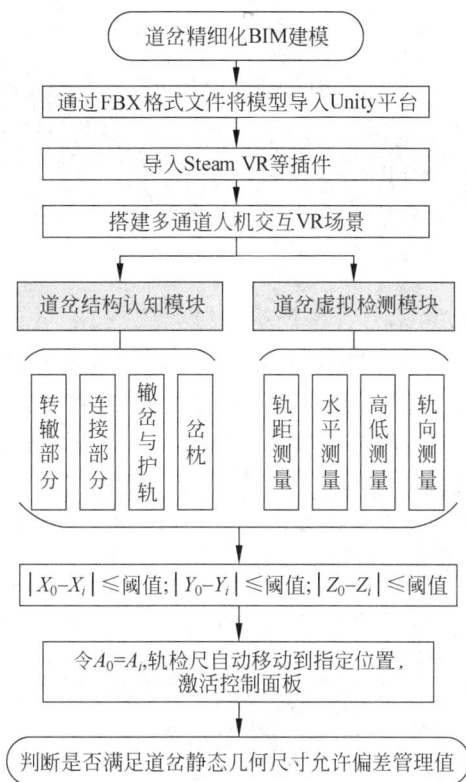

图 8-7　虚拟检测实验平台设计

8.3　某铁路车站道岔检测工程中 BIM+VR 技术的实际工程应用

铁路车站工程在运维管理过程中涉及众多铁路专业的协同施工,在施工中会产生大量的过程性信息,并且专业的施工工序复杂且专业度高,存在数据高效关联与调取困难的问题。本节以某铁路车站的道岔检测工程为研究对象,以 BIM 的 VR 交互技术为基础,开发形成针对该项目的 VR 系统,系统功能包括场景漫游、工程资料信息的查询等。利用 BIM+VR 技术的优势,通过搭建铁路道岔的三维模型并导入 Unity 平台中,利用 Unity 平台与 VR 设备(头盔、立体眼镜以及数据手套等)建立连接关系,可实现资料的多样化查看,在 VR 场景中模拟仿真铁路道岔复杂的检测过程,达到模拟施工过程、管理工程资料等目的。

BIM+VR 技术在铁路车站道岔检测工程中的浏览功能、图模一致应用功能在 VR 中的具体操作如下:通过单击手柄的"Pad"键行走至想要浏览的构件旁边,通过手柄接触构件并采用扣动"Trigger"键的方式激活构件对应的"Button"按钮,触发按键后可自动弹出资料窗口,通过资料窗口可以查看构件的属性信息及图片和视频资料,在 VR 设备中查看构件属性信息如图 8-8 所示。

图 8-8　在 VR 设备中查看构件属性信息

依托 BIM 信息化的特点,结合 VR 技术,可以直观展示车站的道岔结构及设备信息。由于铁路车站道岔检测工程中所涉及的设施设备的类型及数量繁多,故障产生的概率较高,因此运用 VR 技术对设备设施进行模拟检测,如图 8-9 所示。该方法明显提高了工程技术人员的作业效率,增强了对突发故障的应对和解决能力。铁路车站的 BIM 经过数模分离与VR 引擎对接及查看构件属性信息等 VR 交互体验,增加了系统的实用性和可操作性,提升了信息调取的效率,同时增加了场景的互动性、沉浸性与真实性,满足了铁路车站工程资料管理的实际需求,更提升了铁路车站工程管理能力。

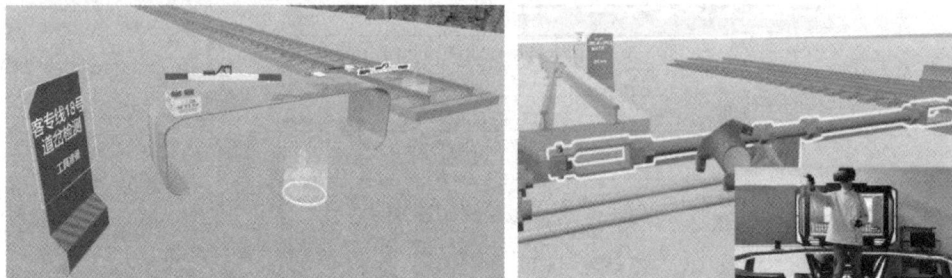

图 8-9　运用 VR 技术对设备设施进行模拟检测

结束道岔结构认知学习后,通过"手柄"按钮返回主页,在主页中选择"道岔检测仿真"按钮,进入检测项目选择界面,选择"道岔几何尺寸检测"按钮,进入道岔几何尺寸检测场景。此时,通过单击"设备校正"按钮对设备进行校准,操作结束后,开始进行道岔几何尺寸检测。通过手柄"Grip"键拾取轨检尺,根据提示移动到指定的检测地点,在道岔尖轨尖端处(4 号岔枕前)将轨检尺放到高亮位置。此时出现信息提示"轨距 $L=1435\text{mm}$",根据道岔静态几何尺寸容许偏差管理值判断是否满足要求,单击"关闭"按钮,继续对尖轨、导曲线、辙叉等各个部位的轨距进行检查。根据高速铁路正线道岔静态几何尺寸容许偏差管理值对 250(不含)~350km/h 的岔区和尖轨尖端处轨距的作业验收要求,轨距误差在 $-1\sim1\text{mm}$ 为满足要求的判断条件,此次道岔几何尺寸满足要求。

待所有位置都完成检查后,通过手柄的"Menu"菜单进入道岔养修质量评估界面,将检查的项目进行汇总分析,判断属于"优秀""良好""合格""不合格"中的哪一类别,并选择相应的策略——"设备的服役状态较好""养护维修""紧急维修"。在 VR 设备中进行轨距检查如图 8-10 所示。

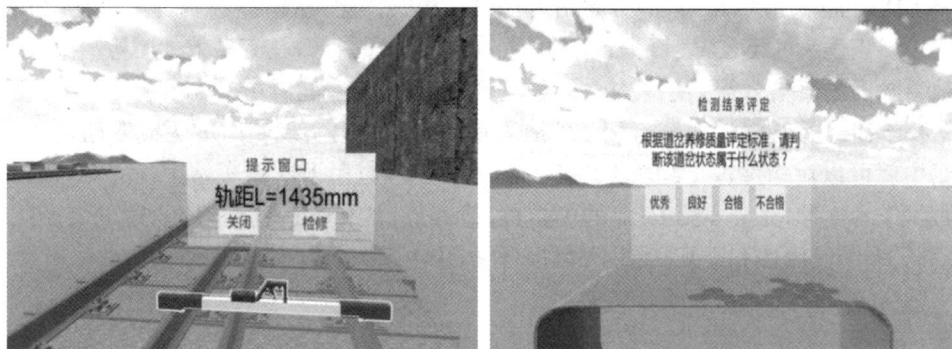

图 8-10　在 VR 设备中进行轨距检查

单击"方案模拟"按钮,通过鼠标单击构件模型触动自由拆装滑床板功能命令,制定相应的拆装方案,方案模拟操作界面如图 8-11 所示。单击"信息服务大厅"按钮,查看滑床板更换的作业准备、故障履历、巡检记录等内容,信息服务功能如图 8-12 所示。

图 8-11　方案模拟操作界面

图 8-12　信息服务功能

上述虚实结合的道岔检测技术实验采用了理论学习、虚拟检测与现场实训相结合的立体化教学方式,让学生以最直观的方式参与工程实践,由浅入深地提高专业水平。

理论学习方面,在传统平面化的理论教学中增加了灵活多样的虚拟教学手段,重点补充了道岔隐蔽性构件的可视化认知环节,学生可通过观察三维模型和沉浸式漫游等方式解决理论学习中的困惑,巩固道岔结构检测技术的理论基础。

在实践操作方面,虚拟检测环节的引入有效解决了专业实践场地与时间受限的问题。通过虚拟检测平台,学生可对道岔养护维修关键流程进行全过程模拟,应用所学理论知识准确分析检测数据,为后续进行现场实训做好准备,提升运用技术标准与参考资料解决实际工程问题的能力。立体化教学方法如图 8-13 所示。

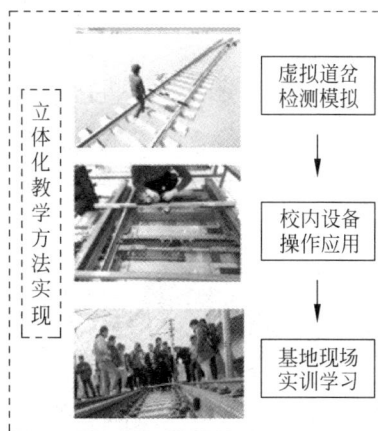

图 8-13　立体化教学方法

将 BIM 与 VR 技术相结合,可为用户提供沉浸式体验,从而提高资源整合能力和产品竞争力。引入强大的 Unity 3D 平台,其内置高效的物理引擎,具有高效的图像渲染管线,能明显改善画面的渲染效果,使得构件的物理性能和机械性能的展示效果更接近真实。将 VR 技术与 BIM 系统深入融合有利于促成工程模型和数据实现实时的无缝双向传递,在虚拟场景中就可以对构件进行编辑。将 BIM+VR 技术应用于铁路车站工程的养修培训,以多元数据作为支撑,充分发挥 BIM 的模拟性、协调性、优化性的优势,用户通过沉浸式的体验,提高了系统具象性和交互功能,大幅提升了 BIM 应用的效果。

8.4 总结

在铁道工程中,BIM+VR 技术的应用为工程设计、施工和运维管理带来了革命性的变化。BIM 技术通过数字化建模和协同设计,实现了工程信息的集成和共享,提高了设计效率和准确性;而 VR 技术则通过虚拟现实的呈现方式,使得项目参与方可以沉浸式地体验和评估设计方案。

综合来看,BIM+VR 技术的应用在铁道工程中具有巨大的潜力和优势,不仅可以有效减少设计错误和冲突,提高施工效率,还能提供可视化的操作指导和培训,减少人为失误的风险。此外,BIM+VR 技术还能帮助决策者更好地理解和评估工程方案的可行性和可持续性,为工程项目的顺利进行提供重要支持。

BIM+VR 技术在铁道工程中的广泛应用,能够为铁路建设提供更加高效、安全和可持续的解决方案。然而,要充分发挥 BIM+VR 技术在铁道工程中的优势,还需要解决一些挑战和难题,包括标准和数据的统一、技术设备的普及和适应性、人员的培训和应用推广等。

第 9 章 BIM+AR技术在隐蔽性工程中的应用案例

增强现实(augmented reality,AR)技术是一种实现虚拟场景与真实环境的叠加,通过交互技术呈现出虚拟与真实同时存在的技术。其目标是通过真实环境与虚拟环境的叠加和融合从而增强用户对现实世界的认知和感受。从本质上看,AR 技术创建了一种新的信息呈现方式:将数据和分析转化为成像或动画,并将其叠加到现实世界中。从键盘、鼠标、触屏到语音,人类与数字信息的交互关系越来越趋近于人的自然感官,而 AR 这种所见即所得的交互方式,将这种关系进一步走到虚实融合的更新形态。

9.1 AR 技术的原理与特点

1. AR 技术

AR 技术作为一种能在现实场景中融入虚拟信息的技术,最重要的一点就是沉浸感,在此基础上,让人们与环境实现更高效的交互。在工业领域,AR 技术能将数字内容叠加到现实工作环境中,辅助工人进行产品组装和机械操作等,从而减少错误、提升生产率。

AR 技术的运用需要具备三大要素:虚实结合、实时交互、三维注册。

(1) 虚实结合就是将虚拟环境与真实环境进行融合,融合的质量能够直接反映用户对现实世界的感知增强效果。虚实结合中的"虚"指的是想要增强的信息,这种信息一般是指与真实环境共存的虚拟对象,如重构模型或非几何信息(如提示信息)等。

(2) 实时交互是通过 AR 系统根据跟踪定位的设备获取数据,从而确定用户对虚拟环境发出的行为指令,并反馈相应信息,通常用来衡量 AR 系统的优劣性。增强的信息不是独立存在的,而是需要与真实环境相匹配,通过识别真实世界的事物,在设备中合成并通过传感技术将可视化的信息反馈给用户。

(3) 三维注册是指将虚拟物体信息与真实环境进行合理的叠加融合,其关键点在于处理虚拟物体的坐标与真实环境中坐标之间的关系。简单来说,就是准确定位计算机虚拟物体在真实环境中坐标系下的坐标。三维注册坐标系关系如图 9-1 所示,真实世界坐标系(O_w-$X_wY_wZ_w$)表示的是绝对空间坐系,摄像机坐标系(O_c-$X_cY_cZ_c$)的原点位于光学中心,Z轴与视线方向重合,图像坐标系(O_i-xy)的原点是光轴与成像平面的交点,如图 9-1 所示。

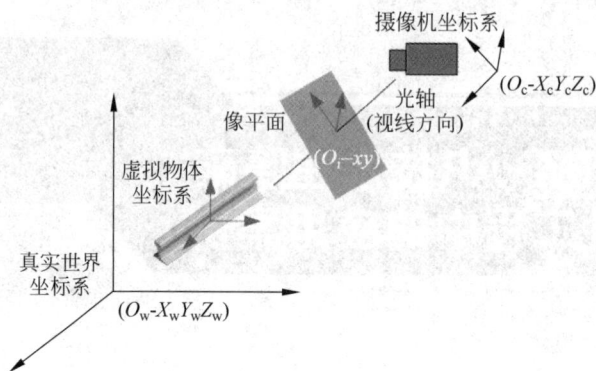

图 9-1　三维注册坐标系关系

随着移动智能终端的不断发展,它与 AR 技术的结合应用成为必然趋势,移动 AR(mobile augmented reality,MAR)技术应运而生。MAR 技术不仅继承了 AR 技术的虚实结合、实时交互、三维注册这三大特点,同时也弥补了传统 AR 技术硬件设备价格昂贵、便携性差等不足,MAR 系统基本结构如图 9-2 所示。

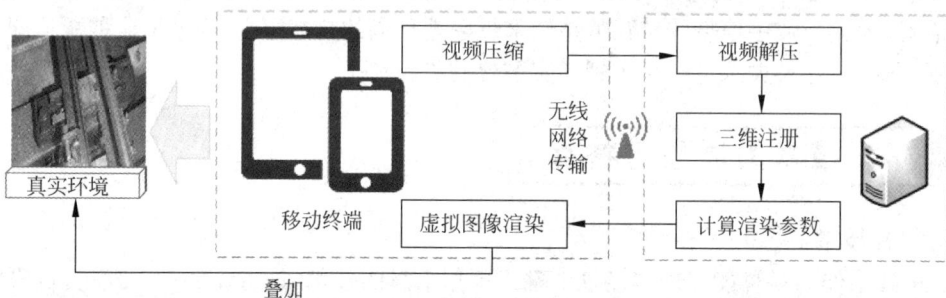

图 9-2　MAR 系统基本结构

常见的 AR 系统的整体架构一般包括虚拟图形渲染模块、摄像机跟踪定位模块、三维注册模块和现实模块;MAR 系统在此基础上,添加了移动计算平台、无线网络设备、数据存储访问等部分。用户只需手持移动终端,通过应用程序调用摄像机进行真实环境的图像捕获,就能获取真实环境中标识物的信息及视频流;为了将标识物与周围场景进行区分,缩小标识物的搜索范围,提高识别的精度和速度,本文采用二值化处理的方法。首先找出标识物的候选区域,将标识物候选区域与预先存储的标识物模板进行对比和匹配,最后进行位姿计算,完成三维注册;三维注册完成后,通过实时渲染技术和人机交互技术显示虚拟信息,最终通过定位将虚拟场景与真实环境进行完美叠加,达到增强现实的效果。

2. AR 技术的研究现状

AR 技术已经在各个领域得到了广泛的应用,但从技术的发展与应用的程度上来看,AR 技术仍然蕴含着巨大的潜力。目前,AR 技术通常通过 Unity 平台接入 AR 软件开发工具包(software development kit,SDK)来进行开发,同时也涌现出一批能够直接接入 iOS、

安卓系统进行 AR 开发的 SDK。就目前的发展现状而言,AR 技术的应用主要受限于硬件和软件两个方面。

1) AR 技术在国外的发展现状

从硬件方面来看,国外的相关企业陆续推出了自己的 AR 设备辅助 AR 的开发,如谷歌公司的谷歌 Glass、微软公司的 Hololens、uSens 公司的 Impression Pi、Magic Leap 公司的 Magic Leap One 等。从软件方面来看,国外相关学者解决了 AR 中的视点跟踪和虚拟对象交互两个关键问题,并设计了 AREL(增强现实体验语言)脚本,使用 HTML5、XML、JavaScript 等 Web 技术开发 AR 应用。Voforia 是高通公司推出的能够针对移动设备的 SDK,它包括多目标检测、目标跟踪、虚拟按钮、新型 3D 重构和扩展跟踪等功能,同时支持各种各样的目标检测(如对象、图像和英文文本),允许应用去使用本地设备和云端数据库用作图像识别。

2) AR 技术在国内的发展现状

国内专家学者针对 AR 技术进行了软件与硬件的开发和探索,在硬件开发方面,由深圳 Caputer Labs(智帽科技)公司研发的 HoloSEER 的最大亮点在于其可视角度大,可以达到 100°,是目前可视角度最大的头戴式设备。亮风台公司开发的 HiAR SDK 具有支持多种格式的 3D 动画模型的渲染以及增添视频特效等方面的优势,同时在软硬件平台的兼容性方面表现更加突出。视辰信息科技公司开发的 EasyAR 除了满足基础的云识别、本地识别、平面图像跟踪等常用功能外,其 Pro 版本更能提供 SLAM 和 3D 物体跟踪技能;EasyAR 可以配置安卓、iOS、Windows 系统环境,也支持多种语言版本的应用程序编程接口(application programming interface,API)。

3. BIM+AR 技术结合的优势

BIM 技术作为一种在建设项目中应用的新型计算机技术,其建模水平、信息共享能力、协同工作能力等不断强化,能够对项目进行全面的描述,同时能够把设计单位、施工单位和运营维护单位等掌握的数据信息和资源进行充分的合理分配,以达到资源利用最优化和工期最短的目标,实现项目的可持续发展。

将 BIM 和 AR 技术相结合,可进一步提升 BIM 的应用价值。BIM 和 AR 技术结合能够助力设计、建造、运维等阶段,工程人员通过更具沉浸感的方式对工程进行评估与管理,工程的参与者可以获得更加丰富的查看和管控的体验。BIM 与 AR 技术的结合能够为项目全生命周期管理带来新的价值。

(1)在工程的规划与设计阶段,BIM+AR 技术的运用,可以提前发现工程中的问题,并快速进行改正,同时评估新的设计方案。BIM 数据包括 3D 模型,将 3D 模型与 AR 技术融合,可以一种身临其境的方式评估设计的可行性、功能和美学价值,尤其是在与工作现场环境相一致的条件下,可以 1∶1 比例全面查看模型;同时,用户可以享受更丰富的方案评价体验,在早期阶段可以更容易地识别潜在的设计变更事项,并快速评估各类设计选项和方案建议。

(2)在工程的施工阶段,通过 AR 技术进行 BIM 的评估,可以让建筑工人们更高效地理解施工的注意事项。通过 AR 方式查看 BIM,可以向工作人员准确展示设备放置的位置等,同时可以帮助工程师展示隐蔽线缆的走向;AR 技术还可以帮助减少安装过程中的错误,加快任务执行速度,并且通过在现场材料上直接可视化覆盖设计方案,可以更轻松地识别潜在的设计缺陷，大幅减少施工过程中的漏洞，对建造过程中的信息进行实时的关联。

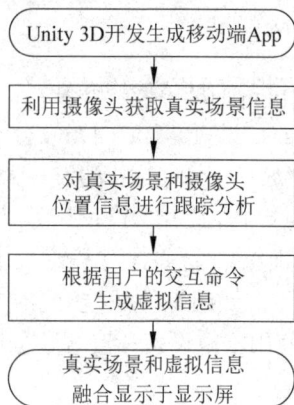

（3）在工程的运维阶段，BIM＋AR技术通过对比设计图和建造的可视化效果来实现检查工作的简化。通过使用AR眼镜，工程的属性信息能够以文本的形式呈现在特定的区域。我们可以利用BIM数据，通过AR眼镜看到隐蔽工程，发现其中的问题，并且可以使用AR技术来加入标签、评论或照片形式的信息标记，用于后期的修改工作。同时这些标记信息能利用AR技术将工作指令传达给工作人员，提升工作的准确性和高效性。AR眼镜的使用不仅可以解放双手，而且在操作和维护方面也能够达到对工作的高度简化，用户无需拿着图纸或翻看手册即可查看重要信息。AR技术的工作步骤如图9-3所示。

```
┌─────────────────────────┐
│ Unity 3D开发生成移动端App │
└─────────────────────────┘
            │
┌─────────────────────────┐
│ 利用摄像头获取真实场景信息 │
└─────────────────────────┘
            │
┌─────────────────────────┐
│ 对真实场景和摄像头         │
│ 位置信息进行跟踪分析       │
└─────────────────────────┘
            │
┌─────────────────────────┐
│ 根据用户的交互命令         │
│ 生成虚拟信息              │
└─────────────────────────┘
            │
┌─────────────────────────┐
│ 真实场景和虚拟信息         │
│ 融合显示于显示屏           │
└─────────────────────────┘
```

图 9-3　AR技术的工作步骤

AR技术能够为BIM用户带来多方面的利益，将BIM与AR技术融合，是工程行业的一大创新，在铁路行业应该尽快利用这些新技术，以达到更高的效率。

9.2　BIM＋AR技术结合的方案研究

AR技术具有以清晰直观的方式呈现数据的能力，因此成为理想的可视化平台，同时也为BIM特定用例提供了突出的应用价值，实时传达维护信息，提高了现场方案计划的效率和准确性，可以帮助关键项目成员轻松协作并制订施工计划。AR技术可在物理环境中全尺寸展示建筑施工模型，极大地扩展了BIM的实用性，使其在项目的不同环节都可以提供必要支持。BIM与AR技术的融合发展成为整个行业迫切的需求。

随着AR技术在工程领域的推广应用，越来越多的工程设施采用AR技术辅助维护管理工作。如今手机等手持智能设备几乎都配备高性能处理器、高像素摄像头、高清大屏，基本能够满足AR技术对数据处理、运算以及虚拟模型显示的需求。因此，在移动终端上研究BIM与AR技术结合的技术方案是可行的。本节选用Vuforia AR开发平台，将虚拟场景和真实场景相互融合。使用者通过调用智能手机摄像头来进行定位追踪和场景识别，最终实现在手机屏幕上显示虚拟模型的效果。此外，在制作移动终端App的过程中，需要软硬件的共同支持，如对模型以及图片的处理需要用到CAD、Photoshop等软件，通过Unity 3D平台进行虚拟场景的注册，并完成交互按钮的实现。

BIM＋AR技术的移动终端App应用制作，可具体分为以下三个步骤。

（1）利用BIM软件如Revit、3DS MAX等建立相关的三维模型，其中包括建筑结构、设备设施及内部的隐蔽工程；经Navisworks软件导出FBX格式文件后，导入Unity平台，并使用材质球等工具来渲染模型。

（2）对需要AR识别的轨旁设备采集特征点样本并生成数据库，并通过Vuforia SDK实现AR效果。根据轨旁设备检修的实际需求，定制沉浸式培训交互功能。

（3）配置安卓系统环境，调试运行后发布移动终端App。最后通过移动设备的摄像头扫描识别图片或者现实物体，即可在移动设备的屏幕上将现实场景和预置的虚拟模型进行叠加展示，并进行实时交互操作，AR 应用开发技术路线如图 9-4 所示。

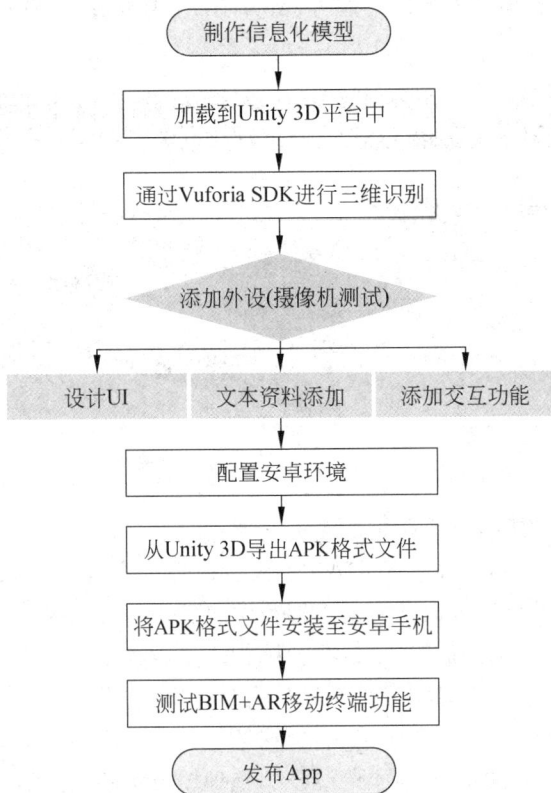

图 9-4　AR 应用开发技术路线

BIM+AR 的移动终端应用开发由主场景和应用模块界面两部分组成。

主场景的开发主要包括用户界面（user interface，UI）的设计、各模块的切换设计、首页信息展示等。首先使用 AR Camera 代替 Main Camera，随后设计主场景中不同模块的切换功能键，主要包括"首页""展示""培训""检修""信息管理"等按钮，右上角的"AR 扫一扫"按钮实现的场景切换与检修模块具有相同的底层设计逻辑。

应用模块界面设计包含画布、按钮、功能等的设计，画布和按钮的设计是基于 Unity 官方推出的最新 UI 系统 UGUI 来创建完成。单击 Inspector 面板下的"On Click"选项添加功能，随后在 Camera 下添加脚本文件，通过脚本实现场景转换等功能。创建相关按钮之后需要进行移动终端 App 的功能设计，通过编写相关代码实现设定的相关功能，包括构件虚拟拆装演示与操作、铁路车站资料查看和信息实时上传、结构认识、车站漫游、信息管理等。此时可将 C#语言编写的程序理解成一个按顺序执行的指令集，需要设计在程序中主要负责数据读写功能的变量，比如需要创建控制相机旋转的灵敏度变量，通过 translate 方法移动 transform 组件来实现漫游功能。编译并调试完成脚本代码后，生成 APK 格式文件并部署至安卓设备中运行。

Unity 3D 平台具有高性能着色系统和多交互的图形化开发环境，有五个一级选项卡，分别是 Scene、Game、Hierarchy、Project、Inspector。Scene 面板是进行场景设计的显示界面；Game 面板是项目的运行视窗，相当于在引擎中直接运行当前的项目；Hierarchy 面板对应场景中的游戏物体的结构；Project 面板中是对应项目的资源目录结构；Inspector 面板相当于"属性编辑器"，项目中的所有属性都可以在其中查看。Unity 3D 平台设计主界面如图 9-5 所示。

图 9-5 Unity 3D 平台设计主界面

在对 Unity 3D 平台进行环境配置时首先需要进行三维注册，三维注册是实现 MAR 应用的关键技术。目前在对移动终端的 MAR 系统的研究中主要采用以下三种注册方式：基于计算机视觉、基于硬件传感器以及混合注册方法。Unity 3D 平台的主要工作原理是将基于计算机视觉的人工特征点来进行三维注册，因此需要由人工特征点提供无标志注册算法，可以选择用一张识别图表示或者用二维码代替人工特征点。

为了让最终效果能够满足 AR 效果，需要在每个场景下增加 AR Camera 和所需识别设备的特征点图片，对于初期测试识别成果没有达到理想效果的，后期需在整个场景中加入更多样本的特征点详图。而创建 AR Camera 的前提条件是必须获取 Vuforia 官网 Develop 选项卡下的"License Manager"（许可证密钥），并将此密钥粘贴至 Unity 平台中。AR Camera 许可证密钥如图 9-6 所示。

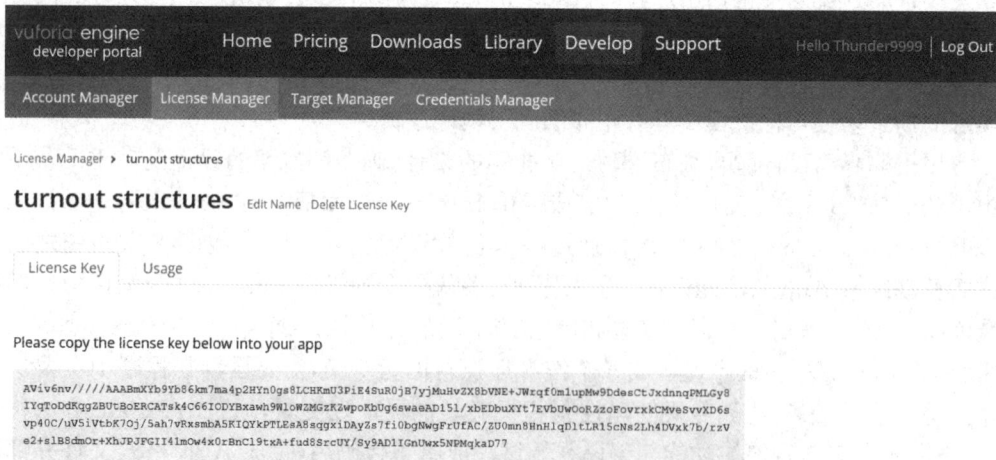

图 9-6 AR Camera 许可证密钥

接着对识别图创建联系，同样需要进入 Vuforia 官网的 Develop 选项卡，选择"Target Manager"界面，单击"Add Database"按钮上传目标图。上传目标图实质是将二维图纸与三

维模型以及场景之间建立联系。上传成功之后即可勾选需要打包发布的项目图，单击
"Download Database"按钮进行下载，最后生成 Unity Package 文件。将生成的 Unity
Package 文件资源包安装至 Unity 3D 项目文件夹，实现轨旁设备人工特征点与三维模型的
关联，本节应用部分的三维注册过程如图 9-7 所示。

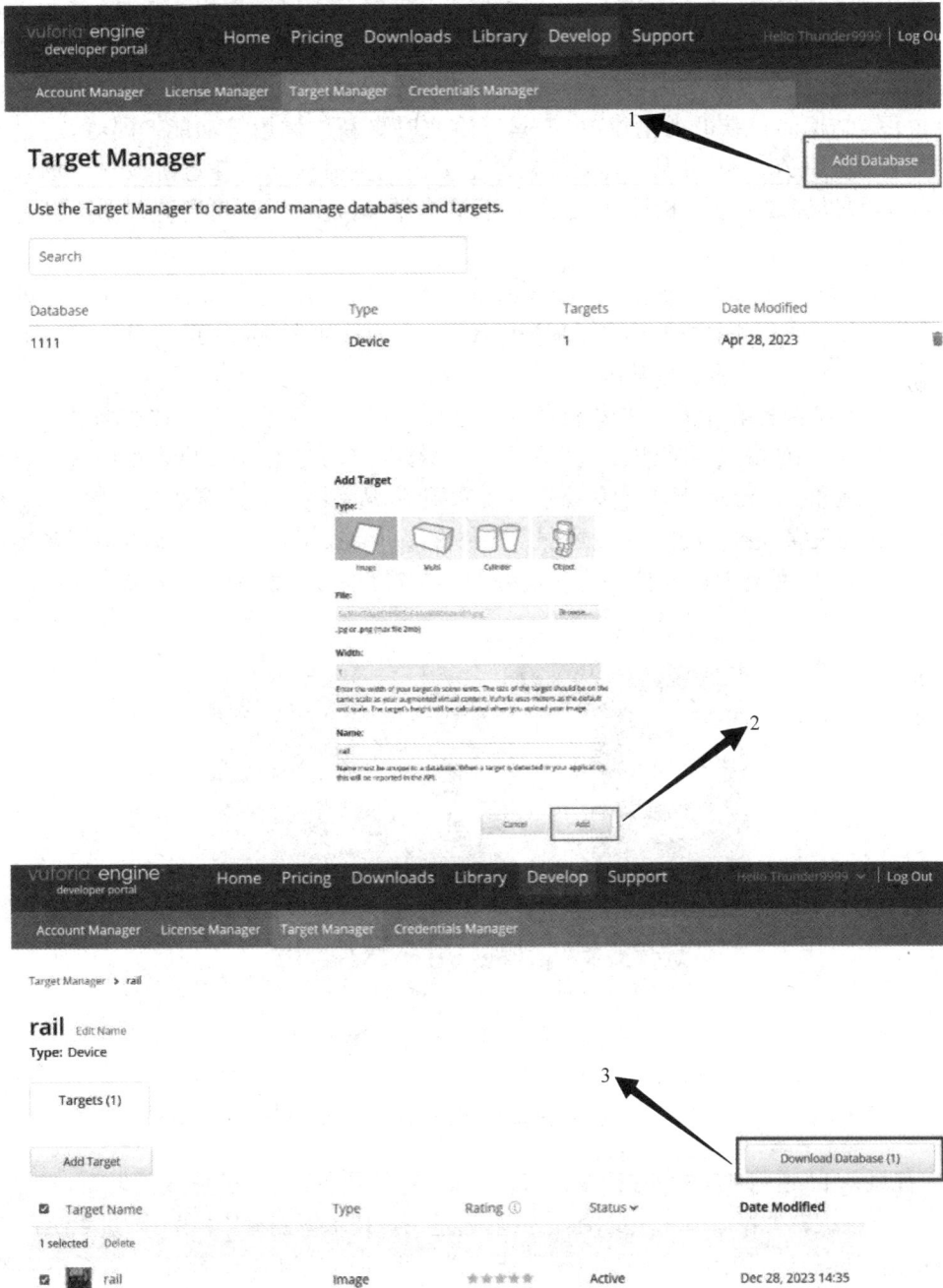

图 9-7　三维注册过程

9.3 道岔检测工程中 BIM＋AR 技术的实际工程应用

　　道岔结构与设施复杂，涉及不同专业之间的配合与协调，从设计、施工到运维全过程中所涉及的工程资料信息复杂繁多。传统道岔工程信息多以纸质形式呈现，存在不易拆分、保存与整理费时费力等弊端，难以适应快速发展的铁路现代化建设需求。BIM 技术在可视化、参数化等方面的优势突出，将 BIM 技术引入道岔工程信息的综合管理中，可实现道岔关键结构的三维可视化建模、工程资料实时更新与调用等功能。同时，通过开发的移动终端应用 App，可实现管理人员在道岔工程全生命周期的任意阶段进行场景的交互操作，可辅助完成道岔结构设计、施工和运维工作，对提高铁路建设管理水平具有重要的现实意义。

　　通过 BIM＋AR 技术在道岔检测工程中的案例应用，我们将全面解析这项技术的运用对于检修流程的优化和效率的提升。BIM＋AR 技术的移动终端应用可实现以下功能。

　　（1）构件虚拟拆装演示与操作。

　　由于道岔结构复杂，在其养护维修的管理过程中存在很大挑战。将现实场景与虚拟场景结合，可让养护维修人员通过 AR 图册（图 9-8）结合移动终端 App 更直观地查看模型构件的虚拟安装和拆卸演示，感受现场操作的步骤要领，从而减少养护维修人员在实际操作过程中的返工和失误现象。同时 App 还配备构件虚拟拆装操作功能，该功能可模拟现场操作环境和操作过程，可随时随地体验机具设备的拆装过程，将大大提高养护维修人员的整体素质。

图 9-8　设备 AR 图册封面展示

　　在首页单击"增强现实扫一扫"按钮，进入 AR 初始化界面，通过外接摄像头，扫描 AR 图册。以扫描尖轨处普通滑床板的图片为例，通过 AR 技术识别滑床板图片，进入 AR 培训模块，单击"动态演示"按钮，尖轨处的模型开始进行拆卸动画的演示，模拟滑床板更换的作业流程，图 9-9 为 AR 虚拟演示 18H00Y 滑床板的拆卸过程。

　　（2）铁路车站资料查看和信息实时上传。

　　道岔结构的全生命周期资料管理是亟待解决的痛点问题，利用 AR 功能可实现平面图

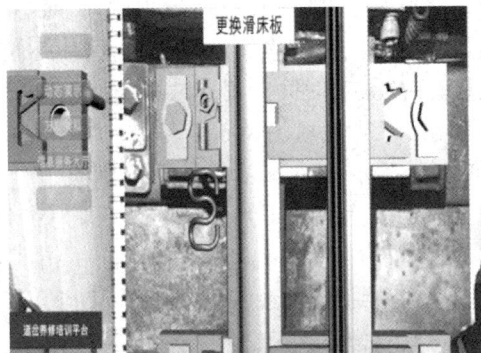

图 9-9 AR 虚拟演示 18H00Y 滑床板的拆卸过程

的三维展示,并将工程资料以及实时监控的数据信息与三维模型关联,实现监控及信息溯源。道岔结构滑床板更换信息服务展示如图 9-10 所示。

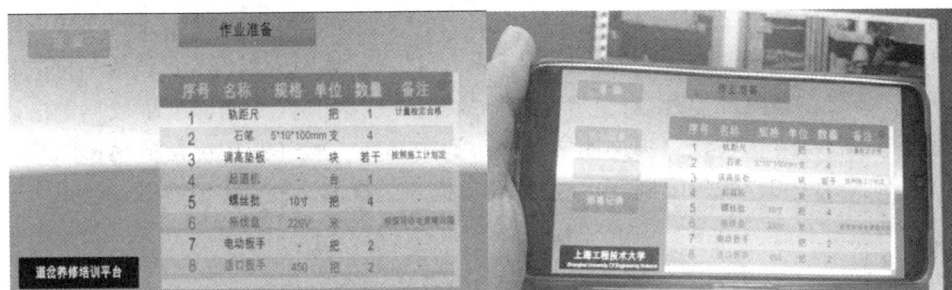

图 9-10 滑床板更换信息服务展示

(3) 方案模拟。

道岔结构检测作业中,可能受到现场复杂条件的限制而无法充分预测各种工程情境。利用 BIM+AR 技术,可对道岔检测工作的方案进行模拟,工程人员利用移动设备可以模拟各种复杂情景,如图 9-11 所示的滑床板更换方案模拟,提前发现潜在问题,优化设计方案,从而在实际施工中提高工程的可控性和安全性,为道岔结构的有效检测提供辅助维修及可靠的指导。现场辅助维修如图 9-12 所示。

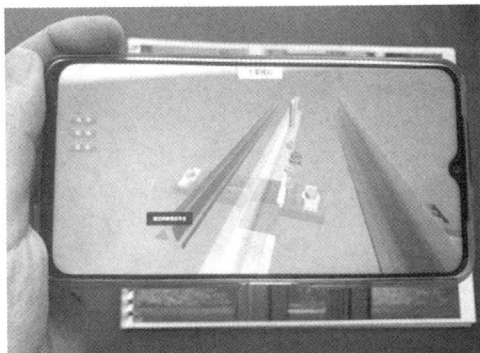

图 9-11 滑床板更换方案模拟

图 9-12 现场辅助维修

相比于传统道岔养修技能培训,使用 AR 技术开发 App 对道岔养修技能进行培训,在工作方法和效率上具有明显的优势。在维修作业前,使用移动终端 App 可提前熟悉复杂施工过程和隐蔽工程养修流程,提高天窗时间的工作效率。同时,开发过程以实际养修场景为导向,在维修过程中使用该 App 识别现场的设施设备,该 App 直接提供相关零件的拆装动态演示、养修方案模拟和信息服务功能,克服了其他系统庞大、内容复杂、查找困难的弊端,真正实现了精准辅助维修。在维修作业完成后,将维修记录上传到该 App 数据库中,实现设施设备的全生命周期管理。

利用 BIM+AR 技术通过 AR 图册、现场实体扫描等多维度进行虚拟现实展示。将 AR 技术引入道岔检测工程管理中具有以下优势。

(1) 避免信息孤岛。

工程人员将道岔结构检修产生的过程性信息不断写入系统并上传至数据库,避免了传统纸质记录出现信息丢失、信息残缺等问题,提高了信息传递的准确性,数据库中存储的信息将为后续的运维管理提供更多参考依据。

(2) 提高道岔结构养护维修管理效率。

根据区域和专业的不同将工程人员进行分类,对不同类别的工程人员设置不同的权限。工程人员定期进行信息的填写,避免后期人为修补数据等问题,从而保证了数据的准确性,同时也避免在追溯工作失误源头过程中权责不清的问题。此外利用配备的 AR 图册,查看工程信息不受时间和空间的限制,在一定程度上提高了检测工程资料管理效率。

9.4 总结

在道岔的养护维修过程中,BIM+AR 技术的实际应用展现了卓越的效益。BIM+AR 技术的运用在提高检修效率、减少错误率、实现实时数据更新方面具有巨大潜力。直观的虚实融合体验使得工作人员能够更直观地理解设备结构,提高操作的精准性和安全性。此外,BIM+AR 移动终端的实际应用也为团队协作提供了全新的维度,促进了信息共享和协同工作,使得整个检修流程更为协调高效。综合而言,BIM+AR 技术的实际工程应用为道岔检测工程带来了前所未有的技术创新,为行业发展注入了新的活力。

第 10 章　BIM+在线监测技术在铁道工程中的应用案例

随着高铁运营里程的不断扩大，无砟轨道结构在服役过程中的健康问题成为国内外学者关注的重要问题。在复杂气候条件与列车荷载共同作用下，无砟轨道逐渐出现裂缝、上拱等结构损伤，并且其性能劣化速度远远超过设计预期。无砟轨道服役状态监测是保障高速铁路结构安全可控和列车长期安全运营的重要技术手段，利用不同类型的传感器对道床板服役关键参数实施不间断监测，通过监测数据分析结构异常，评估道床板的安全性能，为养护维修提供决策依据。

针对传统高铁无砟轨道监测在系统设计、信息管理、数据处理与分析、运维决策等方面存在信息交互性差、数据利用率低、决策滞后性强等问题，以某高铁监测项目为工程背景，从智慧监测的角度出发，借助 BIM 技术设计和搭建无砟轨道健康监测系统，研究无砟轨道监测信息智能化管理的方法，挖掘数字模型和监测数据在无砟轨道运维中融合应用的价值。

在当前铁道工程的发展中，BIM 和在线监测技术的结合已经成为重要的趋势，并具备相应综合应用的意义和价值。本章将重点介绍 BIM+在线监测技术在铁道工程中的应用，探讨 BIM 和在线监测技术相结合的优势、工作流程、具体应用案例以及关键要素和挑战。

10.1　铁道工程结构在线监测的重要性

1. BIM+在线监测技术的目的

无砟轨道健康监测是指通过实时监测外部作用和结构响应来评估无砟轨道的安全性能，监测系统的建立主要分为监测方案的设计与实施、监测数据的采集与分析以及服役状况的评价三个环节。与一般的结构监测方案实施相比，高铁线上作业天窗短、作业条件有限，制定合理的监测方案和实施计划有助于保障监测作业的有序进行。监测数据是进行健康状况评估的重要依据，目前的监测数据主要通过表格或图像的方式呈现，虽然能够基本满足数据表达和分析的需求，但随着数据的日积月累，这种管理模式在效率和直观性上的不足逐渐凸显出来。作为一个信息化的工具，BIM 可以为高铁无砟轨道监测系统提供一个高效的信息管理平台,将监测系统与信息模型相融合,利用实时的监测数据把真实的轨道状态反映到BIM中。

2. BIM+在线监测技术结合的优势

与传统无砟轨道监测方案的设计和实施相比,基于 BIM 技术的监测方案具有突出的优势。在设计过程中,设计人员在三维环境下基于实景模型进行监测设施的布点和排线,有效提高了方案设计的直观性。表 10-1 为路基测点不同传感器线缆用量对比,可以看出,借助BIM 进行工具、材料用量的自动精确计算,能够有效避免以往平面化方案设计带来的不合理等问题,节约项目的实施成本。

表 10-1 路基测点不同传感器线缆用量对比 单位: m

传感器	平面化方案	BIM 方案	实际用量
倾角计	20	13.35	14
裂缝计	20	13.92	14
温度传感器	20	11.33	12

在监测方案的实施过程中,监测设备安装作业工序繁杂,纸质或口头的交底方式易造成安装工艺和流程难以理解、施工现场混乱等问题,而利用 BIM 技术动态模拟监测设备的安装工艺和工序,实现了对作业人员的可视化交底,确保了无砟轨道监测方案按照进度计划有序实施。

利用 BIM 技术进行无砟轨道健康监测,将数字化的理念运用于无砟轨道健康监测中,实现监测信息的智能管理以及监测数据的智慧运用,旨在解决以下问题。

(1) 借助 BIM 技术,解决监测方案在设计和实施过程中存在的不合理问题;

(2) 利用可视化编程技术,将 BIM 轻量化模型与监测数据动态关联,利用数字模型反映无砟轨道的真实状态,解决对无砟轨道服役状况判断不准确、不直观的问题;

(3) 将 BIM 与 AR 技术融合应用于监测信息的便捷查询,摆脱监测信息文本化管理的束缚;

(4) 开发基于 Revit 软件的无砟轨道监测管理平台,获取实时监测数据并嵌入管理平台中,以动态的方式在信息化模型上加以呈现,及时反映无砟轨道运行状态。

BIM 能够将建筑结构从设计到运维的所有信息进行集成化管理,以现有无砟轨道模型为基础进行二次开发,将监测数据融入 BIM,开发相应的信息管理平台,与一般的平面化管理方式相比,可以根据项目特点进行个性化定制,同时利用现有模型进行开发也能缩短项目周期、节省项目成本。因此,可以利用 Revit 软件二次开发技术搭建健康监测管理平台。

10.2 高铁无砟轨道在线监测系统中 BIM 的工作流程

1. 监测系统总体框架

双块式无砟轨道结构形式简单、造价低,在新建高铁中被广泛使用,工程学实践表明,现浇混凝土道床板在施工和运营过程中容易出现各种形式的裂缝病害,影响无砟轨道使用寿命。可选取双块式无砟轨道道床板为研究对象,以其内部温度、应力、端部位移、倾角为主要监测目标,设计无砟轨道健康监测系统。

无砟轨道健康监测的持续时间长,数据的种类和数量都比较大,可应用 BIM 技术设计和优化监测设备的布控和作业方案。采用相应传感器采集无砟轨道服役数据,经采集控制器汇总后通过无线传输模块实时传输到云端,在 LabView 平台编写系统软件用于将数据解析并存储到云数据库中,最后利用二次开发技术开发基于 Revit 软件的监测管理平台,将监测信息和数据与 BIM 相融合,最终实现无砟轨道健康实时监测系统,系统总体的框架如图 10-1 所示。

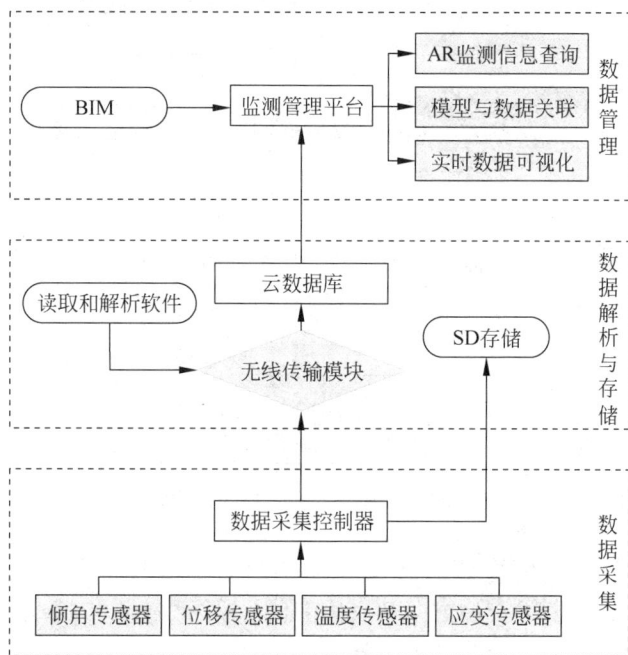

图 10-1　无砟轨道监测系统总体框架

监测系统的前端采集硬件选用具有良好传输稳定性和耐久性的监测传感器,采用钻孔固定的方式,按照设计方案将传感器安装在无砟轨道道床板相应监测位置。测试串口参数通过无线终端设备数据传输单元(data transfer unit,DTU)转换为 IP 数据,并不断发往服务器进行解析和存储。用户通过任意数据库管理终端可随时随地访问和调取实时监测数据,掌握无砟轨道的健康状况。

监测系统后端管理平台的开发选用基于 BIM 的监测信息和数据管理方式,在 Revit 软件中实现对监测点位实景模型直观展示的同时,将项目资料、现场照片、传感器参数以及实时数据曲线统一集成在 BIM 中,方便用户直观了解无砟轨道的健康状况。管理平台的各项功能根据实际需求开发,主要提供各类传感器历史和实时监测数据的可视化展示、监测数据批量导出、测试数据与 BIM 的动态关联、超限报警等功能,为维护人员提供可靠的决策依据。

2. 监测方案设计

高铁道床板监测方案设计内容包括监测设备的布置、线缆的排布、设备安装方式和作业工序的设计等。监测方案将借助 BIM 技术,以信息模型为基础进行设计和优化,图 10-2 为道床板监测方案设计流程。

1) 传感器布点方案设计

传感器布点方案设计分为线上和线下两个部分。首先,根据实际调研情况,在路基段选

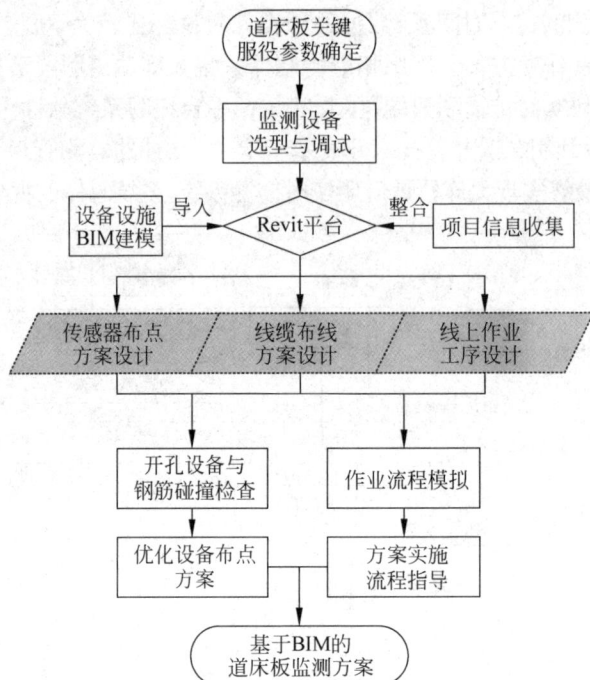

图 10-2　道床板监测方案设计流程

择具有代表性的道床板,然后基于 BIM 实景模型,在该道床板模型上进行传感器和工装的
精确布设,确定各个传感器的布设方向和点位信息。根据线上布点情况和供电站位置,在线
下选择气象站和主控机箱的安装位置,确保线上和线下设施的监测环境保持一致。

2)线缆布线方案设计

线缆布设方案应基于监测设施的点位进行设计,为了减轻作业时对道床板结构的破坏
以及节约线上作业时间,设计时尽量减少布设在道床板上的线缆长度以及开孔的数量。因
此,将传感器线缆在线上合并后共同连接到线下的主控机箱,根据布线方案计算线缆长度,
保障数据传输的稳定性。基于 BIM 技术设计的传感器布点布线方案如图 10-3 所示。

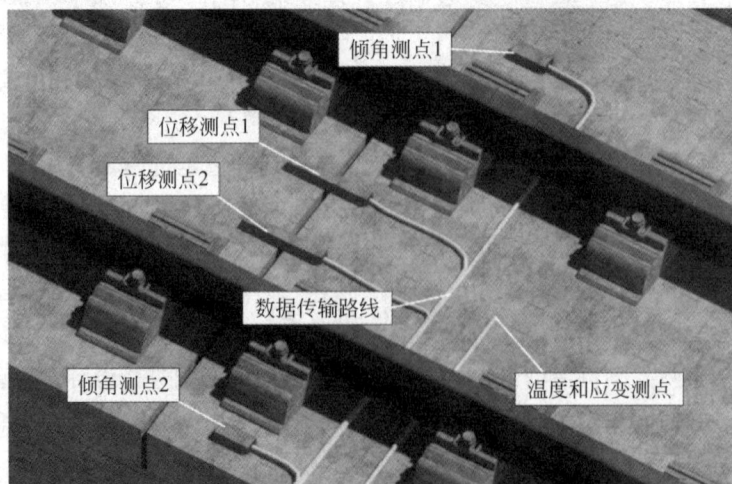

图 10-3　传感器布点布线方案

3) 监测方案优化

应用 BIM 技术设计的道床板监测方案符合现场实际情况,并且具有突出的可视化效果,但在设计过程中,未考虑开孔位置处作业设施与道床板内部钢筋的碰撞情况,尤其是温度和应变测点位置处;在作业工序方面,也没有明确监测设备安装和固定的操作步骤,不能有效地指导作业。因此,监测方案存在一定的优化空间。

(1) 碰撞检查。

监测设备、工装和线缆通过埋入的化学锚栓、螺栓和卡箍等固定在道床板表面。其中,温度和应变传感器竖直布设在道床板内部不同深度处,根据设计要求,需垂直道床板表面开孔,用于埋设传感器和工装,施工孔半径 30mm、深度 260mm,但在作业过程中,极易破坏道床板内部钢筋。

为此,可以利用 BIM 技术,将内部钢筋按照施工图纸布置在道床板模型中,基于 Navisworks 平台,对方案中涉及开孔的部位进行碰撞检查,根据检查报告,调整传感器的布点和开孔位置,将原方案中温度和应变传感器的孔位由中轴线向一侧调整 60mm。图 10-4 为道床板内部传感器碰撞检查情况。

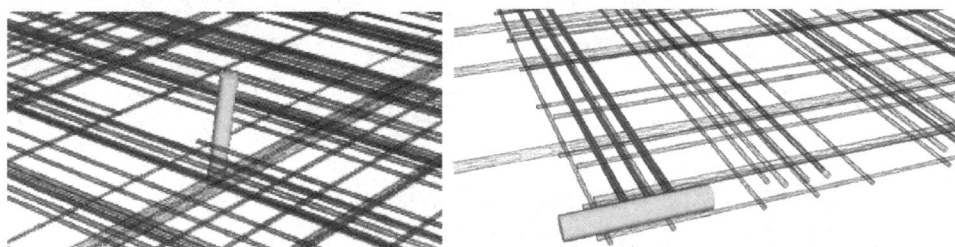

图 10-4　道床板内部传感器碰撞检查

(2) 作业流程模拟。

无砟轨道监测设备安装在实施过程中面临作业时间有限、现场条件恶劣等不利因素,特别是线上监测设备的安装,工序繁杂且有一定的精细化程度要求,作业前合理的工序安排以及可视化技术交底是保障监测方案高效实施的重要手段。本文利用 Navisworks 软件的 Timeliner 功能模块,按照初定工序,为每种类型的监测设备制订安装进度计划,在 Animator 软件中进行施工作业流程模拟,如图 10-5 所示。

3. 监测方案实施与效果

根据设计和优化后的监测方案,开展高铁道床板服役状态监测工作。上线前通过动态模拟对作业人员进行可视化技术交底,图 10-6 为作业现场倾角传感器的安装工况,利用 BIM 技术优化后的布点方案在满足监测需求的同时,有效避免了作业设施对道床板内部结构的破坏。

图 10-7 为健康监测系统现场布置情况,基于 BIM 设计的布线方式确保了输电线和数据线的有序排布,道床板上线缆的实际布设总长度约 8m,有小部分结余延伸至线下,符合设计预期。从实际施工情况来看,设备安装作业与进度计划基本一致,设备安装工作在天窗期内完成。

在直观的三维环境中,基于实景模型对监测设备布点和线缆排布方式进行精细化设计,实现了线上、线下监测设备和线缆的精准布控,有效提高了监测方案的直观性和合理性。通

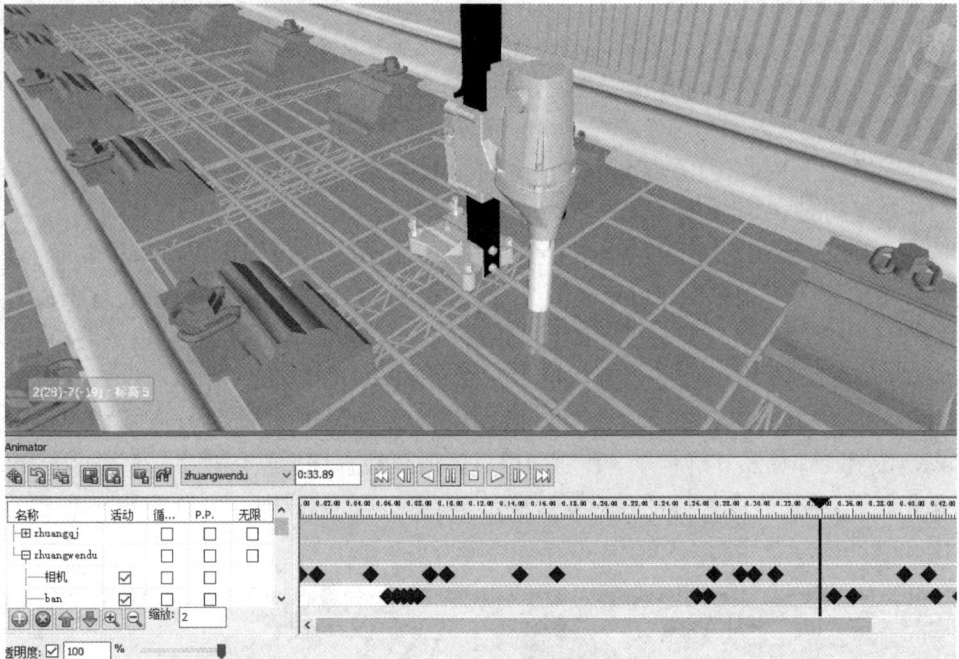

图 10-5　施工作业流程模拟

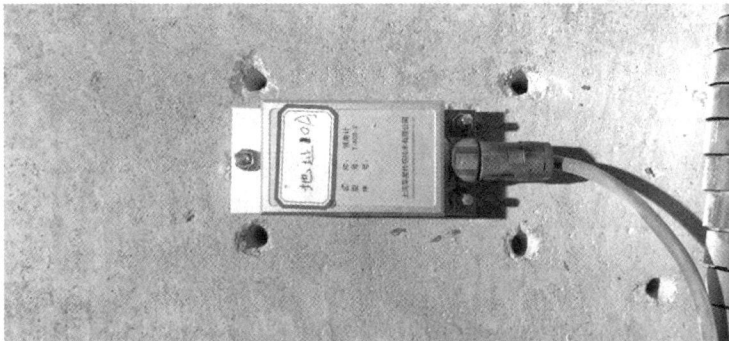

图 10-6　作业现场倾角传感器的安装工况

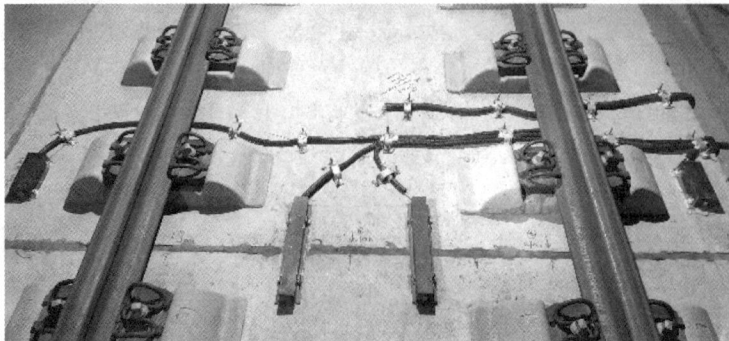

图 10-7　健康监测系统现场布置情况

过检查模型之间的碰撞情况,发现并解决监测布控方案存在的问题,实现对方案的进一步优化。通过模拟施工流程、对作业人员进行技术交底,保障了监测方案的有序高效实施。从方案实施结果来看,借助 BIM 可以实现材料用量的精确计算,节约项目实施成本。

10.3 BIM＋在线监测技术在铁道工程中的具体应用案例

10.3.1 监测方案与监测参数获取

西北某高铁双块式无砟轨道结构的路基段和桥梁段道床板分别采用 19.5m 和 6.5m 单元板结构,单元板内间隔 3.9m 设置一道 10mm 的横向假缝。受该地区温差大、风沙大、干旱等自然气候条件影响,大部分地段的服役环境比较恶劣。道床板是连续现浇混凝土结构,其服役状态受环境影响较大,混凝土纵向收缩及温度变形大,导致道床板极易开裂。

监测项目位于某隧道口,经过前期调研,总结出该地区双块式无砟轨道主要结构病害为道床板伸缩嵌缝胶离缝、道床板裂纹、封闭层上拱等。针对上述病害制定监测方案,关键监测参数包括道床板内部温度和应变、板端位移、板角倾角等。

此监测项目所使用倾角传感器的测量精度为 $\pm 0.01°$,监测频率为每 5min 一次,倾角传感器对道床板监测的空间坐标系原则规定如下:水平径向为 x 方向,线路中心轴线方向为 y 方向,竖直向下方向为 z 方向;俯仰角为沿 x 轴转动的角度值,俯角为正,仰角为负;翻转角为沿 y 轴转动的角度值,顺时针为正,逆时针为负。

水平双轴倾角传感器安装工况如图 10-8 所示,安装位置位于道床板的板角处,可同时监测板端俯仰角和翻转角的变化情况。双块式无砟轨道道床板关于板中纵向和径向轴线均为对称结构,在用实测数据关联时,采用对称的方式模拟道床板变形情况,即板端倾角变化呈对称分布。取 24h 监测数据进行模拟,将俯仰角和翻转角的平均值作为初始水平状态。

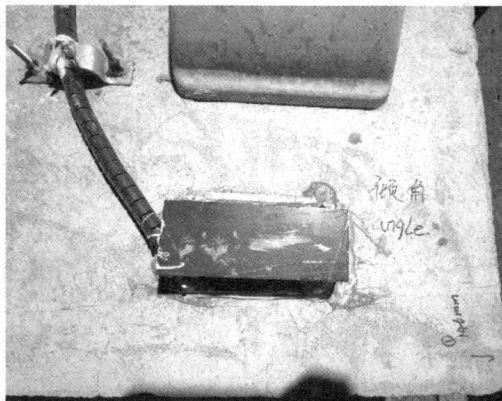

图 10-8　倾角传感器安装工况

图 10-9 为某日全天整点实测道床板板端俯仰角和翻转角变换数据,从图中可以看出,俯仰角绕 x 轴循环变化规律为由仰角到俯角再到仰角,翻转角变化规律同理,因此,道床板呈现从板端翘曲状态到板中上拱状态的变化趋势,倾角变化峰值出现在 4:00 和 16:00 左右,且每天变化趋势基本相同。

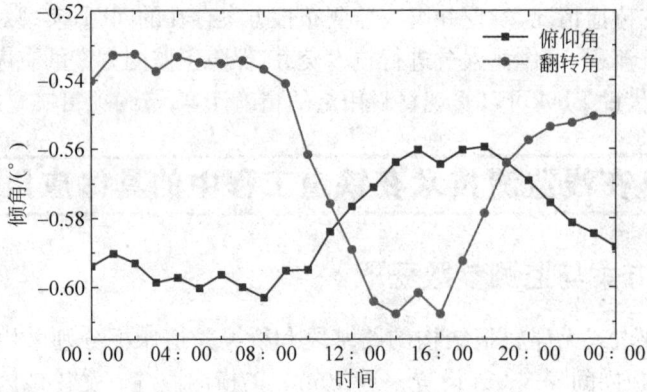

图 10-9　道床板板端俯仰角和翻转角变化情况

当日正温度梯度幅值为 91.9℃/m,出现在 16:00 左右,正温度梯度变化幅度较大;负温度梯度幅值为−34.6℃/m,出现在 00:00,且负温度梯度在 00:00—07:00 时间段内变化幅度不大;在 8:00 和 20:00 左右,温度梯度趋于 0,可见道床板端部倾角的变化与其内部温度梯度存在高度相关性。

将实测数据输入至 Dynamo 软件中,分别取当日俯仰角平均值−0.58°和翻转角平均值−0.56°作为初始水平状态,模拟道床板空间形态变化,监测数据与模型联动如图 10-10 所示,联动状态下的道床板轻量化模型与实际变形情况一致。

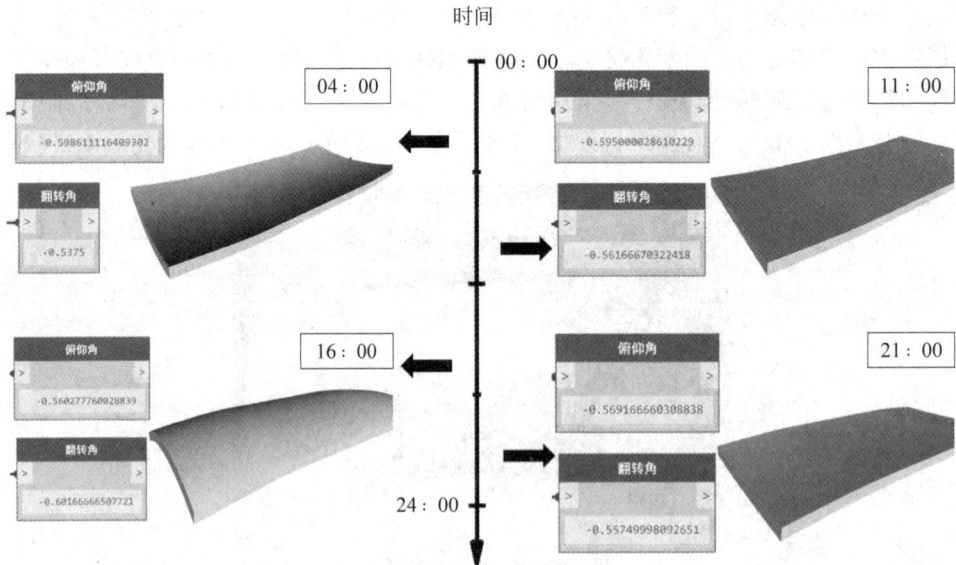

图 10-10　监测数据与模型联动

将实测参数关联轻量化的道床板模型,能够动态地反映道床板在实际空间中随时间产生的形态变化情况,一方面大大提高了监测数据的直观性,有助于分析道床板位移和变形特征,另一方面结合温度、应力等监测数据,可以为道床板结构损伤状态的判断和研究提供可靠的验证对象。

10.3.2　在线监测系统搭建

选择某路基段作为典型病害区域,测点处海拔 3100m,搭建双块式无砟轨道关键参数在线监测系统。由于道床板混凝土开裂为无砟轨道的主要病害,引起开裂的主要原因是列车荷载和温度应力的作用,经考虑决定对列车轮轨力进行测试以及对道床板内部温度和应变数据进行长期监测,在线监测系统结构如图 10-11 所示。

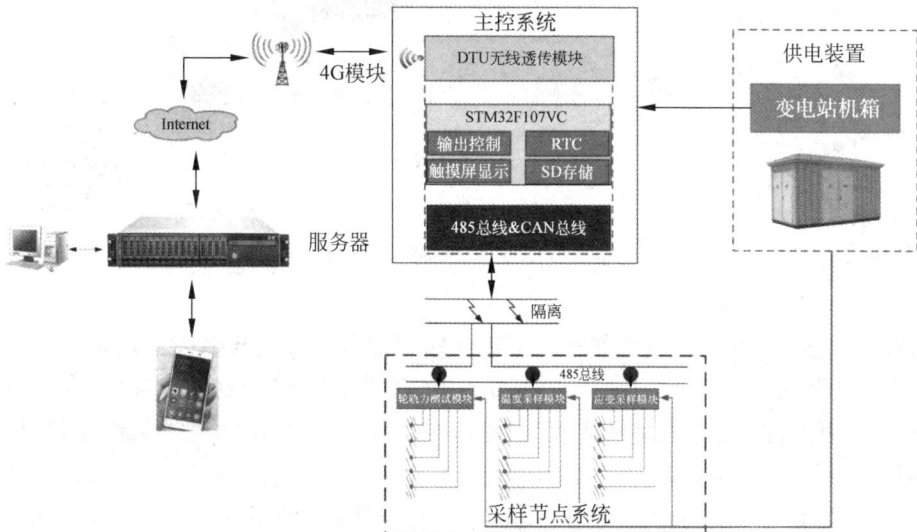

图 10-11　双块式无砟轨道在线监测系统结构

如何通过传感设备的选取来保障无砟轨道监测的连续性、稳定性和准确性是监测系统设计过程中的重要内容。根据监测内容选取的相应监测设备应当满足以下要求。

（1）监测设备体积小、便于运输和安装。由于高铁在运营过程中线路处于全封闭状态,只能在夜间天窗期进行设备安装,安装作业时间有限,而且测点位置一般比较偏僻,因此,设备的便携性和安装易操作性有利于保障安装作业的顺利进行。

（2）良好的传输稳定性和耐久性。高铁无砟轨道线路较长,沿线地形、气候等地理环境差异较大,特别是在西北地区,由于长期监测的要求,设备在运行过程中必然面临昼夜温差和气候变化等不利状况的影响。因此,合理选用具有一定量程范围和使用性能的监测设备至关重要。

（3）维护可操作性。监测设备一般属于精密仪器,无砟轨道服役参数本身的变化幅度微小,监测设备在长期不间断工作状态下可能会出现偏差、故障等情况,一旦设备出现问题不能及时修复,将会影响测试数据的连续性和准确性,进而影响后续数据的管理和分析工作。

因此,需要定期上线开展对设备的维护工作,设备维护的可操作性是必不可少的,基于上述对监测设备的要求,对无砟轨道在线监测系统的重要组成部分进行介绍。

（1）温度和应变监测。

道床板内部温度梯度是无砟轨道健康监测的重要指标,温度梯度变化是引起翘曲变形和相关结构病害的主要因素,采用竖直等距排布温度和应变传感器的方法来监测道床板温度和应变的变化规律。道床板内部温度和应变监测所采用的温度传感器和应变计如

图 10-12 与图 10-13 所示。

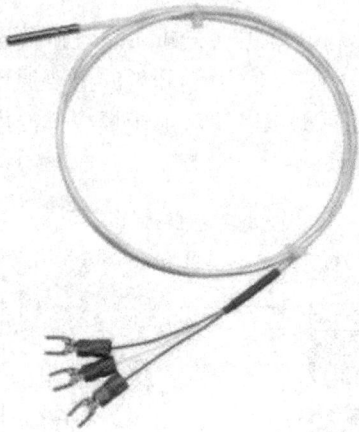

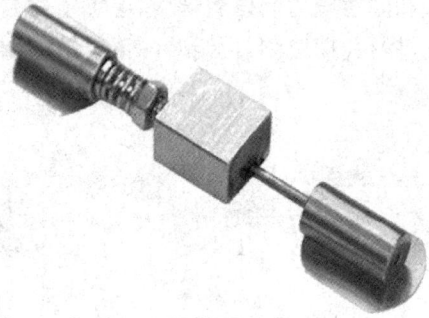

图 10-12　PT100 温度传感器　　　　　　　　图 10-13　振弦式应变计

　　温度传感器通过将温度变量转换为标准化输出信号传输到数据采集模块,在工业过程中的温度控制领域具有广泛应用。道床板为大体积混凝土结构,测试设备与被测对象需要有良好的热接触,因此道床板监测主要采用接触式 PT 温度传感器,通过热传导和对流原理达到热平衡,平衡时的示值即为道床板内部温度。感温元件的测试精度受到测试对象的材料、运动状况的影响,这种温度传感器体积小,通过预埋式的测温方法也可以提高测试精度。

　　小体积振弦式应变计具有抗干扰能力强、零点漂移小、受温度影响小、稳定性好等优点,它是一种非电量电测的传感器,直接输出振弦的自振频率信号。振弦式应变计以振弦频率的变化量来表征受力大小,因此具有长期零点稳定性,这是电阻式应变计无法比拟的,在长期、静态测试过程中,振弦式应变计广泛应用于工程科研领域。因此,相比于电阻式应变计更适用于无砟轨道在线监测。温度传感器和应变计的使用可保障温度和应变测试数据具有良好的相关性,以便做进一步分析。

　　(2) 板端位移监测。

　　道床板受温度荷载影响大,温度的不断变化会导致道床板内部产生比较大的纵向温度力,进而使现浇混凝土道床产生纵向伸缩变形,造成板间接缝病害产生;如果道床板与下部支承层连接不稳定,还会引起道床板板端翘曲现象,影响轨道平顺性。因此,道床板板端位移监测是重要监测内容之一。板端位移监测采用振弦式裂缝计,如图 10-14 所示。

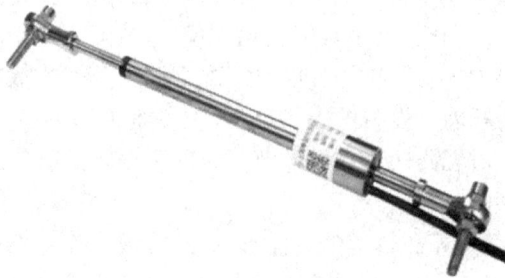

图 10-14　振弦式裂缝计

振弦式裂缝计可以对高铁无砟轨道钢轨、道床板、底座板等发生的相对位移进行监测，其工作原理和优势与振弦式应变计类似，但裂缝计和应变计的测试目标和测试环境不同，应变计通过埋入混凝土内部的方式进行监测，而裂缝计直接暴露在道床板外部，通过化学锚栓固定在道床板表面，其工作效果受到安装方式和外部环境的综合影响。

板端位移的监测参数为相邻道床板的相对位移，在布置裂缝计时应注意孔位分布的对称性和合理性，在保证裂缝计在量程范围内正常工作的同时，使裂缝计拉伸方向与轨道线路方向保持一致。考虑到长期环境荷载可能产生不良影响，应注意根据实际情况选用极限环境荷载具有一定冗余空间的裂缝计，并且安装完成后为传感器加设保护工装。

（3）板角倾角监测。

在道床板因温度梯度作用发生结构变形时，它在竖直方向的变形量微小且难以用测试设备进行长期的监测，而道床板在该方向上的变形量是影响轨道平顺性的重要因素，变形量与内部温度梯度和应力参数也具有一定的相关性，需要一种监测设备对该参数进行长期观测。倾角传感器作为一种高精度的检测仪器，可以持续观测构件在不同方向上的角度变化情况，衡量被测构件的空间姿态，将其用于道床板的倾角监测，可以解决上述难题。从功能角度分类，可将倾角传感器分为单轴、双轴和三轴三种类型。其中，单轴倾角传感器只能测量某一方向的角度，双轴倾角传感器可以测量互相垂直的两个方向的角度，而三轴倾角传感器可以测量三维空间中三个方向绕任意轴变化的角度。对于板角倾角，需监测俯仰和翻转两个方向的角度变化，因此采用数字式双轴倾角传感器，如图 10-15 所示。

无砟轨道道床板倾角监测的目的是通过分析板角在翻转和俯仰两个方向的变化规律，判断道床板的空间几何形态和演变趋势。道床板翘曲变形情况以板角相对于中轴线的旋转角度来衡量，

图 10-15　数字式双轴倾角传感器

在温度力作用下，道床板板角产生的变形幅度微小，因此在选择传感器时对测试精度有一定的要求。此外，倾角传感器与裂缝计的工作环境相同，应共同考虑极限环境的不良影响，保障传感器监测的稳定性。

倾角传感器将被测目标的倾斜角度量值转化为对应的电量信号并即时输出。倾角传感器有水平和垂直两种安装方式，根据实际需求选择，为保证测试精度，应保持传感器的工作面与被测目标面平行，并注意倾角传感器轴线与目标面轴线保持平行且不产生夹角，否则会产生测试误差。

倾角传感器的安装固定方式与裂缝计基本一致，需要注意的是道床板表面并非绝对水平，将倾角传感器安装完成后产生的初始读数作为水平状态考虑，在监测过程中，x 轴和 y 轴的测试数据去除初始读数后即为实际变化量。

（4）主控系统。

主控系统主要负责监测系统中的数据采集、传输和供电任务，它包括数据采集和无线传输两个主要功能模块。无砟轨道健康监测系统中的数据监测包括温度传感器、应变计、倾角

传感器等多条线路,数据采集模块的功能是将上述传感器感知的节点数据通过 485 总线进行采集,无线传输模块利用 4G 网络将数据分类传送到后台服务器中。本节实际应用中将主控系统硬件设备统一集成到主控机箱中,包括数据采集控制器、SD 存储设备、无线传输DTU 硬件、电源设备等,部分主控系统硬件如图 10-16 和图 10-17 所示。

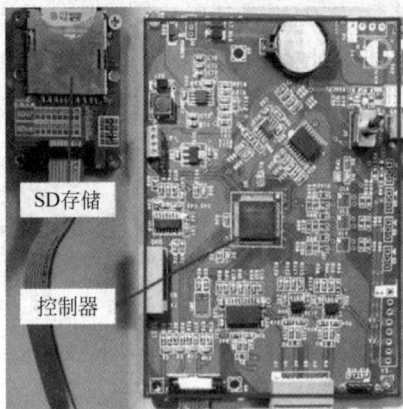

图 10-16　数据采集控制器

图 10-17　无线传输 DTU

　　DTU 是一种无线终端设备,可以将设备采集的串口数据与 IP 数据进行相互转换,并在无线网络上传输,其主要作用是把远程设备的数据通过无线传输方式传送到后端数据中心。DTU 通过手机卡即可连接到无线通信网络,可以实现无砟轨道监测数据的实时传输。因具有配置灵活、成本节约、信号范围广和保密性能好等优点,DTU 在气象、地质、水利等领域有着广泛的应用。本系统的监测数据提供线下 SD 存储卡和线上云端数据库两种存储方式。通常情况下,无砟轨道健康监测的测试地点位于沿线空旷区段,不具备稳定的有线数据传输条件,因此选择成本较低的无线传输方式,将采集到的数据通过 DTU 实时发送到云端数据库中。同时,考虑到无线传输稳定性不足,可能发生数据中断的问题,为避免给后期的数据处理和分析带来困难,将 SD 存储卡作为辅助数据存储方式,以确保数据的完整性。

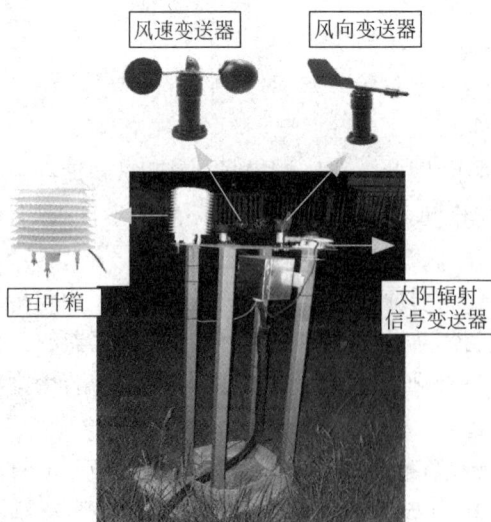

图 10-18　气象站现场布设

　　(5) 气象站。

　　选取某路基段无砟轨道作为监测对象,测点区域海拔约为 3100m,在线路测点附近搭建气象站,实现对无砟轨道周围环境气象参数的实时监测,气象站现场布设如图 10-18 所示。

　　气象站内布置有多种气象监测传感器,用于监测当地环境气象参数变化,主要包括百叶箱(监测环境温度与湿度),太阳辐射信号变送器(监测太阳辐射),风速变送器(监测风速)以及风向变送器(监测风向位置),气象监测传感器型号参数如表 10-2 所示。

表 10-2　气象监测传感器型号参数

类　别	参　数	型　号
太阳辐射信号变送器	0～2000W/m² 量程	JYTBQ-2-485
百叶箱	温度－40～120℃	RS-BYH-M
	相对湿度 0～99％	
风速变送器	0～30m/s	RS-FS-N01
风向变送器	8 个指示方向	RS-FX-N01

　　某在线监测系统包括采集传感器、主控机箱、无线传输模块和数据服务中心等,可实现对道床板内部的温度和应变数据的连续采集、无线传输等。该系统自动化程度高,现场无需值守,可节省大量的资源。测点布置于某路基段处,传感器布置示意图如图 10-19 所示。

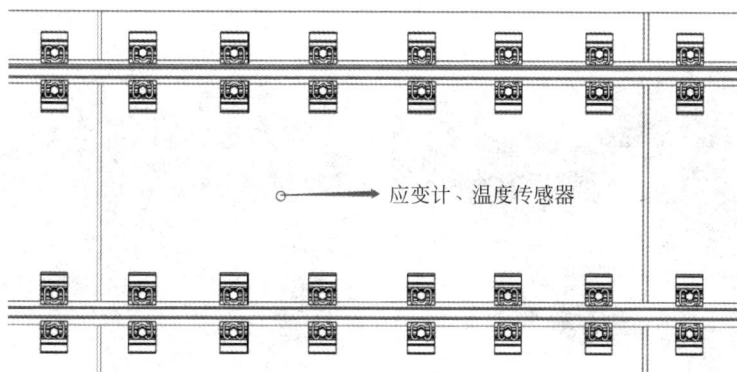

图 10-19　传感器布置示意图

　　(1) 温度和应变传感器的布置。

　　为监测道床板内部的温度和应变数据,选择在道床板内部布置温度和应变传感器进行数据采集,将 6 组温度和应变传感器分别安装在距道床板表面 0mm、50mm、100mm、150mm、200mm、260mm 深的位置处,具体如图 10-20 所示。

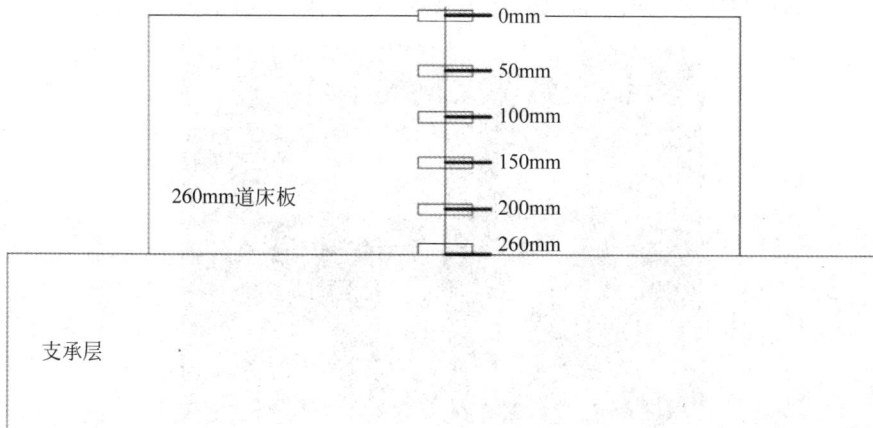

图 10-20　温度和应变传感器安装示意图

图 10-21　固定工装示意图

首先制作长度为 260mm 的塑料工装，然后在塑料工装的 0mm、50mm、100mm、150mm、200mm 和 260mm 的位置处固定温度传感器和应变传感器，如图 10-21 所示。确定道床板中无钢筋的位置，使用水钻打出直径为 60mm、深度为道床板深度 260mm 的孔。

在道床板中定位钻孔之后，将已经固定好的温度和应变传感器的塑料工装放入钻好的孔中，然后现场配制 C40 混凝土，将混凝土慢慢灌注孔中并填充压实，对浇筑的混凝土进行表面处理，最后将温度和应变传感器的线路在道床板表面固定牢靠，安装温度变送模块。传感器的固定与安装如图 10-22 所示。

图 10-22　传感器的固定与安装示意图

（2）主控机箱的安装。

考虑到轨道线路的设备界限，为了不影响列车的行车安全和在线监测系统的稳定运行。经过现场的实地调研，最终选择在主控机箱下浇筑混凝土墩来对主控机箱进行固定，整个线路均通过束线管进行防护并用卡箍进行固定处理，如图 10-23 所示。

图 10-23　主控机箱的固定与安装示意图

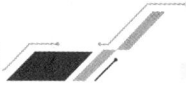

10.4　未来发展趋势与展望

BIM+在线监测技术的未来发展呈现出智能化、数据驱动、跨平台协同、大数据分析和可持续发展的趋势。这些趋势将为铁道工程带来更高效、更安全、更可持续的建设和运营。通过实时数据采集和分析,工程决策将更加精准,决策者将获得更多的数据支持。同时,跨领域协同和可视化分析将提升工程项目的整体效率和质量。未来,应关注技术创新、标准统一和人才培养,以推动这一领域的持续发展,实现智慧、可持续发展的铁道工程。

BIM+在线监测技术在铁道工程领域的应用具有以下可能的趋势和展望。

(1) 智能化和自动化。随着物联网、传感器技术和自动化技术的不断发展,传感器和监测设备将能够实时采集数据,并借助人工智能和机器学习算法进行自动分析和预测,提高工程监测和维护的效率,并使决策人员更及时地采取措施。

(2) 数据驱动的决策支持。通过对大量实时数据进行分析,实现更准确的风险评估、预测性维护和优化决策,不断提高工程的可靠性、安全性和运营效益。

(3) 跨平台和协同工作。各个领域的专业人员能够实时共享和访问工程数据,促进信息的协同处理和集成,提高工程项目的整体效率和质量。

(4) 可持续性和智慧铁道工程。通过综合考虑能源效率、环境保护和社会经济效益等因素,BIM+在线监测技术将在项目的规划、设计、建造和运维阶段发挥重要作用,实现更可持续、更智慧的铁道工程项目。

BIM+在线监测技术的不断发展,将会为铁道工程带来更高效、更安全、更可持续的建设和运营。因此,需要持续关注 BIM 技术在智慧监测管理创新中的应用,以及标准统一和人才培养等方面的挑战,以期推动这一领域的持续发展。

10.5　总结

本章详细分析了 BIM 技术与在线监测技术在铁道工程中的实际应用案例,揭示了两者结合所带来的显著优势。在现代铁道工程建设中,面对复杂的工程环境和日益严格的安全要求,传统的监测手段已无法满足高效管理的需求。通过整合 BIM 技术与在线监测技术,工程团队能够建立全面的数字化模型,实时监测和分析施工过程中的关键数据。本章以具体案例展示了某高铁项目的实施过程,利用 BIM 对各类监测数据进行可视化处理,实现了信息共享和高效决策。在线监测系统实时采集的数据通过 BIM 平台进行整合,使得项目管理人员能够及时识别潜在风险并采取相应措施,从而有效保障工程整体的安全性和施工进度。

BIM 技术与在线监测技术的结合不仅提升了铁道工程的智能化管理水平,也为后续的运营和维护提供了坚实的数据基础,为铁路建设的可持续发展奠定了重要基础。这一应用模式展示了数字化转型在铁道工程中的广阔应用前景,推动了行业的技术进步。

第 11 章　BIM技术在多专业协调中的应用案例

随着社会经济的快速发展,城市轨道交通凭借其电能驱动、快捷便利的特点得到了广泛应用。道岔作为铁路线路上的薄弱环节,是影响行车安全的重要因素,更是日常养护维修的重点和难点。道岔结构复杂,且涉及的设备种类繁多,通常需要多个部门共同维护管理,因此,本章以道岔为重点关注对象。在道岔系统的全生命周期中产生了大量的数据信息,形式多样且归属于不同职能部门,在传统的管理模式下,很容易发生资料缺失、信息断层、管理脱节、信息传递滞后等问题,形成信息孤岛,这对道岔系统的维护管理带来了巨大的挑战。BIM技术凭借其信息共享的核心理念,在促进多部门协同方面具有重要的应用价值,为道岔全生命周期管理提供了新的思路。

11.1　工电联检的特点

道岔联检工作主要分为工电联检联修、车工电联检、车工联检三种方式。在道岔联检中,通号部门主要负责确保道岔转辙设备正常运行以及组织配合相应联检联修的实施,工务部门主要负责确保道岔状态良好以及配合相应的联检联修的实施。

在道岔联检工作中,工电联检内容主要是对道岔区段内的基础结构设备进行维护整治,是确保行车安全的重要一环,也是其他各部门联检工作开展的基础保障。工务部门和通号部门对各自联检范围和内容都有明确的工作划分,它们对道岔设备维护的具体分工如下。

工务部门和通号部门对道岔设备的维护主要包括道岔转换及锁闭装置、道岔外锁闭装置、钢轨密贴调整工作以及道岔轨枕的维修更换。工务尖轨动程的测量如图 11-1 所示,电务转辙机维护如图 11-2 所示。工电对道岔设备维护分工见表 11-1。

为了更好地集中精力保证行车关键道岔的检修,将道岔等级按照它对列车正常运行的影响程度划分为一类道岔、二类道岔和三类道岔。

图 11-1 工务尖轨动程测量

图 11-2 电务转辙机维护

表 11-1 工电对道岔设备维护分工表

设 备 名 称	工务负责的工作	通号负责的工作
道岔转换及锁闭装置	(1) 在尖轨或基本轨上安装信号机件所需孔洞的确认 (2) 轨距杆、基本轨通长垫板、滑床板、尖轨间的连接杆、耳铁、耳铁螺栓及轨撑的维修 (3) 电动、电液转辙机安装及维修的配合 (4) 转辙设备及道岔轨枕作为基础者，保持轨枕不失效，轨枕下部捣固坚实	(1) 密贴调整杆、尖端杆、表示杆及各种绝缘维修 (2) 电动、电液转辙机的安装装置的维修 (3) 基本轨上安装转辙设备安装装置(角钢、槽钢)时的穿孔 (4) 有轨道电路的电路、钢轨连接线、跳线及送、受电端连接线的穿孔(钢轨钻孔) (5) 工务更换道岔部件等的配合
道岔外锁闭装置	(1) 钢枕及其与钢轨的连接螺栓和绝缘装置 (2) 第一和第二牵引点拉板连接螺栓	外锁闭装置含角钢、锁闭杆、燕尾锁块、锁钩、尖轨连接铁等部件及其安装螺栓
道岔轨枕	安装联锁设备的道岔轨枕的维修及更换	配合轨枕更换，确定位置及距离

(1) 一类道岔：无冗余且路径不能被替换的道岔；

(2) 二类道岔：正线内，存在冗余的道岔，若发生反位失表，但定位还有表示，在列车运行时存在一条替换路径，还可以从小交路运行改为大交路运行；

(3) 三类道岔：有冗余的折返道岔或常年处于备用状态、不经常投入使用的道岔。

针对不同类别的道岔，工务部门和通号部门实行不同周期的联检。一类道岔联检每周一次；二类道岔联检双周一次；三类道岔联检每月一次。

道岔的巡检维护是与工务和通号两个部门密不可分的，无论哪一方需要对自己管辖范围内的设备进行更换维修等，都需要另一方同时到场配合，以确保任何一次维护维修都不影响道岔的正常使用。在工电联检作业中，通号公司作为总体牵头人，负责要点和销点，通号公司、工务公司根据各自维护维修的要求向对方提出配合的要求，并提交工电联检交底单。

在日常维护中，通号部门主要承担道岔健康状态监测的责任。通过对道岔动作电流进行实时监测，能够直接测量转辙机的启动电流、工作电流、故障电流和动作时间，并以此绘制道岔动作电流曲线。一套完整的道岔动作分为解锁、转换和锁闭三个动作，一般在 5～6s 内完成，最多不会超过 13s。正常状态下的动作电流曲线分别对应解锁、转换和锁闭三个阶段,当某一阶段曲线发生突变或者异常变形时,通过对电流曲线的分析,即可判断道岔动作在哪个阶段发生故障,并采取相应的应对措施。

当检测出某个阶段出现异常,影响道岔的正常转换时,则由通号部门临时去现场排除故障;若是异物导致的道岔转换不到位,则可直接排故;若是部分设备损坏,可优先进行应急处理,保证列车的正常运行,待到天窗期时,由通号部门向工务部门提交工电联检交底单,确认工作内容,双方共同对故障进行彻底处理。工电联检联修作业流程如图 11-3 所示。

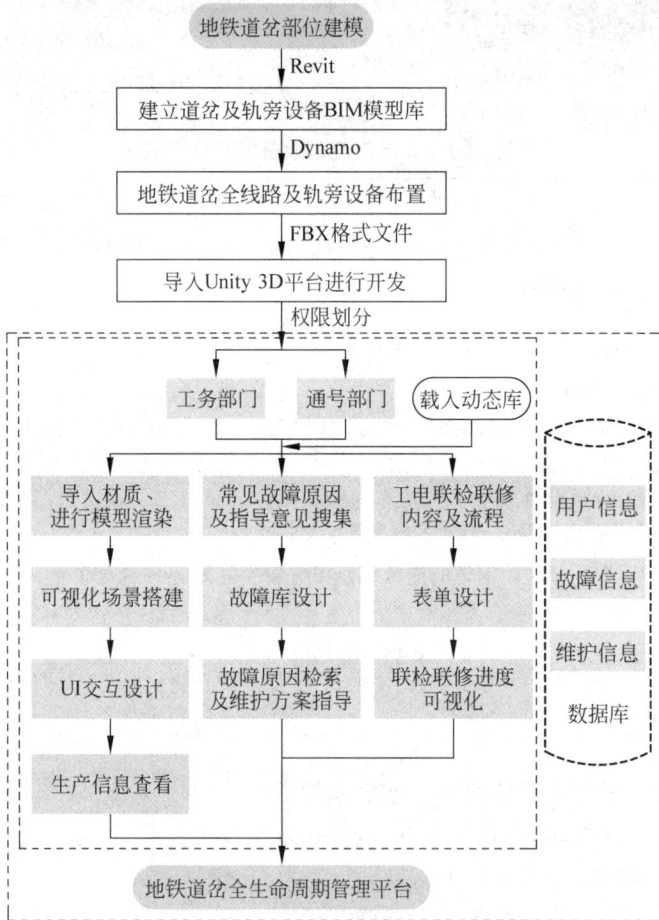

图 11-3　工电联检联修作业流程

现有工务部门和通号部门在运维管理过程中的管理方式落后、信息共享困难、工作效率低,现有的养护维修方式存在以下弊端。

(1)任务分工不清。

通号部门和工务部门在道岔养护维修中的任务分工存在模糊和重叠,缺乏明确的边界。通号部门负责信号设备的维护和管理,而工务部门负责道岔及其周边的轨道和道床维护。部门之间的职责界定不明确,任务分工不清晰,可能导致协作效率低下,影响道岔养护维修的质量和及时性。

(2)信息沟通不畅。

由于通号部门和工务部门各自拥有独立的信息系统和数据标准,信息共享和交流变得

不便捷,常常需要耗费大量的时间和人力资源。部门之间的信息沟通不畅可能导致工作计划的不准确性和延误,进而影响道岔养护维修的进展和效果。

（3）资源利用不充分。

由于部门之间缺乏共享资源的机制,常常出现资源分散和重复投入的问题。例如,通号部门和工务部门可能同时进行道岔维修所需的人力和设备配置,造成资源利用效率低下,增加成本和浪费。

（4）维修效率低下。

通号部门和工务部门之间的协作不充分和缺乏统一的工作流程导致道岔养护维修的效率低下,不同部门采用独立的维修流程和标准,可能导致工作重复、程序冲突和沟通困难。这样的情况下,道岔养护维修的工作进展缓慢,可能延误列车运行和增加运输风险。

综上,现有通号部门和工务部门进行道岔养护维修时存在任务分工不清、信息沟通不畅、资源利用不充分和维修效率低下等弊端。为了改善这些问题,需要引入 BIM 技术采取跨部门协作、统一信息交流渠道、优化资源配置和制定统一工作流程等措施,以提升道岔养护维修工作的效率和质量。

11.2 BIM 技术在工电联检中的应用流程

为了提高地铁道岔管理的数字化水平,建立一套完整的 BIM 是必要前提。常见的 Revit 族库大多是建筑类族库,类型单一,不适用于其他场景,无法实现铁路领域的快速建模。为了实现地铁道岔的全生命周期管理,建立铁路线路及其轨旁设备的专业族库是必不可少的,该方法可以有效提高建模的效率和精度。族的创建流程如图 11-4 所示。

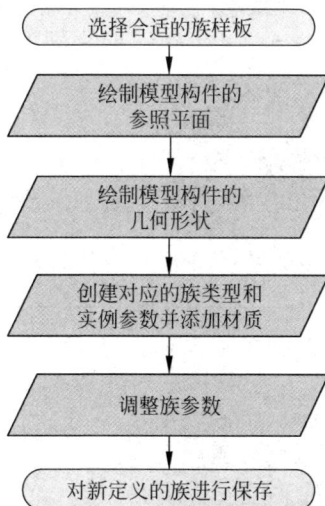

图 11-4　族的创建流程

选取地铁 9 号道岔为模型建立对象,建立包括钢轨、扣件系统、转辙设备、滑床板和道床板等基础结构以及地铁轨旁设备的族库,部分族库如表 11-2 所示。

表 11-2　地铁结构及轨旁设备族库（节选）

名　称	实　物　图	对应构件图
9 号道岔岔心		
弹条Ⅰ型扣件		
弹条Ⅱ型扣件		
滑床板		
转辙机		

续表

名　　称	实　物　图	对应构件图
应答器		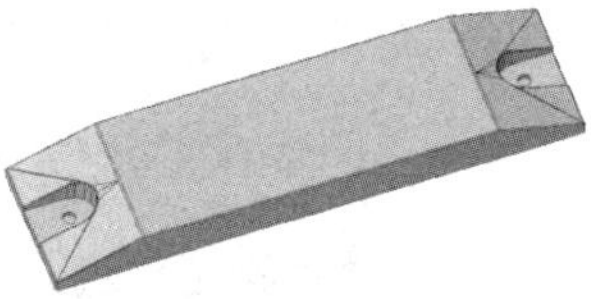
计轴磁头		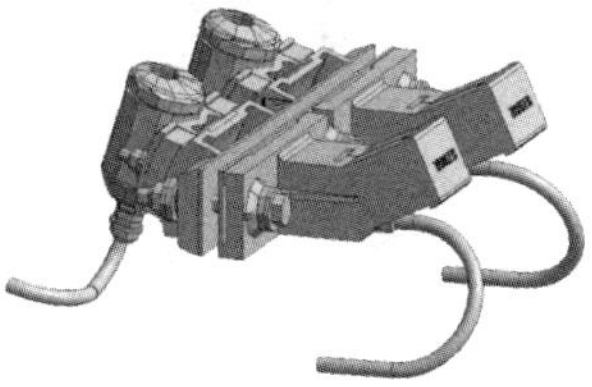
60 钢轨		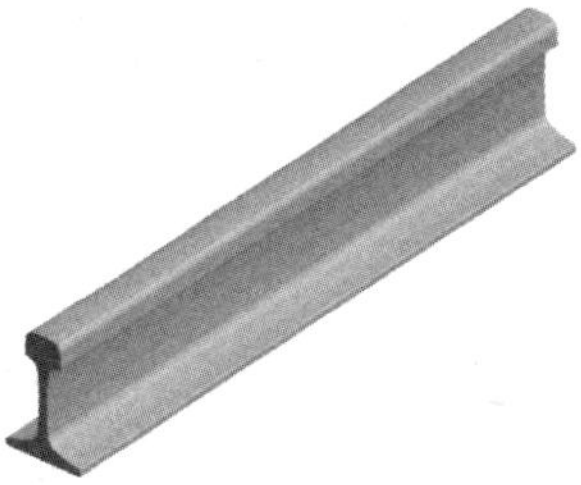

　　建立基本族库以后,为了健全模型信息化的属性,还需要对创建的族添加族参数来实现后续构件信息的添加。除了模型的几何信息以外,非几何信息都需要手动添加,非几何信息主要包括使用部门、供应商、维护单位和设备编号等众多参数,满足不同专业、不同阶段之间的协同作用。族参数类型如图 11-5 所示。

　　为了在后期的管理中进行设备安装和维护过程的模拟,实现可视化仿真,需要深入现场拆解设备,测量设备组件尺寸,并结合设备已有资料,将建立好的铁路基础结构及轨旁设备族库基于 Revit 软件完成零件级、设备级和线路级 BIM 建模,三维建模流程如图 11-6 所示,转辙机爆炸效果图如图 11-7 所示。

　　在完成铁路基础结构及轨旁设备基本族库的建立之后,为最大程度地还原铁路线路的实际布置,精确落实到线路中的单个设备,实现更加高效、有针对性的铁路道岔管理,就需要建立完整的道岔线路模型。对于地铁线路来说,其基础结构及轨旁设备种类多、数量大,采用传统的建模方式,机械地将设备族库依次放置在线路中的相应位置,工作量极大、操作烦琐且费时。因此,通过引入 Dynamo 工具参数化建模技术,利用其丰富强大的内置节点功能包,摆脱了传统 Revit 软件建模的局限性,以一种可视化编程的方式,实现轨道基础结构及轨旁设备族的自动精准放置,以一种智能高效的方式建立完整的铁路线路模型。

　　应用 Dynamo 工具的地铁线路布置方法主要是利用 Dynamo 工具的内置节点功能,同

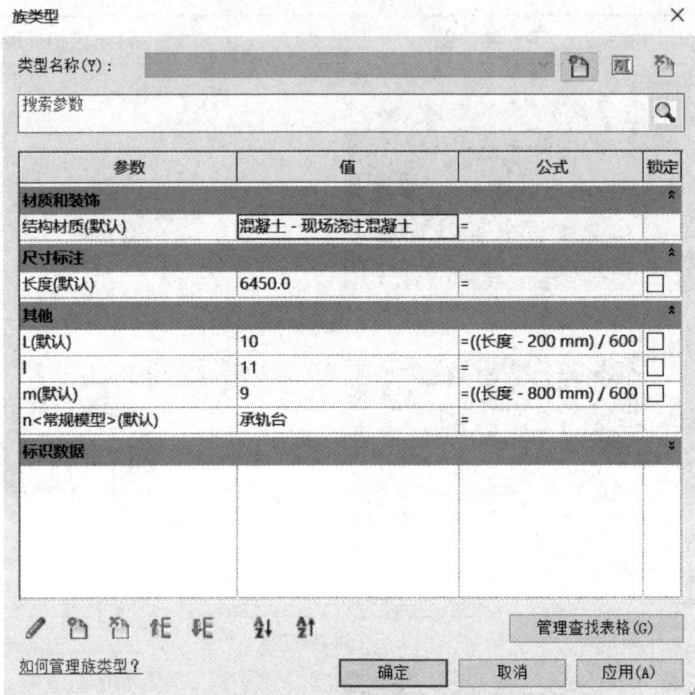

图 11-5　族参数类型

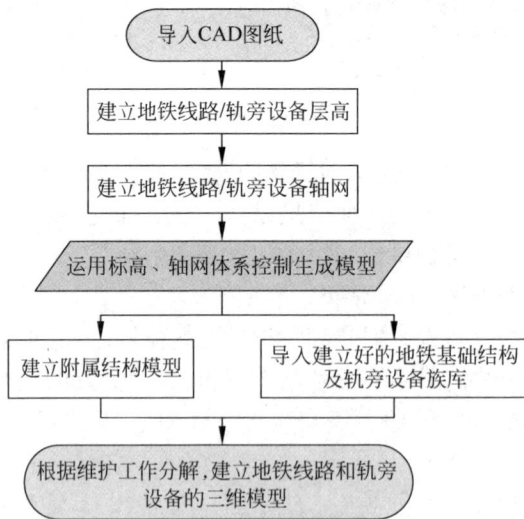

图 11-6　三维建模流程

时结合 DesignScript 程序计算放置点的位置坐标,并与外部的 Excel 软件实现实时交互,准确地定位到设备在线路中的放置位置,从而实现设备的自动放置。

　　Revit 软件坐标系一般可以分为三种类型:系统坐标系、项目坐标系和测量坐标系。系统坐标系用来规定当前建模的工作平面,其内部原点始终位于工作平面的中心,建模工作平面并不是一个无限大的范围,而是以内部原点为圆心,直径 32km 的圆。项目坐标系是由项

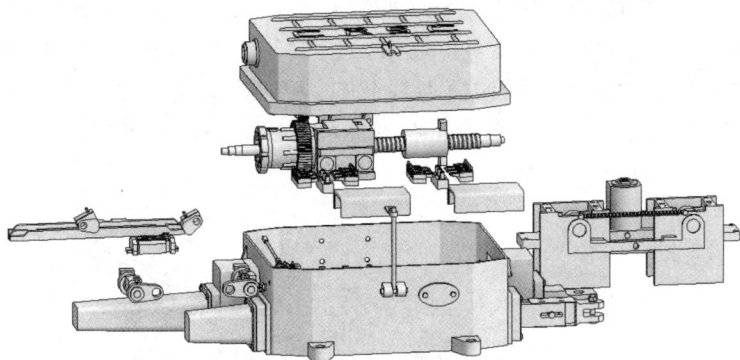

图 11-7 转辙机爆炸效果图

目基点所定义的,系统坐标系规定了项目基点的移动范围,因此也可以把系统坐标系称为项目坐标系的基础。项目基点一般有两种状态:剪裁状态和非剪裁状态,如图 11-8 所示。当项目基点处于剪裁状态时,移动项目基点会带着工作平面一起移动;当项目基点处于非剪裁状态时,项目基点可以自由移动,不影响建模工作平面的位置,但它仅能在工作平面内移动。

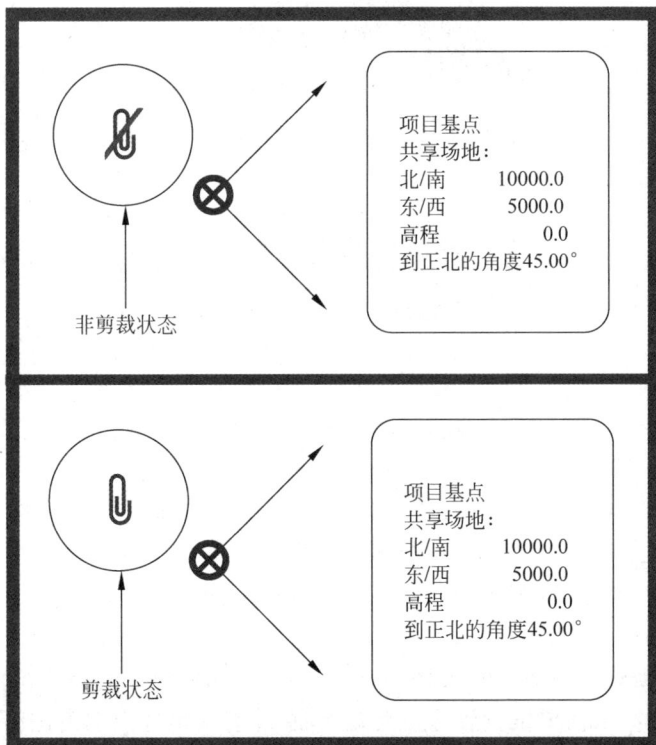

图 11-8 项目基点的两种状态

实际建模过程中,往往会忽略所建模型是否在项目坐标系中心位置,因此,想要确定各设备放置的坐标点,就需要找到线路与项目基点的相对位置关系,从而得到设备的位置坐标。

在线路起点处沿线路走向绘制一条模型线,利用"Select Model Element"节点拾取该模型线,建立 Revit 软件与 Dynamo 工具的联系,通过"CurveElement.Curve"节点在 Dynamo 工具中获取该模型线的实例。以该模型线起点为基准,计算所需位置点的坐标。连接"Curve.StartPoint"节点,得到线路基准点坐标(200295.03,−120804.908,0),如图 11-9 所示。

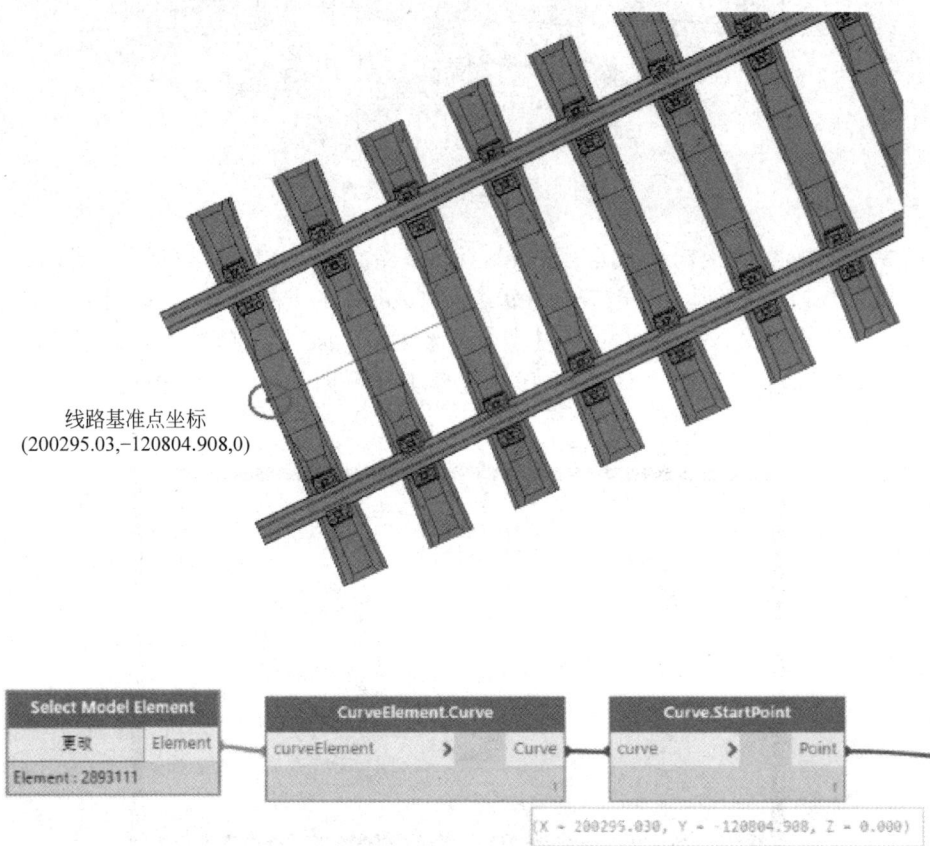

图 11-9　获取基准点坐标

充分考虑线路中设备与基准点和设备与设备之间的相对位置关系,以线路的起点为基准点,通过在"Code Block"中定义方法库来计算设备放置点相对于线路起点的坐标。

以获取的点为原点建立坐标系,通过"CoordinateSystem.Origin"节点将各坐标系原点,即之前获取的点,连接至"Point.X""Point.Y""Point.Z",从而得到该点的 X、Y、Z 轴具体坐标数值,并根据获取的坐标值在 Revit 软件中生成相应位置的点。

在工作项目中载入需要批量放置的族类型,通过拾取坐标点的方法精准放置族实例于指定位置。为满足设备沿线路垂向布置,将生成的坐标点按顺序连接成一条光滑的样条曲线,获取各个点的垂直向量后,将旋转轴与垂直向量间的夹角设置为绕 Z 轴旋转的欧拉角来调整设备摆放的方向。对于一些有特殊放置要求的设备,可以进行适当调整摆放的方式。

通过上述方法,依次算出各类设施设备的位置坐标,以坐标点为参照,将族放置在线路的相应位置上,完成地铁线路的建模,部分线路设备布置效果图如图 11-10 所示。

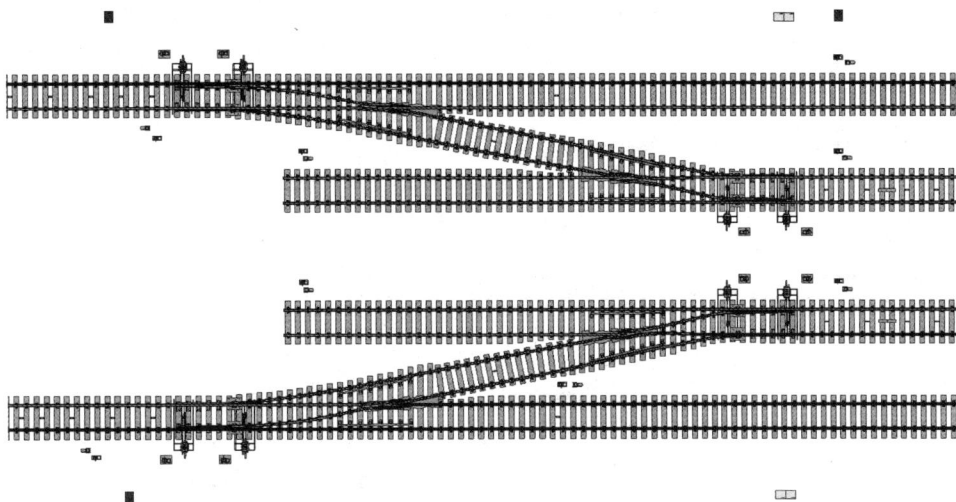

图 11-10 部分线路设备布置效果图

为满足后期运营维护的需求,应建立完整的信息化模型,则需要对插入的多个族实例添加管理过程中的信息,例如设备点位信息、设备移交时间、出厂编号等。对各个族构件的类型参数可以统一修改为相同族类型所共有的参数。而对于实例参数,每个个体都有其独立的参数,若使用传统建模手段,只能对每个构件手动添加不同的信息,不仅增加了工作量和时间成本,还容易出现信息填写错误的问题。

为有效提升信息添加的效率和准确性,采用 Dynamo 编制程序,将各图元信息与其 ID 号建立一一对应的关系,批量提取各设备 ID 号后,通过识别 ID 号来实现对设备参数信息的自动填写,完成地铁线路信息化模型的建立。

由于前面章节对应用 Unity 3D 平台的开发有详细讲解,本节以流程的形式展示技术路线,如图 11-3 所示,步骤如下。

(1) 将建立的地铁线路信息化模型从 Revit 软件中导出,为 FBX 格式文件,载入 Unity 工程文件中,通过固定颜色、天空盒子和 Camera 贴图等方法创建界面背景,使用着色器、材质球等渲染模型。

(2) 在 Unity 平台中新建多个场景,分别命名为登录界面、生产信息、故障检索、工电联检联修。通过 Visual Studio 编写 C#语言程序,实现多个场景之间的加载与切换,同时,在 Camera 上挂载 C#语言程序实现视角的拉近拉远以及各个角度的切换。添加鼠标单击事件,建立所需管理的设备与鼠标单击动作之间的联系,实现三维模型与功能面板之间的交互操作。

(3) 生产信息模块的开发利用了 Unity 3D 平台的内置功能,根据实际管理需求设计 UI 按钮,创建用于交互功能的操作面板。采用 Animation 动画组件,模拟转辙机等设备的拆装过程,用于养护维修指导。通过 Visual Studio 编写 C#语言程序,实现一系列的交互功能。

(4) 故障检索模块的开发通过搜集地铁道岔部位,如转辙器结构、连接部分、辙叉结构以及轨道板结构等常见的故障原因、故障现象及维护措施。基于故障树原理,实现从故障名称/现象、故障原因到维护措施的一系列检索功能。

（5）工电联检联修模块的开发从工电部门联检联修的实际需求出发，设计巡检记录表单、作业计划申报表单、故障处理进度表单以及质量检查验收表单。对工务和通号两个部门的使用权限进行划分，密切联系两个部门的工作交流与数据信息共享，实现两个部门的联检联修，分管分治。

（6）设计 MySQL 数据库，针对用户信息、故障信息和维护信息进行管理，设计不同结构的表格，通过编写 C#语言程序对数据库数据进行读取、储存及增加等操作。

11.3 BIM 技术在工电联检中的应用案例

为满足工电两个部门的日常管理需求，促进两个部门的交流互动，现将地铁道岔的各设备结构整合在一起，充分考虑设备结构的关联性，避免单独化管理。因此，将创建好的地铁线路 BIM 转换成 FBX 格式文件后导入 Unity 平台，对整条线路进行集中性管理。管理内容主要分为生产资料管理和故障维护管理两个方面，既整合了各设备结构的生产信息，为工务部门和通号部门的数据信息管理提供便利，同时又保障了设备结构的故障维护。

生产资料管理主要是将地铁道岔的各种类型设备结构从设计图纸到施工安装方法，再到维护手册等各类信息进行整理归纳，并且赋予每个位置一个点位信息，使得管理不再局限于设备本身，而是拓宽到线路内某一具体位置。单一设备的全生命周期是有限的，当它被新的设备所替换，就会开启新一轮的全生命周期管理。因此，聚焦于线路中的某一具体位置，分析该位置发生过哪些故障，采用了哪些维修措施等，对保障线路健康具有一定的积极作用。

故障维护管理是指通过建立地铁道岔常见故障的检索库，在日常维护中，为判断故障原因、解决设备故障提供专业意见。

道岔的维护管理一直是确保地铁正常运行的重要一环，本节内容考虑到工务和通号两个部门对地铁道岔日常维护管理的现实需求，对地铁道岔全生命周期可视化管理平台进行相应的功能模块设计。该平台主要分为三个模块：生产信息、故障检索和工电联检联修，地铁道岔全生命周期可视化管理平台的功能框架如图 11-11 所示。

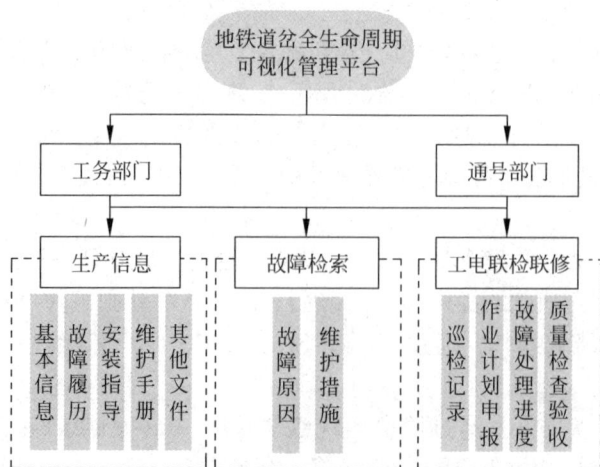

图 11-11　地铁道岔全生命周期可视化管理平台功能框架

工电联检联修是地铁道岔日常维护的重要一环,工务和通号两个部门紧密联系,密不可分。为了促进两个部门的数据信息交流,有效提高联检联修的作业效率,现结合联检范围、联检周期及作业流程等相关内容,开发地铁道岔全生命周期管理平台,以确保两个部门获取信息的时效性及完整性,平台主要分为以下三个部分。

1) 用户登录

平台设计采用 PC 端操作的方式,同时,为了满足工务和通号两个部门的日常管理需求,使得两个部门的相关人员能够有针对性地开展设备结构的管理并进行数据访问,建立了储存用户信息的数据库。登录平台后根据用户的部门归属进行权限的划分。平台登录界面如图 11-12 所示,用户输入正确的账号、密码,即可完成登录。

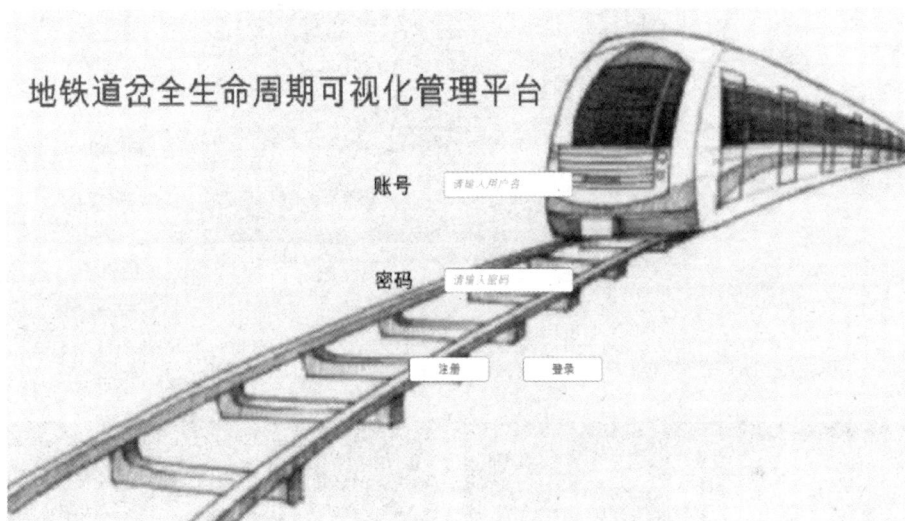

图 11-12 地铁道岔全生命周期管理平台登录界面

2) 工电部门设备管理可视化

地铁道岔的设备结构种类繁多,工务和通号两个部门负责维护的设备紧密相连,在日常管理工作上也有很多交涉与重叠,采用传统纸质资料管理方式容易造成信息缺失,且两个部门的信息共享也是一件难题。在基于 BIM 技术创建地铁道岔线路信息化模型的基础上,建立可视化管理平台,实现工电部门对设备的可视化管理,对促进工电部门信息交流,提高设备管理效率具有积极意义。为满足管理形式的个性化需求,以文字、图片、文件等不同的方式储存并展示信息,通过对 UI 控件的交互设计,实现可视化展示,UI 设计功能如图 11-13 所示。

生产信息模块主要针对地铁道岔的生产信息进行可视化管理,涵盖转辙机结构、连接部分、辙叉结构、轨道板等轨道结构以及轨旁信号设备,以满足工、电两个部门的共同管理需求,生产信息如图 11-14 所示。

3) 工电联检联修进度可视化

为促进工电部门的信息交流互动,有效提高工电联检联修的效率,工电联检联修进度可视化功能模块主要包括道岔检查记录查看、作业计划申报、故障处理进度跟踪和质量检查验收。

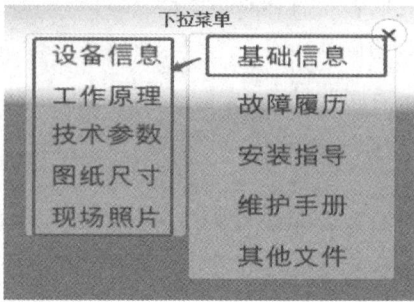

(a)

(b)

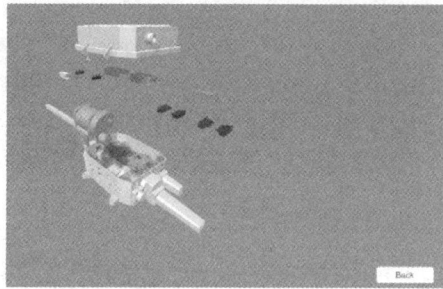

(c)

图 11-13　UI 设计功能

（a）信息查询操作面板；（b）其他文件按钮单击访问文件夹；（c）转辙机三维拆装展示

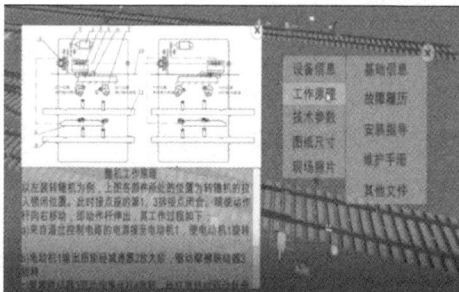

(a)

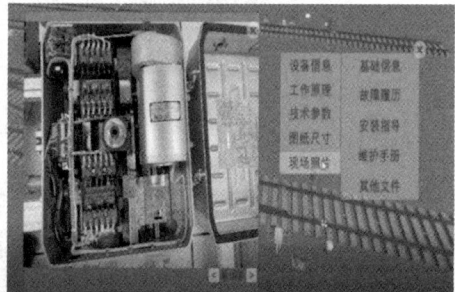

(b)

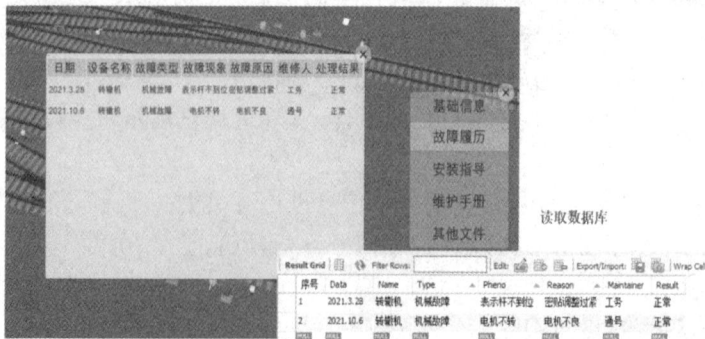

(c)

图 11-14　生产信息

（a）转辙机工作原理展示；（b）转辙机现场照片展示；（c）ZDJ9 型转辙机故障履历查看

（1）道岔检查记录查看。

根据工务部门的道岔检查记录设计道岔检查记录表单，如图 11-15 所示，包括道岔支距、道岔部位的转辙部分、导曲线部分和辙叉部分针对轨距、水平、方向和高低等轨道几何形位要素的容许偏差值进行管理，容许偏差标准如表 11-3 所示。辙叉部分还需要测量尖轨动程、轮缘槽、框距和尖轨爬行等数值。

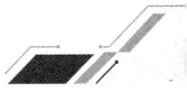

图 11-15　道岔检查记录表单

表 11-3　轨道静态几何尺寸容许偏差管理值　　　　单位：mm

项　　目		作业验收		经常保养		临时修补	
		正线到发线	其他站线	正线到发线	其他站线	正线到发线	其他站线
轨距		$+3, -2$	$+3, -2$	$+5, -3$	$+5, -3$	$+6, -3$	$+6, -3$
水平		4	5	7	8	9	10
高低		4	5	7	8	9	10
轨向	直线	4	5	7	8	9	10
	支距	2	5	3	3	4	4

工务部门填写道岔检查记录，将数据整理归纳，在联检联修模块中，对应道岔各部位将内容要点提交上传至数据库进行储存。如图 11-16 所示，将相关数据信息及偏差值填写至相应的空格内，单击"提交"按钮，便可添加一条新的检查记录储存于数据库内。单击"新建"按钮，即可清空上条记录，进行新的数据添加。通过读取数据库信息即可实现道岔检查记录的查看，这是工电部门双方共有权限，对工电部门了解道岔健康状态、开展道岔部位维护工作具有重要参考价值。

（2）质量检查验收。

为了促进工电部门的信息交流共享，提高联检联修作业效率，将道岔工电联合检查、整

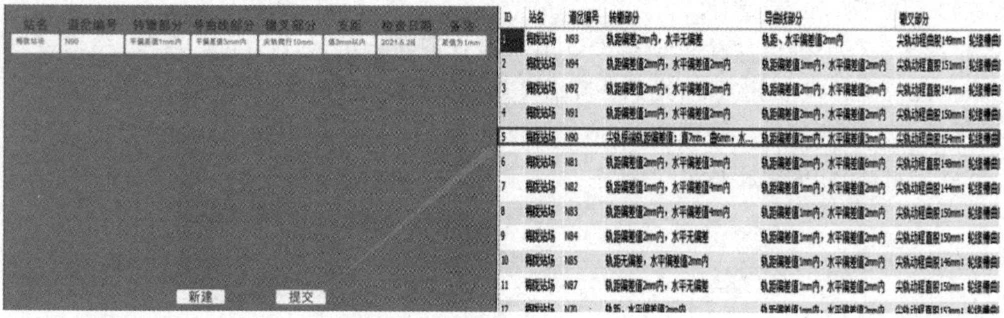

图 11-16　道岔检查记录提交和添加

治验收标准及记录表电子化，摆脱传统的纸质记录方式，并添加“查看”“新建”“提交”等按钮进行交互操作，如图 11-17 所示。该记录表附有状态显示功能，当且仅当工务检查人和通号检查人都签署姓名后，该份记录表状态从“未完成”变为“完成”，即视为一份工作结束的记录表，未完成前也可反复提交。

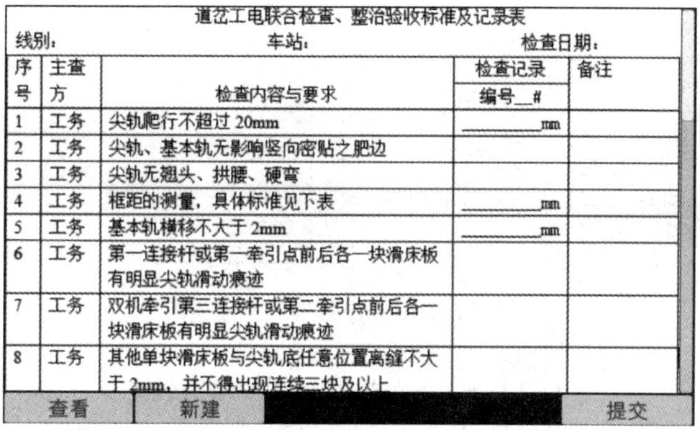

道岔工电联合检查、整治验收标准及记录表

线别：　　车站：　　检查日期：

序号	主查方	检查内容与要求	检查记录 编号__#	备注
1	工务	尖轨爬行不超过 20mm	________mm	
2	工务	尖轨、基本轨无影响竖向密贴之肥边		
3	工务	尖轨无翘头、拱腰、硬弯		
4	工务	框距的测量，具体标准见下表	________mm	
5	工务	基本轨横移不大于 2mm	________mm	
6	工务	第一连接杆或第一牵引点前后各一块滑床板有明显尖轨滑动痕迹		
7	工务	双机牵引第三连接杆或第二牵引点前后各一块滑床板有明显尖轨滑动痕迹		
8	工务	其他单块滑床板与尖轨底任意位置离缝不大于 2mm，并不得出现连续三块及以上		

查看　新建　提交

图 11-17　工电联检联修记录表电子化

初次单击“提交”按钮，即视为创建数据库，后续启动将不重复创建。单次提交后，将创建新的数据表用于保存输入数据，每份数据表以检查日期命名。输入检查日期，单击“查看”按钮，即可调取该日期下的记录表数据。若在已有数据的记录表上进行修改或继续填写后单击“提交”按钮，不重复创建新的数据表。

相比于传统纸质记录表的填写，将记录表电子化既便于储存管理数据信息，又便于两个部门各自开展检查工作并进行数据的交流共享，一定程度上能够提高联检联修的工作效率。

11.4 总结

在地铁道岔系统的日常维护管理中，工务部门和通号部门相互协作，共同维护道岔系统结构稳定，保证地铁行车安全。然而在传统的管理模式下，工电部门各自对自己专业相关结构设备负责，信息相对闭塞，且双方在进行联检联修的时候，信息的传递存在滞后性。本章内容应用 BIM 技术开展地铁道岔全生命周期可视化管理开发，设计可视化管理平台，促进

工电部门信息交流与数据共享,有效提升工电联检联修的效率,实现地铁道岔系统的可视化管理。

　　以现已投入使用的道岔系统相关设备结构为管理对象,对其从运维阶段开始的全生命周期数据进行管理,工电部门管理人员能够在三维场景下实现相关结构设备的生产信息查看、故障检索,以及工电联检联修进度可视化等功能,在信息管理、数据共享等方面具有明显的优势。平台的设计开发能够整合工电两个部门的结构设备信息,将两个部门更紧密地联合在一起,对地铁维保部门开展设备维护和联合作业都具有非常重要的指导价值,在一定程度上能够有效提高维保部门的工作效率,还可以为地铁安全运行提供保障。

第 12 章　BIM+三维激光扫描技术在铁道工程中的应用案例

铁道工程中的 BIM 技术和三维激光扫描技术的应用,为铁道工程的规划、设计和施工过程带来了许多创新和改进。BIM 技术在铁道工程中的应用使得工程数据能够以数字化形式集中管理和共享,实现了工程信息的高度集成和协作。三维激光扫描技术的应用使得铁道工程现场的数据采集变得更加高效和精确,通过激光扫描仪和摄影测量等技术,可以获取现有铁路设施的精确三维模型,为后续设计和维护工作提供可靠的基础数据。

此外,BIM 技术和三维激光扫描技术的结合也使得现有铁路设施的更新和改造工作变得更加精准和可控,为工程管理和决策提供了强大的工具和支持,有助于提高工程质量、降低成本,并为铁路系统的安全和可靠运行提供更好的保障。

12.1　三维激光扫描技术

随着三维激光扫描技术的快速发展,该项技术已经广泛应用于各类工程领域。通过三维激光扫描仪能够获得高密度、高精度的点云坐标数据,继而对这些数据进行处理,可以高效构建准确的三维模型。三维激光扫描技术所具备的高度数字化、非接触性、实时性、分辨率高、效率高、适应性强的特点,已经成为各领域的重要革新。

三维激光扫描技术可以实现对铁路车站的全方位扫描,包括坐标点位及颜色等信息。该技术基于空间三维坐标值,能够自动获取扫描物体表面点云信息,利用逆向建模技术可以快速生成实体三维模型,是获取被测物体数据的高效途径。三维激光扫描同时提供点云空间坐标值和结构信息,该数据需要经过降噪、拼接等处理方可应用于建模,但它能够在复杂多变的环境条件下应用。

常见的三维激光扫描仪主要分为手持式(图 12-1)和全站式(图 12-2),运用数码相机采集一系列的图像序列,再经过软件匹配处理的步骤,最后将每一站的点云拼接形成完整的全景图,并生成相对应的点云模型。

三维激光扫描技术具有极高的测量效率,只需进行现场扫描工作,比对偏差与建模工作可在后台完成,从而大幅减少测量时间和往返现场的次数。该项技术可以直接使用点云逆向建模技术完成复杂部位的模型建立,大大提高了建模效率和精度。如果发现相邻测站点之间

的点云密度不足,可以增设站点,对缺失的部分进行补充扫描,确保数据的完整性和准确性。

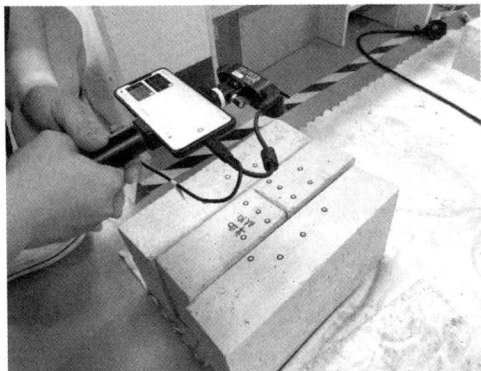

图 12-1 手持式三维激光扫描仪

图 12-2 全站式三维激光扫描仪

12.2 三维激光扫描技术在轨道损伤检测中的应用案例

12.2.1 BIM 点云与工程数据采集

鉴于铁路车站工程环境的复杂多变,一些结构部件不适合使用全站式三维激光扫描仪进行测量。因此,在建模难度较大的复杂部位,一般选用手持式三维激光扫描仪进行结构的逆向建模。手持式三维激光扫描仪以其便携、高精度等特点,被广泛应用于复杂结构构件的逆向建模中。它具有快速的测量速度,并且分辨率高达 0.05mm,是一种移动的数据采集系统,无需配备外部跟踪或定位设备。手持式三维激光扫描仪的自身重量轻,携带方便,可随时随地实现 3D 扫描,它的配套软件系统也具有强大的处理功能,能够对重建的三维点云进行自动填补和修复等操作。在使用手持式三维激光扫描仪采集数据资料之前,需要将定位标记点贴在被扫描车站的构件上。随后,使用手持式三维激光扫描仪对被测构件进行整体扫描,获取构件表面的三维数据。完成点云扫描之后,再通过逆向建模,就可以获得轨道结构构件的三维模型。

利用三维激光扫描技术,对铁路车站工程中的关键部位、复杂的曲面结构完成点云的扫描后,进行点云数据拼接、优化与逆向建模。

使用三维激光扫描技术时,可能会遇到一些问题,如尺寸大小问题和将扫描结果转化为三维参数化模型的问题。在三维激光扫描后,点云图仅能呈现外观轮廓,而无法表达构件内部结构,更无法区分整体结构中的各个零件模型。以钢轨接头的联结零件为例,通过手持式三维激光扫描仪的逆向建模工作可解决上述问题,包括点云比例缩放、逆向内部建模和整体构件拆分等操作。钢轨接头的联结零件由夹板、螺栓、螺母和弹簧垫圈组成,如图 12-3 所示。使用手持式三维激光扫描仪对钢轨接头进行点云扫描,以获取点云数据,并通过初步处理将点云网格化。网格化后的钢轨连接处点云图如图 12-4 所示。

为使点云与三维模型场景大小匹配,还需进行比例调节。由于点云数据量很大,直接应用是不可行的,所以必须进行优化处理。使用专业的三维扫描软件将点云网格化后,以通用的 FBX 格式输出文件,然后将该 FBX 格式文件导入 3DS MAX 中,通过优化工具进行三角

153

网格的面数优化,以减少数据量。点云优化操作界面如图 12-5 所示,点云优化前后的模型对比如图 12-6 所示,表 12-1 为点云优化前后数据对比。

图 12-3　钢轨接头联结零件

图 12-4　网格化钢轨连接处点云图

表 12-1　点云优化前后数据对比

	优化前	优化后	优化百分比
顶点数	214385	26537	87.62%
法线数	215596	22003	89.79%
三角面数	411008	35431	91.38%

将优化后的点云数据的原始格式转换成 Autodesk 软件可以打开的 DWG 格式文件,可以利用 3DS MAX 进行文件格式的转换。

点云优化前的 CAD 文件如图 12-7 所示,点云优化后的 CAD 文件如图 12-8 所示,通过优化可以将 DWG 格式文件的数据量减少 78.86%。将 DWG 格式文件导入 Revit 软件中,在建模的过程中可以利用剖面框对点云进行分割、裁剪,通过该方式对遮挡比较严重的地方进行正确建模。

由于点云仅由构件表面的点组成,而并非实际的三维模型,因此需要根据构件轮廓选取特征点,并通过拉伸、放样、融合、空心剖切等方式进行点云的逆向建模。夹板的建模采用拉伸的方式完成,如图 12-9 所示,而螺栓的建模则采用旋转的方式完成,如图 12-10 所示。通过特征点确定三维模型的精确轮廓,并根据不同类型的模型选择适合的建模方式。但是,有些模型仅按照外轮廓建模是不够的,其内部结构还需要根据构件结构图进行完善。只有根据现场视频或照片以及三维测量的点云数据,并结合设计图纸,才能真实还原构件的全部三维信息。当全部构件建模完成后,点云数据可被移除。点云图与通过翻模后的三维模型对比如图 12-11 所示。

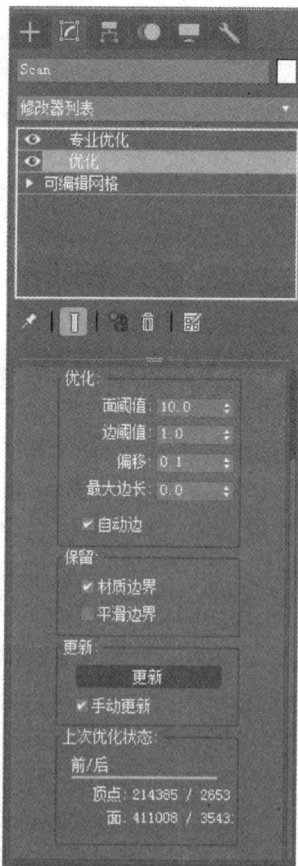

图 12-5　点云优化操作界面

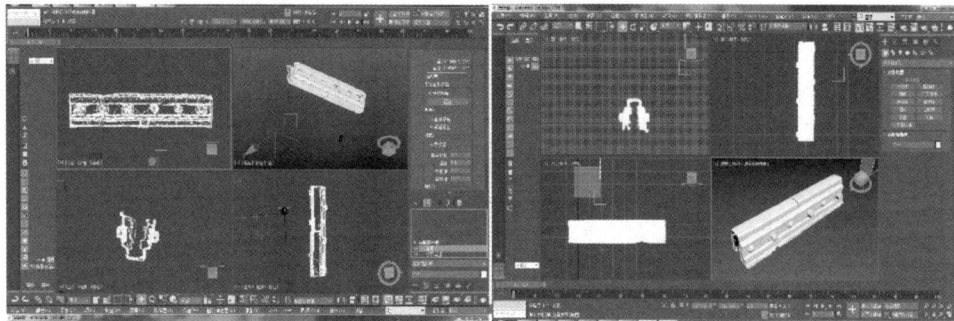

图 12-6　点云优化前后的模型对比

图 12-7　点云优化前的 CAD 文件

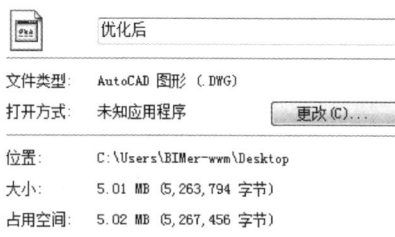

图 12-8　点云优化后的 CAD 文件

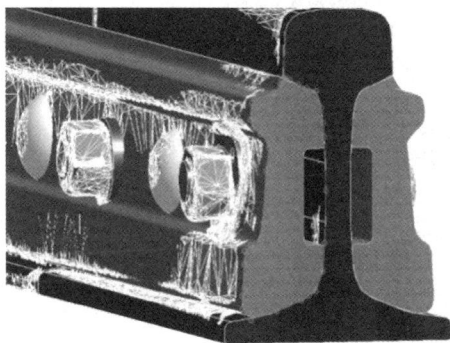

图 12-9　夹板建模

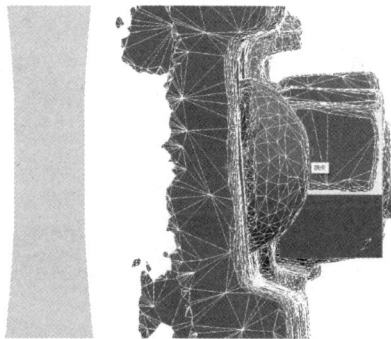

图 12-10　螺栓建模

12.2.2　BIM 点云自动建模与病害识别研究

近年来,随着铁路事业的发展,高铁列车速度不断加快,发车间隔不断缩短,人们日常出行对轨道交通的需求日益增加,继而对铁路轨道结构的运营状态提出了更严格的要求。同时,钢轨在服役过程中所处环境会出现温度变化,为避免钢轨长度因热胀冷缩影响正常使用,所以钢轨接头处留有一定间隔的轨缝以满足钢轨热胀冷缩时长度变化的需要,保证行车安全。

钢轨接头是轨道线路的重要组成部分,也是轨道线路薄弱环节之一。在日常的轨道维护过程中,对于钢轨接头的检测和维护也是尤为重要的。

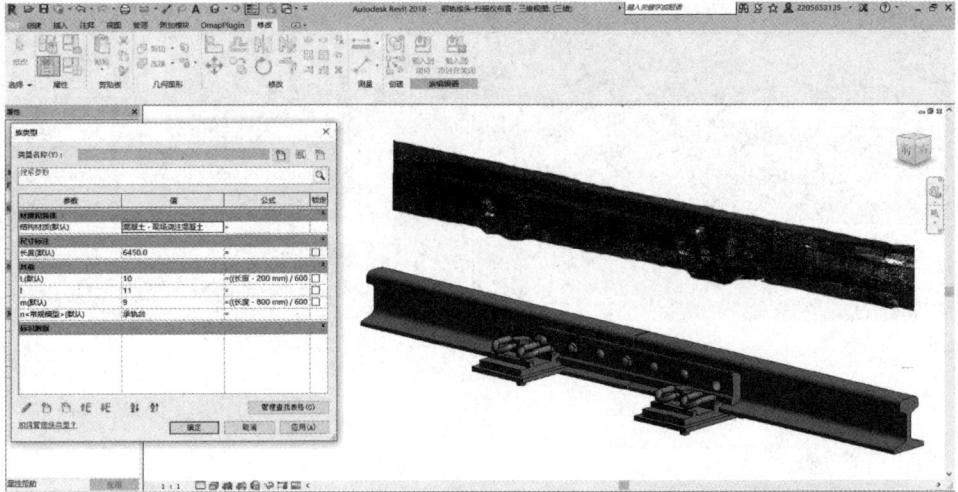

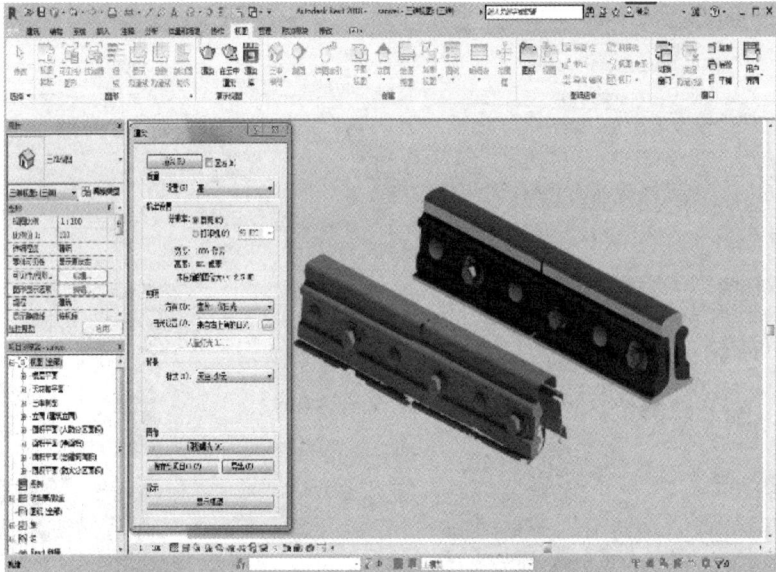

图 12-11　点云图与三维模型的对比图

1）钢轨接头的主要病害及成因

钢轨接头的病害呈现多种多样，其中主要有以下几种：

（1）轨缝不良，钢轨接头处轨缝超过列车安全运行的条件；

（2）钢轨轨面错牙，钢轨接头处两侧高低不平形成错牙；

（3）接头夹板螺栓数目不一致或发生螺栓缺失等问题。

2）接头破坏主要原因

（1）当列车轮对在经过接头部位时，会对其作用长时间的移动荷载和冲击荷载，再加之轨缝存在的影响，导致钢轨接头处的工作状态发生变化，即钢轨接头在轨道结构上发生不连续和轨面的不平顺。同时接头夹板处螺栓断裂和缺失等，最终加速了接头病害的形成，极大地缩短了钢轨的使用寿命。

（2）铁路的养护维修效率很大程度上影响着列车的行驶安全，随着运营里程的不断增加、庞大的客运量以及短暂的天窗时间，使得轨道结构的养护维修难以达到十分精确的水平，从而间接加速了这些钢轨接头病害的发展，对列车的行车安全造成严重威胁。

使用三维激光扫描仪进行钢轨接头处点云数据的获取。为保证点云数据的完整性，采用 5 个球形靶标进行定位，同时保证每个观测站数据采集至少有 3 个不共面的球形靶标，共设置 5 个采样点进行采样，采集现场图像如图 12-12 所示。5 个球形靶标呈近似正五边形布置，其中 4 个球形靶标分别布置于钢轨接头左右 1m 处的钢轨上，另一球形靶标布置于钢轨接头外侧距离接头中心 1.5m 处。

图 12-12　采集现场扫描仪以及球形靶标的具体位置分布

钢轨接头图像采集共设置了 5 个采样点，5 个采样点分别布置在距球形靶标 0.5m 处，呈近似五边形分布，以此保证采集的钢轨接头处数据完整可靠。对 5 个采样点逐一进行采样后将采集数据导入 Scene 软件中进行处理和分析。

在 Scene 软件中将 5 个采样点采集的点云图像进行拼接。以球形靶标作为定位点进行拼接，利用软件自动拼接后再进行人工检查，对未识别的球形靶标以及识别误差较大的球形靶标进行人工校准，以提高点云数据拼接的精确度。

在钢轨接头的扫描过程中，由于扫描仪扫描范围比较广，点云数据中包括部分与结构模型无关的数据，因此需要对获取的点云数据进行降噪处理。本节采用的降噪处理方法主要分为初步降噪和精细降噪。初步降噪是采用手动编辑的方法对周围多余钢轨等干扰物进行手动删除，精细降噪是通过 Scene 软件采用离群点去除算法除去孤立的点云数据，以此进一步提高建模精确度，图 12-13 为降噪的整体流程。

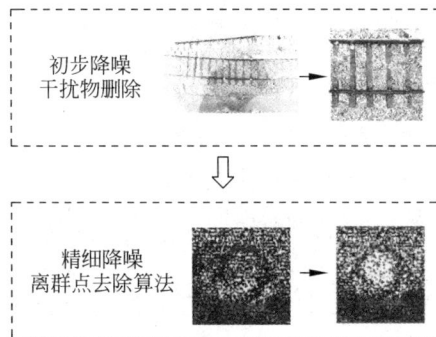

图 12-13　降噪的整体流程

当列车通过钢轨接头处时，轮轨的冲击力变大，使得钢轨接头处轨枕下的道床所受力也更大，同时钢轨接头处的振动频率也远远大于钢轨的其他部位，这使得钢轨接头处道床更易产生变形,从而产生了钢轨低接头问题,对线路的质量造成了损害,影响行车安全。因此借助三维扫描和 BIM 技术对钢轨接头进行三维重建,可直观展现钢轨接头处的病害,同时借助测量软件可以对钢轨接头处高低和轨缝进行测量,对于测量数据偏离标准值过大的接头数据,在日常养护维修中着重进行管理和维护,以更加信息化的方式进行轨道的养护维修作业。

1)钢轨接头轨缝和高低问题

接头轨缝宽度不能超过构造轨缝,同时也不能完全贴合,轨缝过大可能会损坏螺栓以及引起钢轨防断、轨道电路故障等问题;轨缝过小可能会使相邻钢轨温度力无法释放而发生涨轨,因此在养护维修过程中对于轨缝宽度的检测和控制尤为重要。

将经过拼接处理后的点云数据导入测量软件中,测量接头轨缝宽度,如图 12-14 所示。经过模型分析,实验所测钢轨接头轨缝宽度为 7.7mm,在安全允许的 0~18mm 范围内。

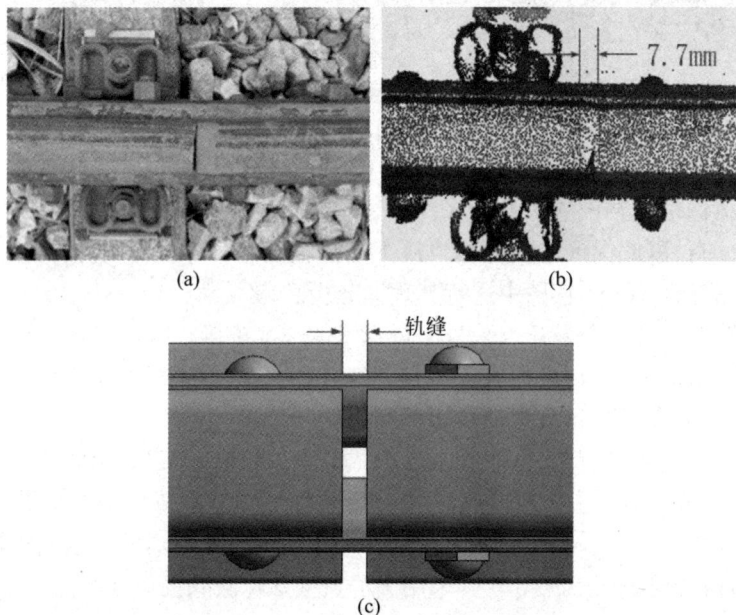

图 12-14　钢轨接头轨缝宽度的测量
(a) 接头轨缝实物图;(b) 接头轨缝点云测量图;(c) 接头轨缝 BIM

同时钢轨接头处出现不平顺,会显著加剧钢轨接头区域的轮轨相互作用,接头因受强烈的冲击振动易使钢轨夹板加速疲劳而发生伤损折断;过大的接头轨面错牙构成的三角坑会加剧列车左右振动摇晃,在列车偏载或超速运行时极易造成列车脱轨倾覆事故的发生,严重影响钢轨的服役寿命与行车安全。接头轨面错牙的存在加剧了轨道几何形位的变化,增加了线路养护维修的工作量。

轨面错牙的测量如图 12-15 所示。对接头高低误差进行测量,测得接头高低误差为 3.1mm,超过安全运营允许的 2mm 误差范围。因此为保证列车运行的安全,需要及时对钢轨接头进行维修处理。

2)钢轨接头处螺栓脱落问题

钢轨接头螺栓、螺母用来夹紧接头夹板,以保持钢轨接头的整体性和强度。在进行接头

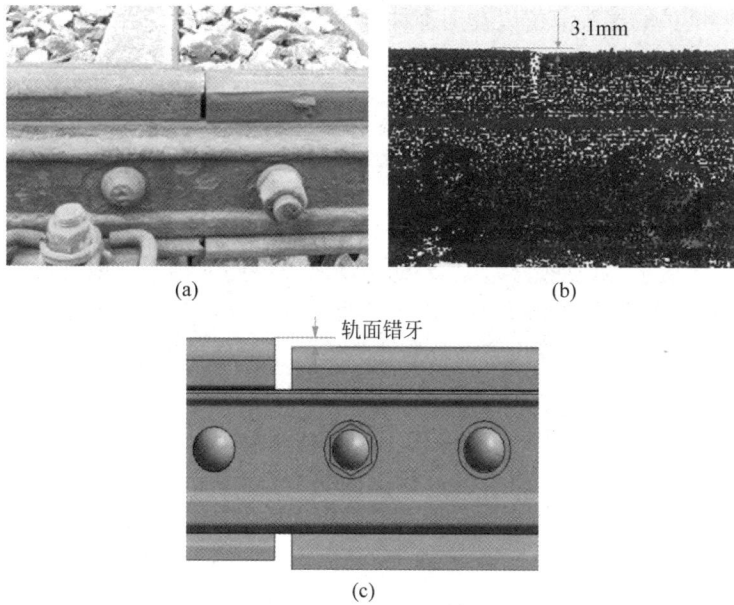

(a)

(b)

3.1mm

轨面错牙

(c)

图 12-15　轨面错牙的测量

（a）轨面错牙实物图；（b）轨面错牙点云测量图；（c）轨面错牙 BIM

高低和轨缝宽度测量的同时，可以通过三维模型直观了解接头夹板上螺栓的数目和状态，如图 12-16 所示，该接头夹板处出现了螺栓脱落、缺失的情况，需要及时进行补齐处理，以保证行车设备的安全。

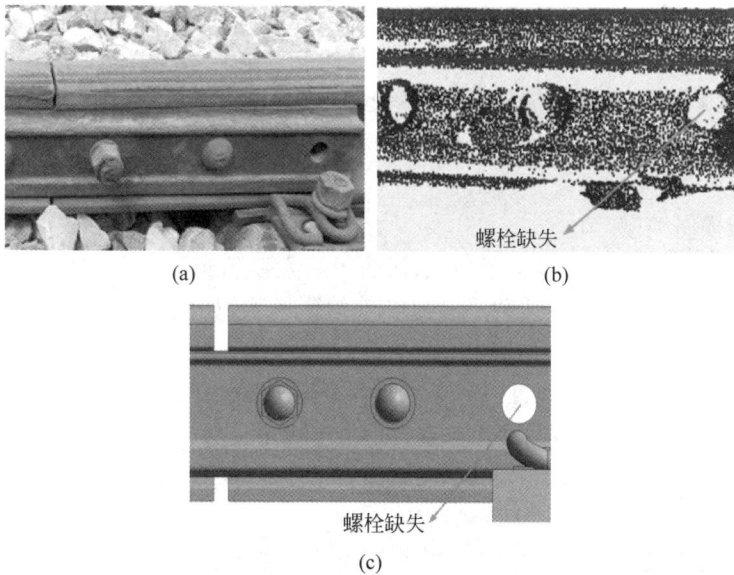

(a)

螺栓缺失

(b)

螺栓缺失

(c)

图 12-16　钢轨接头螺栓缺失脱落

（a）螺栓缺失实物图；（b）螺栓缺失点云图；（c）螺栓缺失 BIM

　　将测量的接头高低误差以及轨缝宽度与规范标准进行对比来确认接头处是否满足安全运行的要求，若不满足则需及时进行养护维修，经过预先对钢轨接头处数据的分析处理，可以准确掌握需要维护的接头部位以及病害种类。对于病害信息的存储有利于轨道结构的信息化管理,在一定程度上提高了养护维修人员的工作效率,保证了养护维修工作的高效有序进行。

12.2.3　BIM点云与关键构件损伤识别

轨道板是铁路轨道的重要构件,它的质量和效用直接影响铁路线路的质量和列车的安全性,因此,针对轨道板的定期巡检是必要的。现阶段主要依赖人工现场用尺对轨道板表观伤损情况进行长度、宽度及深度的测量,人工巡检不仅效率低下,且检测结果极大依赖巡检工人的经验和责任心。因此,寻找新型且便捷的轨道板损伤识别方式十分重要。

现阶段在铁道工程领域,车辆行驶、振动等因素会导致轨道板承受压力不断积累,并逐渐生成裂缝、掉块等损伤。轨道板损伤的存在可能导致轨道结构性能减弱及不稳定,加大了铁路系统运营风险。及时检修和更换损伤的轨道板是确保铁路系统稳定与安全的重要举措。

轨道板损伤危害体现在以下几个方面。

(1) 削弱轨道结构承载力。轨道板掉块后,结构整体性遭到破坏,轨道结构的承载力降低。

(2) 降低无砟轨道耐久性。随着裂缝进一步扩展,结构的劣化速度加剧,轨道板结构的耐久性减弱。

(3) 危害无砟轨道使用安全。损伤产生后,在外界环境、列车及温度荷载等耦合作用下,对结构受力及变形更为不利,造成巨大安全隐患。

因此,深入研究和有效管理轨道板的损伤类型对于确保铁路系统的可靠性和安全性至关重要。

及时识别和修复轨道板的损伤,是保障铁路安全和高效运营的重要措施。相较于传统人工检测方式的费时烦琐,提出一种新型的轨道板损伤检测技术,使检测时间减少、效率提高。

1. 轨道板损伤类型

列车在无砟轨道上行驶时,由于振动、扭曲等因素使轨道板承受的压力不断加大,长期下来会逐渐产生裂缝、掉块、腐蚀和层间离缝等损伤类型,如图 12-17 所示。轮廓不平整或轨道疲劳是导致轨道板裂缝、掉块的常见原因;此外,轨道板长期露天受潮、受阳光和雨水等气候因素的侵蚀,容易产生腐蚀、氧化风化、生锈等现象。而由于车轮与轨道板之间的相互作用,CA 砂浆离缝隶属于内部损伤,主要是由于板下支撑不均匀,轨道板养护不当,对于错位变形,存在极高的安全风险。因此,及时维护和更换损伤的轨道板是确保铁路稳定性和安全性的重要措施。

2. 点云数据获取

三维激光扫描技术以其高分辨率、高精度数据及使用简便等特点,成为工程领域的应用趋势。使用三维激光扫描仪可对轨道板表面特征进行提取处理并转化为数字信息,利用激光测距原理,收集轨道板表面点云序列信息,快速获取轨道板损伤参数。

数据采集方式主要有全站式、手持式和人工提取三大类,其中,手持式和人工提取为全站式采集轨道板损伤点云数据的补充完善方式,如图 12-18 所示。

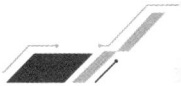

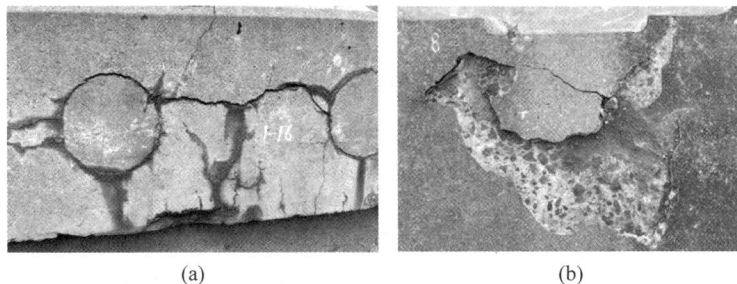

图 12-17　轨道板常见损伤类型

(a) 裂缝；(b) 掉块

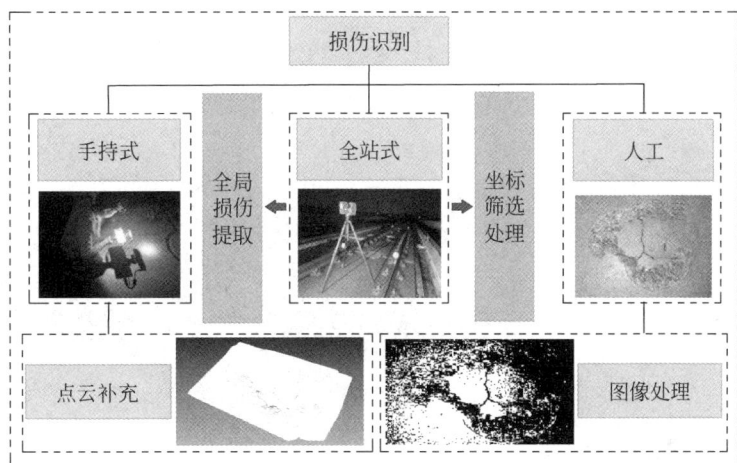

图 12-18　损伤数据获取

　　本节的数据采集使用的是实验室配备的三维激光扫描仪，为保证获取轨道板表观损伤点云数据的完整性，采用 4 个球形靶标进行点位布控，选取轨道板 5 个侧面作为全面有效扫描的基准点，通过调节扫描仪扫描角度减少杂物的出现，同时保证每个观测站数据采集至少有 3 个不共面的球形靶标，共设置 4 个采样站点进行轨道板损伤采集实验，现场站点布置如图 12-19 所示。

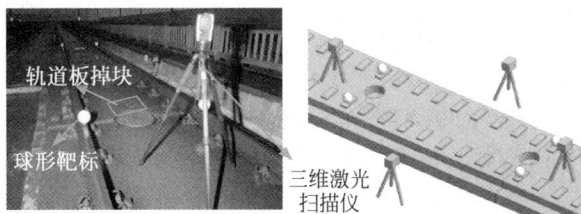

图 12-19　现场站点布置

　　(1) 逆向建模。

　　点云信息经三维激光扫描仪上的 SD 卡传输给计算机上与其配套使用的 Scene 软件及 Meshlab 软件，对所得数据进行点云处理，建立三维信息化模型；该三维信息化模型又称基于三维激光扫描技术的逆向模型,建模过程包括使用 Scene 软件模块去除体外点、多边形工具、网格化处理,使用 Meshlab 软件模块进行模型拼接和模型生成。

(2) 去除体外点。

在 Scene 软件中导入现场扫描的 FLS 格式文件,并选择彩色扫描、查找球体、基于目标进行注册的处理。由于扫描受到环境的影响,得到的数据存在一些体外点。这些体外点是不需要处理的数据,因此需要将它们去除。通过使用"自动剪切框"可以后期手动选择需要删除的体外点;通过裁剪剪切框范围,即可删除无关体外点,通过多次的操作将大部分体外点删除,扫描数据降噪对比如图 12-20 所示。

(a)

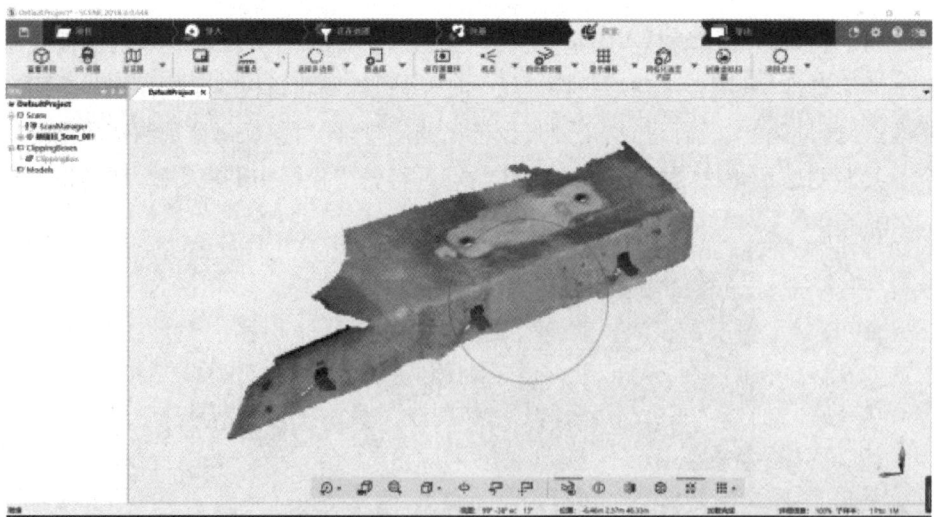

(b)

图 12-20　扫描数据降噪对比
(a) 去除点之前；(b) 去除点之后

（3）模型生成。

通过勾选多边形工具对除去所扫描轨道板之外的残余点云数据进行简化删除工作，对点云数据进行精细化处理。此外，继续对降噪处理过的点云数据进行网格化处理，将点云数据由点变成面。轨道板经过多次扫描之后得到的每个扫描数据都不完整，因此需要将不同扫描面的数据进行拟合对齐，获得完整的损伤轨道板点云数据。

在 Meshlab 软件中，通过"对齐"工具可以将数据对齐。在"模型管理器"选项卡下，在"对齐"工具栏下，执行"最佳拟合对齐"操作，Meshlab 软件将执行分析计算、完成多组模型的拟合对齐。在拟合对齐完成之后，执行"全局注册"操作，为两组模型建立新的坐标系。然后，执行"合并"操作可以将两个或多个多边形对象合并成为单个复合对象，并可以自动执行"降噪""全局配准"和"均匀抽样"操作，生成新的合并后的模型。在执行"合并"操作之后，生成新的轨道板点云数据模型上有许多红色的区域，这些区域是检测到的表面缺陷，此时执行"自动修复"操作可修复这些缺陷。同时通过填充孔操作寻找点云数据上的孔洞进行修复，最终生成损伤轨道板损伤三维模型，如图 12-21 所示。

图 12-21　轨道板逆向建模模型

3. 轨道板损伤识别

整个过程涉及三个关键步骤：数据导出、数据处理、生成等高线图和二值化处理。

（1）数据导出。

使用扫描仪设备的配套 Scene 软件，可以将三维坐标数据从激光扫描仪中导出。这些坐标数据通常以点云的形式存储，包含了物体表面大量点的坐标信息，本节选取扫描轨道板的部分损伤进行点云数据的处理工作。点云数据是由大量的离散点组成的三维空间数据集合，每个点通常包含扫描目标的 XYZ 坐标信息及相应 RGB 等属性信息，处理包括降噪、坐标数据筛选、边缘提取、病害识别等过程。

在进行降噪、平滑等相关处理后，使用"选择多边形"工具选中需要导出的部分模型，等待模型变成标定黄颜色之后，右击"导出扫描点"菜单，导出 XYZ 格式文件，如图 12-22 所示。注意：网格化后导出的结果和未网格化导出的结果点数会有很大差别，一般选用未网格化进行数据导出。

此 XYZ 格式文件包含上亿个点位信息，其中包括模型的站点信息、坐标信息以及现场反射回三维激光扫描仪的 RGB 信息。对于扫描时布置的每个站点都存在点位重复扫描的情况,基于此,可以使用软件进行数据的筛选工作,保留必要站点点位坐标数据,减少数据分析的工作量。

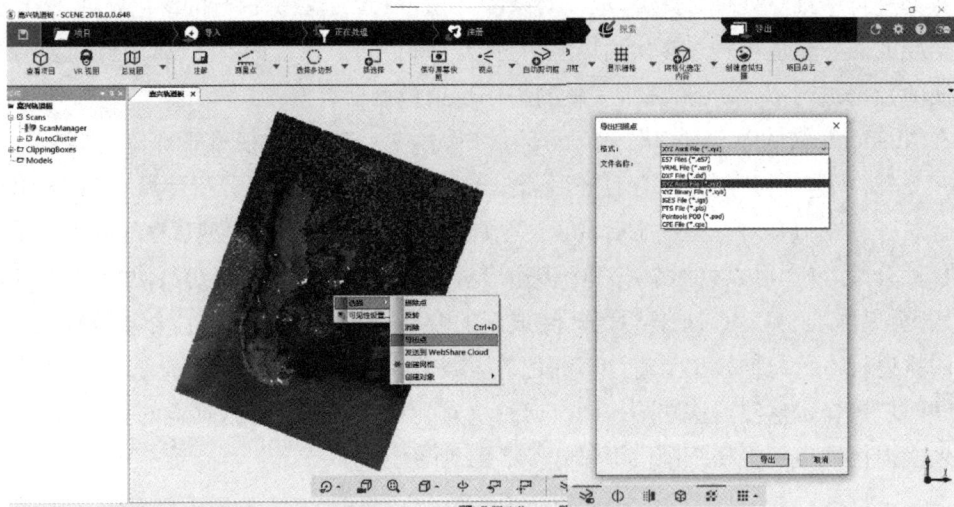

图 12-22　点云数据导出设置

（2）数据处理。

在 MATLAB 软件中,可以导入这些坐标数据并进行处理。这个过程包括数据清理、滤波、去噪、配准和可能的数据插值。数据处理的目标是获得更准确、更有用的坐标信息,以便后续分析。针对因三维激光扫描仪工作性质导致的坐标轴倾斜问题,可以将采集到的点云数据中的 XYZ 坐标信息和 RGB 颜色信息拆分。针对重复性扫描的问题,可运用算法剔除重复工作站,筛选出非重复点云坐标信息;针对局部的损伤部位,可单独提取坐标信息,并运用算法进行 XYZ 坐标轴的纠偏,严格标定点云坐标信息与高程的对应关系。

三维激光扫描仪工作站存在重复性扫描的问题,同一处位置点云坐标信息累积,使用代码将保存的点位信息文件导入 MATLAB 软件,并对重复站点的点位信息进行删除,主要留下 X、Y、Z 三列坐标数值,这些坐标共同构成轨道板表面所有的损伤物理信息。同时,由于扫描仪的工作特性,得到的三维模型数据坐标轴倾斜,对损伤的高程判断产生影响。运用 MATLAB 软件进行智能算法的创建,最终实现点云坐标数据空间位置的变换,点云 X、Y 坐标旋转前后对比如图 12-23 所示。

（3）生成等高线图。

扫描获取的轨道板损伤点云信息需去除可能存在的噪声点和异常值,通过滤波算法保留真实表面信息,确保点云数据准确可靠。经筛选后得到的点的坐标信息,将点云数据转换为二维坐标系,利用插值法,如克里金插值或三次样条插值,根据已知点的高程信息生成整个损伤区域高程网格。在高程网格上进行等高线提取,确定等高线的位置和高程值,并将提取的等高线信息可视化,形成轨道板损伤的等高线云图,直观展示损伤区域的几何特征和表面形态,为进一步分析和修复提供有力支持。

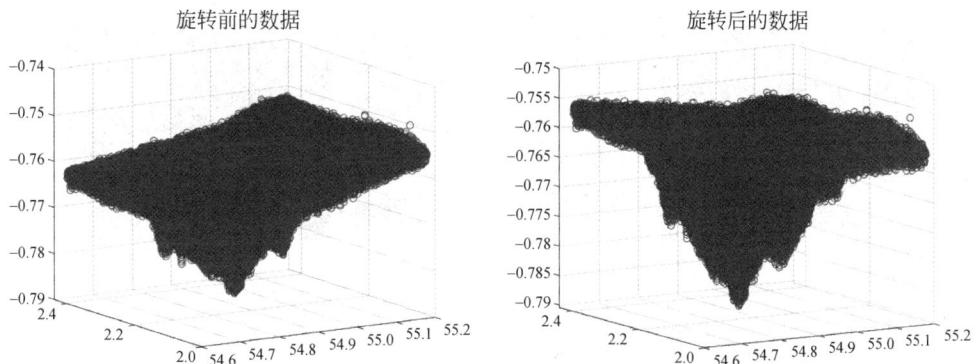

图 12-23 点云 X、Y 坐标旋转前后对比（单位：m）

处理完的坐标数据可以导入 Origin 软件，这是一个用于数据可视化和分析的工具。在 Origin 软件中，可以使用处理后的坐标数据生成等高线图。等高线图能够清晰地显示地形或物体表面的高度信息，有助于分析和可视化。将上述 X、Y、Z 三列坐标数值导入 Origin 软件的工作簿后，将第三列数值手动设置成 Z，即可生成导出等高线图，在图中可以清楚地看到轨道板由于掉块损伤而形成的等高线差异，以此达到轨道板损伤识别的目的，如图 12-24 所示。

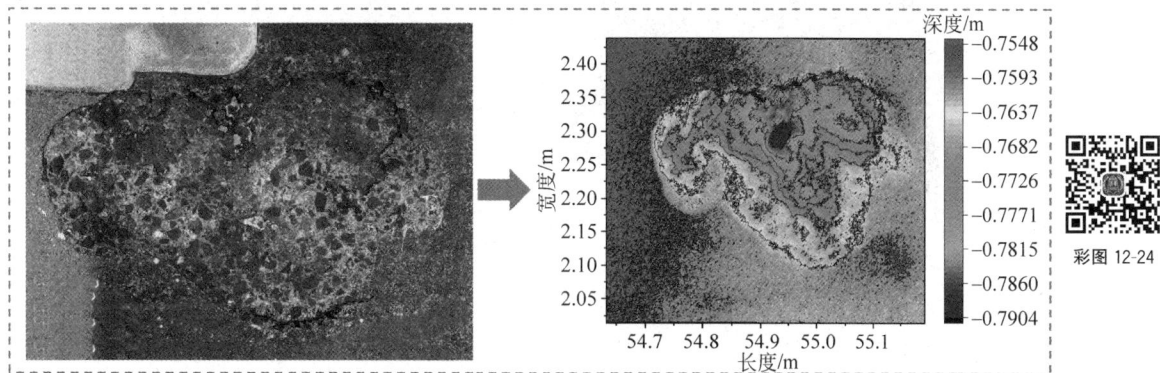

图 12-24 轨道板损伤识别

（4）二值化处理。

针对人工拍摄的轨道板损伤图像，首先将其转换为二值化图像，以突出损伤区域。这一步骤通过阈值分割和形态学操作实现，以准确分离损伤区域和背景。随后，利用边缘提取技术，如 Sobel 或 Canny 算法，从二值化处理图像中获取损伤区域的边缘信息。整个过程能够准确地提取轨道板损伤区域的形态特征，为损伤的检测和修复提供有效支持，损伤识别定位处理过程如图 12-25 所示。

点云信息与图像信息相辅相成，在几何和视觉层面全面理解轨道板损伤的情况，两者综合使用不仅提高了轨道板损伤分析的全面性和准确性，同时也为后续的修复和维护决策提供了更为可靠的基础。

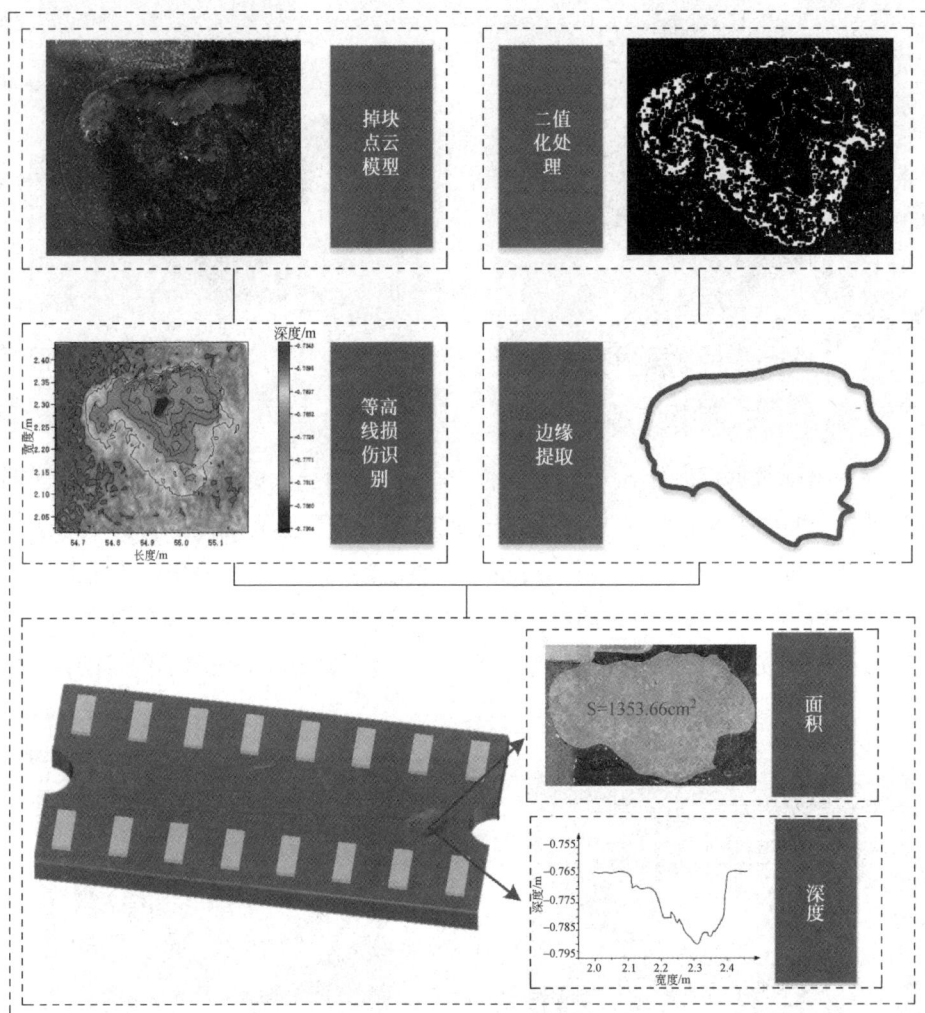

彩图 12-25

图 12-25　轨道板损伤定位与识别处理过程

12.3　总结

　　铁道工程领域的 BIM 技术与三维激光扫描技术的结合标志着铁路行业朝着更智能、更高效、更可持续的方向迈出了坚实的一步。这一整合为铁道工程提供了前所未有的优势,无论是在新建项目还是在现有设施的维护和改进方面都有着巨大的潜力。

　　应用 BIM 技术,能够创建或复原高度精确的三维模型,实现全方位的设计和协同工作,从而有效减少了冲突和问题的出现。利用三维激光扫描技术可对轨道板等铁路设施设备的使用状况进行详尽记录,为维护和监测提供了强大的工具。BIM 技术与三维激光扫描技术的结合,对于铁道工程项目而言,能够更好地掌握信息、提高安全性、降低成本并优化工程进程。

　　铁道工程中 BIM 技术与三维激光扫描技术的融合为行业带来了革命性的变革,为未来铁道工程的设计、建设和维护带来更高水平的管理模式及可持续性,有助于推进铁路系统的现代化发展,为铁路行业注入了新的活力。

参 考 文 献

[1] 姜曦,王君峰.BIM 导论[M].北京:清华大学出版社,2017.

[2] 陆泽荣,刘占省,BIM 技术人才培养项目辅导教材编委会.BIM 技术概论[M].北京:中国建筑工业出版社,2018.

[3] 孙仲健.BIM 技术应用:Revit 三维建模[M].北京:清华大学出版社,2022.

[4] 唐振羽,吴亚刚,李泽深.基于 BIM 的智慧交通信息管理系统在城市道路运营中的应用[J].绍兴文理学院学报(自然科学),2021,41(2):29-36.

[5] 应夏晖,陈锦生.高速铁路基本知识[M].北京:中国铁道出版社,2015.

[6] 贺超媛.BIM 技术在工业与民用建筑施工阶段的应用[J].内江科技,2020,41(2):44-45.

[7] 曹孝平.装配式建筑施工技术在建筑工程施工管理中的应用[J].江苏建材,2023(6):96-97.

[8] 吴佩玲,董锦坤,杨晓林.BIM 技术在国内外发展现状综述[J].辽宁工业大学学报(自然科学版),2023,43(1):37-41.

[9] 张超,李荣帅,杨仁维,等.数字孪生在预制拼装施工进度管理中的应用[J].建筑施工,2022,44(10):2463-2465,2481.

[10] 延炜.BIM 技术在供热工程管理中的应用浅析[J].中国设备工程,2023(13):220-222.

[11] 陶军伟,王二超,李恒,等.DCIM+BIM 在大型数据中心的应用[J].中国新通信,2020,22(22):32-33.

[12] 王登涛,李再帏,何越磊,等.基于热成像的高速铁路轨道板表面裂缝检测方法研究[J].铁道标准设计,2020,64(7):22-28.

[13] 张兵,吴继森,戴震,等.基于 BIM 的服务区物联网综合管理平台研究[J].智能建筑,2020(8):11-16.

[14] 龚娟.铁道概论[M].北京:人民邮电出版社,2015.

[15] 卢岭.BIM 技术在机械设备安装工程造价中的应用探讨[J].建设机械技术与管理,2023,36(6):119-120,124.

[16] 王海江,张田庆,陈俊,等.BIM 技术在超高层建筑施工中的应用[J].建筑技术开发,2023,50(S1):108-112.

[17] 邹琼,穆阿立,李建斌.铁路线路工[M].成都:西南交通大学出版社,2014.

[18] 常孔善.绿色施工技术在建筑工程中的应用研究[J].科技资讯,2023,21(22):104-107.

[19] 王志浩,李豪,邓诗涵,等.国内外高铁项目建设中 BIM 技术的应用[J].项目管理技术,2021,19(8):55-61.

[20] 龙贻萍.基于施工企业视角下 BIM 实施障碍因素与影响路径研究[D].四川:四川农业大学,2022.

[21] 李明贺.基于 BIM 软件选择与应用的研究[J].产业与科技论坛,2020,19(19):45-46.

[22] 万伟明,何越磊,程岩,等.铁路车站改扩建工程资料管理可视化研究[J].土木工程与管理学报,2019,36(6):156-160,165.

[23] 何祺.基于 Revit 的 BIM 技术在建筑设计初期的应用研究[J].中国建筑装饰装修,2023(20):55-58.

[24] 彭琳,王竞千,迟白冰,等.BIM 技术在大型数据中心项目机电安装中的应用[J].建筑机械化,2019,40(7):37-39.

[25] 章海瑛,彭文勇,卜向远,等.BIM 技术在混凝土预制构件设计中的应用[J].建设监理,2023(4):68-70.

[26] 占鑫奎.基于 BIM 的装配式建筑构件信息识别及生产排程优化[D].南京:东南大学,2019.

[27] 郭云祺,李再帏,何越磊,等.基于支持向量机的 CRTS Ⅱ型板式无砟轨道板正温度梯度预警方法[J].铁道科学与工程学报,2018,15(9):2209-2216.

[28] 李思宇,李再帏,何越磊,等.无砟轨道监测数据信息管理系统的设计与实现[J].铁道标准设计,2019,63(9):28-33.

[29] 王豪杰,杨古楠,盛文洁,等.BIM技术在工程管理方向上的应用及未来发展趋势[J].四川建材,2023,49(6):204-207.

[30] 徐磊,李舒畅.BIM技术的建筑工程应用与未来发展趋势[J].智能建筑与智慧城市,2020(8):70-72.

[31] 张明.大数据环境下我国铁路运输调度指挥工作优化策略[J].交通世界,2019(33):6-7,15.

[32] 苗壮,何越磊,路宏遥,等.基于机器视觉的无砟轨道层间结构位移测量方法研究[J].铁道标准设计,2020,64(4):77-83.

[33] 王梦凡,阚前华,赵吉中,等.钢轨表面三维疲劳裂纹扩展数值分析[J].固体力学学报,2023,44(3):355-367.

[34] 季杰,何越磊,洪剑,等.CRTSⅡ型无砟轨道板离缝病害分析与整治措施[J].铁道标准设计,2020,64(9):47-53.

[35] 谭社会,夏海涛,张建强,等.高速铁路无砟轨道大超高区段轨道板更换技术[J].中国铁路,2022(8):88-93.

[36] 张泽群,何越磊,昊斐,等.温度荷载作用下高铁纵连无砟轨道板间接缝界面损伤研究[J].铁道标准设计,2024,68(3):65-71,80.

[37] 何维,江坤,何宇峰.沈阳地铁智慧运维系统规划研究[J].交通世界,2021(17):21-23.

[38] 李再帏,李思宇,何越磊,等.无砟轨道服役状态的移动端监测系统开发应用[J].重庆交通大学学报(自然科学版),2020,39(12):6-12.

[39] 何雪峰,许有全,高亮,等.30 t轴重重载道岔护轨垫板结构设计与优化[J].铁道勘察,2021,47(4):133-137.

[40] 万伟明,何越磊,连茜椰,等.BIM+AR&三维扫描在轨道交通中的智慧运用[J].智能计算机与应用,2020,10(4):154-157,161.

[41] 张超,何越磊,娄小强,等.基于BIM+VR的高速道岔检测培训技术研究[J].物流工程与管理,2021,43(4):83-87,68.

[42] 刘北胜,尹逊霄,郭歌,等.铁道工程BIM协同设计与构件共享研究[J].铁路计算机应用,2020,29(12):25-28.

[43] 连茜椰,何越磊,程岩,等.基于BIM的铁路车站综合体改扩建工程施工管理应用研究[J].铁道科学与工程学报,2020,17(4):1036-1042.

[44] 李平,邵赛,薛蕊,等.国外铁路数字化与智能化发展趋势研究[J].中国铁路,2019(2):25-31.

[45] 马跃坤,李再帏,赵彦旭,等.无砟轨道板表面裂缝的红外热成像检测方法[J].铁道科学与工程学报,2022,19(3):579-587.

[46] 王同军.铁路桥梁智能建造关键技术研究[J].中国铁路,2021(9):1-10.

[47] 王同军.中国智能高速铁路2.0的内涵特征、体系架构与实施路径[J].铁路计算机应用,2022,31(7):1-9.

[48] 王同军.京张高铁智能化服务总体架构、关键技术与应用示范[J].铁路计算机应用,2021,30(7):1-8.

[49] 刘昊旻,路宏遥,何越磊,等.基于优化气象参数的轨道板内部温度试验研究与预测分析[J].铁道科学与工程学报,2019,16(5):1120-1128.

[50] 石硕.GIS+BIM技术在轨道交通工程建造管理中的应用研究[J].铁道标准设计,2022,66(11):29-35,42.

[51] 何晨,何越磊,魏丽丽.基于BIM技术的地铁道岔运维管理平台设计[J].物流科技,2022,45(8):44-47.

[52] 路宏遥,吴佳欣,李雅雯,等.基于BIM技术的铁路车站智能信息管理模式研究[J].高速铁路技术,

2020,11(4)：84-87,94.

[53] 孙泽江,王泽萍,汪杰,等.极端高温天气下CRTSⅡ型板式无砟轨道温度分析[J].铁道标准设计,
2018,62(11)：64-68.

[54] 赵磊,周凌宇,张营营,等.高温季节桥上CRTSⅡ型板式无砟轨道温度分布试验研究[J].铁道科学
与工程学报,2021,18(2)：287-296.

[55] 张超.基于BIM＋VR/AR的道岔养修培训平台搭建关键技术研究[D].上海：上海工程技术大
学,2021.

[56] 粟淼,朱琦治,戴公连,等.考虑界面初始黏结缺陷的CRTSⅡ型板式无砟轨道温度变形[J].交通运
输工程学报,2020,20(5)：73-81.

[57] 曹志强,何越磊,路宏遥,等.基于BIM的高铁道床板监测方案设计与实现[J].土木建筑工程信息技
术,2022,14(6)：7-12.

[58] 张鹏飞,涂建,桂昊,等.温梯荷载下桥上CRTSⅡ型板式无砟轨道的力学特性[J].西南交通大学学
报,2021,56(5)：945-952.

[59] 李再帏,吴鹏飞,刘晓舟,等.高速铁路无砟轨道不平顺分形特征分析[J].振动与冲击,2022,41(6)：
281-288.

[60] 冯青松,廖春明,孙魁,等.温度荷载对连续梁桥上无砟轨道变形特性影响分析[J].铁道科学与工程
学报,2021,18(9)：2280-2288.

[61] 曹志强,何越磊,路宏遥,等.BIM＋AR技术在高铁无砟轨道监测中的应用研究[J].铁道标准设计,
2022,66(10)：64-68.

[62] CAI X P,LUO B C,ZHONG Y L,et al. Arching mechanism of the slab joints in CRTSⅡ slab track
under high temperature conditions[J]. Engineering Failure Analysis,2019,98：95-108.

[63] LIU X K,ZHANG W H,XIAO J L,et al. Damage mechanism of broad-narrow joint of CRTSⅡ slab
track under temperature rise[J]. KSCE Journal of Civil Engineering,2019,23(5)：2126-2135.

[64] 张超,何越磊,路宏遥.基于BIM＋移动增强现实的高速铁路工务智能维修技术研究[J].铁道标准
设计,2021,65(12)：44-49.

[65] 周凌宇,覃茜,李炎.宽窄接缝与CA砂浆耦合伤损对无砟轨道-简支梁桥结构受力性能影响[J].铁
道科学与工程学报,2019,16(4)：843-849.

[66] 何晨,何越磊,路宏遥,等.地铁线路轨旁设备的参数化建模技术实现及工程应用[J].土木建筑工程
信息技术,2022,14(4)：17-22.

[67] 刘钰,赵国堂,曹毅杰,等.整体温升作用下纵连板式无砟轨道宽窄接缝损伤演化研究[J].北京交通
大学学报,2021,45(4)：19-27.

[68] 李佳雨,李再帏,何越磊,等.华东地区夏季无砟轨道温度梯度预警研究[J].铁道标准设计,2019,
63(4)：40-46.